汽车专业技能型教育创新教材

汽车发动机构造与维修图解教程
第 2 版

主　编　谭本忠
参　编　胡　波　谭红平　谭秋平　张远军
　　　　张国林　李阳阳　李志杰　李　明
　　　　曾放生　宋祥贵　吴林勇　向建华

机械工业出版社

本书以图解的形式，详细讲解了汽车发动机的构造、原理和维修。具体内容包括：认识发动机、曲柄连杆机构、配气机构、润滑系统、冷却系统、供给系统、点火系统、起动系统、发动机综合维修。

全书讲解清晰、简练，配以大量立体图，明了直观，非常易于初学者理解。本书可作为职业院校汽车修理专业的教材，也可用作相关培训班的教材，同时适合广大汽车修理人员自学之用。

> 为方便教学，本套教材专门配备了PowerPoint（PPT）形式的配套教学课件，可供广大教师选用。在http://www.cmpedu.com网站上，注册后即可免费下载教材课件；或与机械工业出版社联系，编辑热线：010-88379771。

图书在版编目（CIP）数据

汽车发动机构造与维修图解教程/谭本忠主编.—2版.—北京：机械工业出版社，2016.11（2025.4重印）
汽车专业技能型教育创新教材
ISBN 978-7-111-55083-9

Ⅰ.①汽… Ⅱ.①谭… Ⅲ.①汽车—发动机—构造—中等专业学校—教材②汽车—发动机—车辆修理—中等专业学校—教材 Ⅳ.①U472.43

中国版本图书馆CIP数据核字（2016）第243177号

机械工业出版社（北京市百万庄大街22号 邮政编码100037）
策划编辑：连景岩 杜凡如 责任编辑：连景岩 杜凡如 李 超
责任校对：肖 琳 封面设计：鞠 杨
责任印制：单爱军
北京虎彩文化传播有限公司印刷
2025年4月第2版第7次印刷
184mm×260mm·11.5印张·278千字
标准书号：ISBN 978-7-111-55083-9
定价：29.00元

电话服务 网络服务
客服电话：010-88361066 机 工 官 网：www.cmpbook.com
　　　　　010-88379833 机 工 官 博：weibo.com/cmp1952
　　　　　010-68326294 金 书 网：www.golden-book.com
封底无防伪标均为盗版 机工教育服务网：www.cmpedu.com

丛 书 序

当今正值国家大力推广职业教育之际，各地教育机构紧抓机遇，大胆革新，积极推行新的职业教育方法与思路。

本套创新教材根据职业需求和岗位要求而设置教学项目，同时将知识系统和技能系统化整为零，合二为一，使学员能做到学一样精一样，同时在细化深入的前提下掌握解决问题的途径和思路。

本套教材强化职业实践的实用性教学，对理论教学的要求是将抽象、深奥的知识简单化、形象化和感性化，使学员能够轻松掌握，并联系实际，融入实践，同时在实践教学中结合理论认识能将实践认知与经验总结为理论。这样，在学中做，在做中学，巩固知识，强化技能。

综合上述特点和要求，创新教材应该具有系统分块、知识点与技能点结合、理论描述简明、实践叙述符合职业规范及能直接感知并参照操作的特点。

很多汽车相关职业院校与职教中心在进行教学改革的同时也在进行教材更新，但大多数是在传统教学教材的基础上进行改编的，无法摆脱原有的形式和限制，编写出来的教材往往难以普及并发挥其实效。

我们综合汽车运用与维修、汽车检测与维修技术等专业课程设置的要求，同时考虑到职业需求和岗位的设置，将本套创新教材分为汽车机修技术、汽车电子技术、汽车故障诊断技术、汽车车身修复技术、汽车美容与装饰技术、汽车维护与保养技术六大块。为保证专业课程有理论和技术基础，同时设置了汽车机械基础、汽车电学基础、汽车维修专业英语及汽车文化四门基础课。各个专业分类下是核心与主干课程，如汽车机修技术之下包括汽车发动机与汽车底盘，汽车电子技术之下包括汽车电器、汽车空调、汽车发动机电控系统、汽车自动变速器、汽车安全舒适系统等。

这套教材作为学生课本，主要突出实图、实例，原理、检测、维修与案例四结合。配套开发的还有教学课件。我们力图通过这种方式使此套创新教材成为一种立体化的、学员易学、教师易教、效果独到的专门化教材。

编 者

目　录　Contents

丛书序
第一章　认识发动机 ·· 1
　第一节　发动机的分类 ·· 1
　第二节　发动机专业术语 ··· 5
　第三节　发动机的编号 ·· 7
　第四节　发动机的组成 ··· 10
　第五节　发动机的工作原理 ··· 16

第二章　曲柄连杆机构 ·· 22
　第一节　机体组 ··· 22
　第二节　活塞连杆组 ·· 29
　第三节　曲轴飞轮组 ·· 39

第三章　配气机构 ·· 48
　第一节　气门组 ··· 49
　第二节　气门传动组 ·· 53
　第三节　气门正时 ·· 58
　第四节　进气系统 ·· 66
　第五节　排气系统 ·· 68

第四章　润滑系统 ·· 74
　第一节　润滑形式与系统原理 ··· 74
　第二节　润滑剂与机油泵 ··· 75
　第三节　主要零件及检修 ··· 78

第五章　冷却系统 ·· 83
　第一节　冷却形式与系统原理 ··· 83
　第二节　冷却液与水泵 ··· 84
　第三节　节温器与散热器 ··· 88
　第四节　冷却风扇 ·· 91

第六章　供给系统 ·· 93
　第一节　汽车燃料简介 ··· 93

第二节　燃油输送系统 …………………………………………………… 94
第三节　汽油燃烧与空燃比 ……………………………………………… 98
第四节　汽油机电喷系统 ………………………………………………… 100
第五节　柴油机供给系统 ………………………………………………… 113

第七章　点火系统 …………………………………………………………… 120
第一节　传统点火系统 …………………………………………………… 120
第二节　电子点火系统 …………………………………………………… 125
第三节　微机控制点火系统 ……………………………………………… 127
第四节　电源与充电装置 ………………………………………………… 133

第八章　起动系统 …………………………………………………………… 140
第一节　起动系统的组成和原理 ………………………………………… 140
第二节　不同形式的起动机 ……………………………………………… 141
第三节　起动系统的检修 ………………………………………………… 143

第九章　发动机综合维修 …………………………………………………… 148
第一节　发动机总装与总检 ……………………………………………… 148
第二节　发动机常见故障的分析与排除 ………………………………… 156

第一章

认识发动机

第一节 发动机的分类

一、按使用燃料分类

按使用燃料的不同，汽车发动机可以分为汽油机、柴油机、CNG发动机、LPG发动机、双燃料发动机五种，如图1-1~图1-5所示。

使用汽油为燃料的内燃机称为汽油机；汽油机转速高、质量小、噪声小、起动容易、制造成本低

图1-1 汽油机

使用柴油为燃料的内燃机称为柴油机。柴油机压缩比大、热效率高、经济性能和排放性能都比汽油机好

图1-2 柴油机

使用压缩天然气(CNG)为燃料的内燃机称为CNG发动机。天然气主要成分为甲烷，燃烧后生成二氧化碳和水，是一种非常安全和环保的能源

图1-3 CNG发动机

使用液化石油气(LPG)为燃料的内燃机称为LPG发动机，液化石油气具有热值高、热效率高、燃烧充分，排气中一氧化碳、碳氢化合物和硫化物含量低等特点

图1-4 LPG发动机

可同时使用两种燃料的内燃机称为双燃料发动机，如氢/汽油发动机、LPG/汽油发动机、CNG/汽油发动机等

图1-5 双燃料发动机

二、按照行程数分类

按发动机工作行程数的不同，汽车发动机又可分为四冲程发动机(图1-6)和二冲程发动机(图1-7)。

图1-6 四冲程发动机

图1-7 二冲程发动机

1. 四冲程发动机

曲轴转两圈(720°)，活塞在气缸内上下往复运动四个行程，完成一个工作循环的发动机称为四冲程发动机，汽车发动机广泛使用四冲程发动机(图1-6)。

2. 二冲程发动机

曲轴转一圈(360°)，活塞在气缸内上下往复运动两个行程，完成一个工作循环的发动机称为二冲程发动机(图1-7)。

三、按照冷却方式分类

按发动机冷却方式的不同，汽车发动机还可分为水冷式发动机和风冷式发动机，分别如图1-8、图1-9所示。

图1-8 水冷式发动机

图1-9 风冷式发动机

水冷式发动机是利用在气缸体和气缸盖冷却水套中循环的冷却液作为冷却介质进行冷却的。水冷式发动机冷却均匀、工作可靠、冷却效果好，广泛应用于现代汽车。

风冷式发动机是利用流动于气缸体与气缸盖外表面散热片之间的空气作为冷却介质进行冷却的。

四、按照气缸数目分类

按发动机气缸体气缸数目的不同,发动机又可分为单缸、双缸及多缸发动机,如图 1-10 所示。

a)直列四缸

b)直列五缸

c)V形六缸

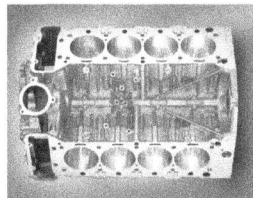
d)V形八缸

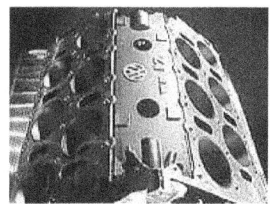
e)W形十二缸

图 1-10 不同气缸数目的发动机

仅有一个气缸的发动机称为单缸发动机;有两个以上气缸的发动机称为多缸发动机,如三缸、四缸、五缸、六缸、八缸、十二缸等都是多缸发动机。现代车用发动机多采用四缸、六缸、八缸发动机。

五、按照气缸排列方式分类

按发动机气缸的布置方式,汽车发动机有图 1-11 所示的五种常见形式,分别是直列、

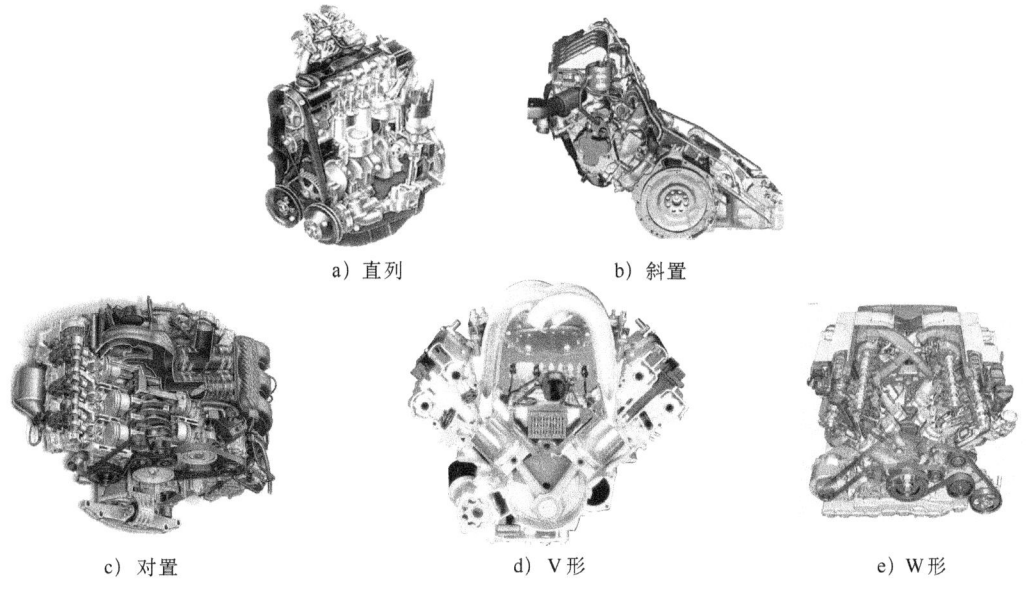

图 1-11 不同气缸布置的发动机

斜置、对置、V形和W形。

直列式发动机的各个气缸排成一列，一般是垂直布置的，但为了降低高度，有时也把气缸布置成倾斜的甚至水平的；双列式发动机把气缸排成两列，两列之间的夹角<180°（一般为90°）称为V形发动机，若两列之间的夹角为180°，则称为对置式发动机。

六、按照进气系统是否采用增压方式分类

按是否增压可分为非增压与增压两类，自然吸气（非增压）式发动机如图1-12所示，强制进气（增压式）发动机如图1-13所示。汽油机较多采用自然吸气式；柴油机为了提高功率常采用增压式。

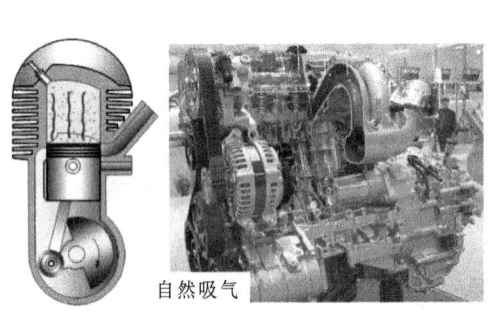

图1-12 自然吸气式发动机　　　　图1-13 增压式发动机

七、按照活塞的工作方式分类

按活塞工作方式的不同，发动机可分为两类：往复活塞式（图1-14a）、转子活塞式（图1-14b）。

往复活塞式发动机简称活塞发动机，是一种利用一个或者多个活塞将压力转换成旋转动能的发动机。这种发动机的活塞在气缸内进行往复直线运动，通过曲轴把活塞的直线运动转化为曲轴的旋转运动，一般的发动机都采用这种形式。

转子活塞式发动机简称转子发动机，它是通过活塞在气缸内的旋转来带动发动机主轴（即普通发动机的曲轴，因为不是弯曲的故不再称曲轴）旋转的。

a) 往复活塞式　　　　　　　　b) 转子活塞式

图1-14 不同工作方式的活塞发动机

八、按照供油方式分类

汽油发动机按供油方式不同，还可分为化油器式与电喷式，如图 1-15 所示。

a) 化油器式发动机　　b) 电喷式发动机

图 1-15　不同供油方式的发动机

化油器靠发动机进气气流形成的负压吸取并雾化汽油用于燃烧做功；化油器式发动机供油是利用设置在节气门上方的喉管，气流通过喉管时产生负压，将汽油从主喷管连续吸出，进入发动机进气歧管，流入气缸。现在化油器式发动机已基本淘汰。

电喷发动机全称为电子控制汽油喷射式发动机，它由进气系统、燃油系统、电控系统等组成。它是根据安装在发动机进气系统及机体上的传感器所感知的信息，提供给计算机控制系统，精确计算出发动机在各种工况下所需的供油量，并向喷油器提供所需脉冲频宽，然后将有一定压力的燃油通过喷油器喷入进气歧管或气缸。它突出的优点是能准确控制混合气的空燃比，保证气缸内的燃料完全燃烧，使废气排放物和燃油消耗都能降低。它具有比化油器发动机强很多的环保性，同时还提高了发动机的充气效率，增加了发动机的功率和转矩。

第二节　发动机专业术语

汽车发动机的行程、上止点、下止点、燃烧室容积、气缸总容积、气缸工作容积等术语的表示和含义如图 1-16 所示。

1. 行程

活塞从一个止点到另一个止点移动的距离，称为活塞行程。

2. 上止点

活塞在气缸内做往返运动时，活塞顶部距离曲轴旋转中心最远的位置。

3. 下止点

活塞在气缸内做往返运动时，活塞顶部距离曲轴旋转中心最近的位置。

4. 燃烧室容积

活塞位于上止点时其顶部与气缸盖之间的容积称为燃烧室容积。

5. 气缸总容积

气缸工作容积与燃烧室容积之和称为气缸总容积。

6. 气缸工作容积

活塞从一个止点运动到另一个止点所经过的容积，称为气缸的工作容积。

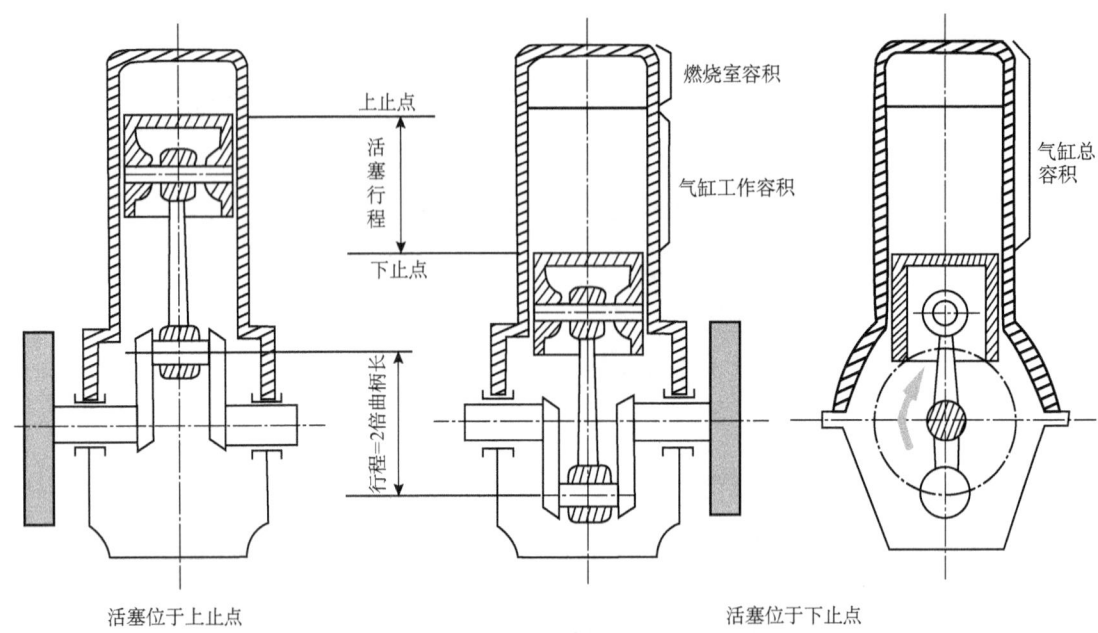

图1-16 发动机术语表示图

7. 排量

多缸发动机各缸工作容积的总和，称为发动机排量。

附：发动机排量的应用——按排量对轿车进行分级，如图1-17所示。

轿车分级	发动机排量/L
微型轿车	≤1.0
普及型轿车	>1.0，≤1.6
中级轿车	>1.6，≤2.5
中高级轿车	>2.5，≤4.0
高级轿车	>4.0

图例

排量1.0L的奇瑞QQ　排量1.6L的现代伊兰特　排量2.0L的日产风度　排量3.0L的别克君威　排量4.8L的宝马760

图1-17 采用不同排量发动机的轿车

8. 压缩比

压缩前气缸中气体的最大容积与压缩后的最小容积之比称为压缩比。压缩比大的发动机，燃烧更迅速、更充分，发出的功率越大，经济性也好一些。但压缩比越大，发动机工作时出现"爆燃"和"表面点火"等不正常燃烧现象的可能性也越大。轿车用汽油发动机压缩比为8~11，柴油发动机压缩比为18~23。

9. 空燃比

空燃比是指空气和燃料的混合比。空燃比是发动机运转时的一个重要参数，它对尾气排放、发动机的动力性和经济性都有很大影响。

第一章 认识发动机

10. 理论空燃比

理论空燃比是指将燃料完全燃烧所需要的最少空气量和燃料量之比。燃料的组成成分对理论空燃比的影响不大，汽油的理论空燃比约为14.7，也就是说，燃烧1g汽油需要14.7g的空气。一般常说的汽油机混合气过浓、过稀，其标准就是理论空燃比。空燃比小于理论空燃比时，混合气中的汽油含量高，称为过浓；空燃比大于理论空燃比时，混合气中的空气含量高，称为过稀。

11. 最大功率

最大功率用千瓦(kW)表示。发动机的输出功率同转速是相关的，一般来说随着转速的增加，发动机的功率也相应提高，但是到了一定转速后，功率反而呈下降趋势。另一种常用的非法定功率单位是马力。

马力的英文缩写是hp/horsepower(英制马力)，这是日韩车比较常用的缩写，但是还有一个公制马力的概念，就是我们常在欧系车上看到的马力符号：PS。英制马力(hp)定义为：一匹马于1min内将200lb(1lb=0.454kg)的物体拉动165ft(1ft=0.305m)，相乘之后等于33000lbf·ft/min；而公制马力(PS)定义则为一匹马于1min内将75kg的物体拉动60m，相乘之后等于4500kgf·m/min。

1hp(英制马力) = 0.746kW   1PS(公制马力) = 0.735kW

12. 最大转矩

发动机从曲轴端输出的力矩，转矩的表示方法是N·m/(r/min)，最大转矩一般出现在发动机的中转速范围内，随着转速的提高转矩反而下降。最大转矩决定着汽车的提速性能，特别是低速时的加速性。

第三节　发动机的编号

一、国标编号的规则

1. 内燃机型号的排列顺序及符号代表的意义

国产发动机编号规则如图1-18所示。

2. 型号编制举例

国产发动机型号编制举例见表1-1。

表1-1　国产发动机型号编制举例

	汽油机		柴油机
1E65F	单缸，二冲程，缸径65mm，风冷通用型	195	单缸，四冲程，缸径95mm，水冷通用型
4100Q	四缸，四冲程，缸径100mm，水冷车用	165F	单缸，四冲程，缸径65mm，风冷通用型
4100Q-4	四缸，四冲程，缸径100mm，水冷车用，第四种变型产品	495Q	四缸，四冲程，缸径95mm，水冷车用
CA6102	六缸，四冲程，缸径102mm，水冷通用型，CA表示系列符号	6135Q	六缸，四冲程，缸径135mm，水冷车用
8V100	八缸，四冲程，缸径100mm，V形，水冷通用型	X4105	四缸，四冲程，缸径105mm，水冷通用型，X表示系列代号

(续)

	汽 油 机	柴 油 机
TJ376Q	三缸，四冲程，缸径76mm，水冷车用，TJ表示系列符号	
CA488	四缸，四冲程，缸径88mm，水冷通用型，CA表示系列符号	

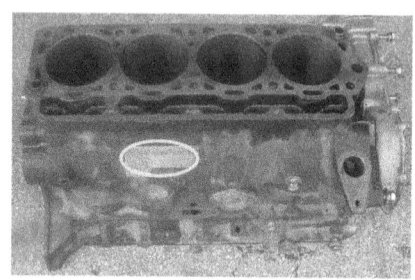

a) 发动机编号铭牌位置图例

b) 发动机编号

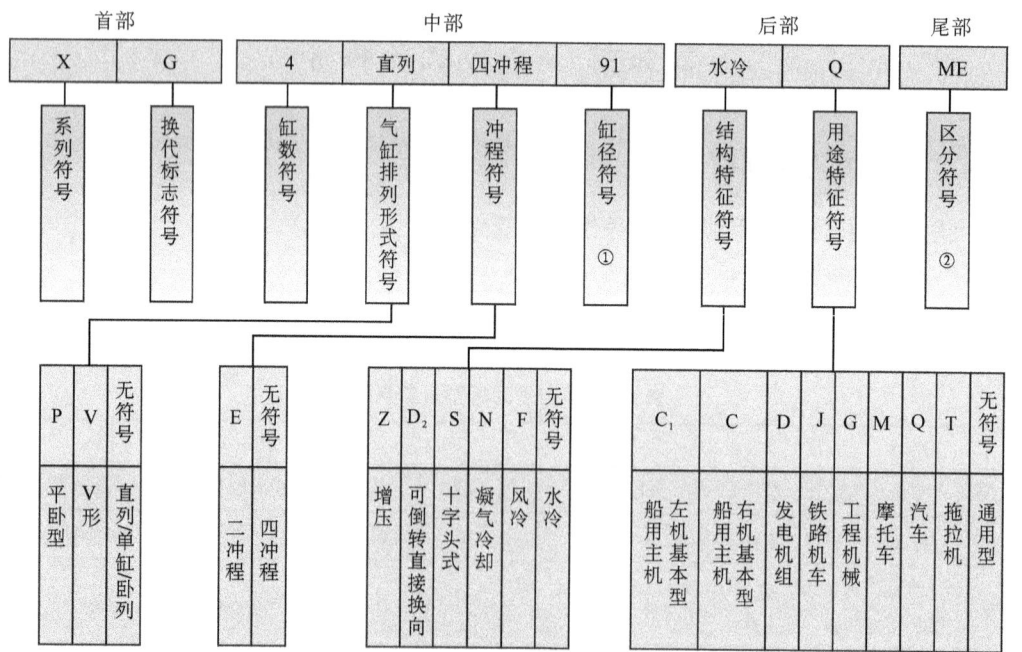

c) 发动机编号组成例释

说明：①以气缸直径的毫米数表示；②多点电控燃油喷射系统。

图1-18 国产发动机编号规则

二、了解国外发动机的编号方式

> **知识扩展一** 康明斯发动机编号及其含义

康明斯（Cummins）柴油机是美国康明斯发动机公司（Cummins Engine Company）生产的柴油机。康明斯发动机公司创建于1919年，号称世界最大的柴油机制造商。自柴油机诞生百年以来，一直采用柱塞泵，唯有康明斯柴油机于1954年创造性地配备了独特的PT燃油系统，很大程度上改进了柴油机的动力性、经济性和适应性。康明斯柴油机产品系列到现在已生产有A、B、C、L10、N、V、K等10个系列，其中A、B、C、L10、N是有发展前途的系列。康明斯柴油机的型号由以下6个部分组成。

1. 柴油机系列

用字母B、C、N、V、K等表示发动机系列。其中对B、C系列需加上气缸数，如4B、6C。

2. 吸气方式

用字母组表示：T—增压；TA—增压并中冷；TT—两级增压；TTA—两级增压并中冷。无字母组者为自然吸气。

3. 工作总容积（总排量）

柴油机工作总容积用数字表示，单位为 in^3（$1in = 25.4mm$）或 L。

4. 应用符号

用字母表示柴油机的用途。A—农业；B—公共汽车；C—工程；F—消防；G—发电机组；GO—连续发电机组；GS—备用发电机组；L—机车；N—船舶；P—发电站。

5. 额定功率

用数字表示，有以下情况：

1）对于汽车、公共汽车、农业、工程、发电站，可用马力表示，也可省略。

2）对于消防泵、发电机、机车和船用柴油机，可用马力、千瓦或数字（1、2或3）表示其额定功率。

6. 特殊符号

用字母表示特殊汽车的特征。

- 示例：

NTA-855-C360；N指发动机系列；T表示涡轮增压；A为中冷；855为总排量 $855in^3$（14L）；C指工程机械用；360指最大额定功率为360PS（269kW）。

康明斯B系列车用柴油机型号及其识别：

康明斯B系列车用柴油机按气缸数可分为4缸和6缸，按进气方式不同分别用不同型号表示，见表1-2。

表1-2 康明斯发动机按不同进气方式所进行的编号

进气形式	4缸发动机	6缸发动机
自然吸气	4B3.9	6B5.9
增压	4BT3.9	6BT5.9

(续)

进气形式	4缸发动机	6缸发动机
增压中冷（水中冷器）	4BTA3.9	6BTA5.9
增压中冷（空气中冷器）	4BTAA3.9	6BTAA5.9

知识扩展二 道依茨 B/F12L413F/513/C 柴油机符号含义

道依茨柴油机编号举例见表 1-3。

表 1-3　道依茨柴油机编号举例

符号	含义	备注
B	增压机型	
F	高速柴油机	
12	气缸数	6—六缸机；12—十二缸机
L	冷却方式	L—风冷机型；M—水冷机型
4/5	系列号	4—第 4 系列；5—第 5 系列
13	活塞行程	13＝13cm＝130mm
F	加大气缸直径	对 413 而言，有 F 表示气缸直径为 125mm；无 F 为 120mm
R	直列机型	
C	增压中冷机型	

第四节　发动机的组成

一、曲柄连杆机构

曲柄连杆机构是发动机实现工作循环、完成能量转换的主要运动零件。它由机体组、活塞连杆组和曲轴飞轮组等组成。机体包括气缸体和上曲轴箱。水冷式发动机的气缸体通常与上曲轴箱铸成一体。风冷式发动机的气缸体与上曲轴箱分开铸造，用螺栓紧固在一起，通称气缸体。气缸体是发动机的安装基体。气缸体的组成如图 1-19 所示。

在做功行程中，活塞承受燃气压力在气缸内做直线运动，通过连杆转换成曲轴的旋转运动，并从曲轴对外输出动力。而在进气、压缩和排气行程中，飞轮释放能量又把曲轴的旋转运动转化成活塞的直线运动。曲柄连杆机构的活塞连杆组与曲轴飞轮组如图 1-20 所示。

二、配气机构

配气机构大多采用顶置气门式,一般由气门组、气门传动组(图 1-21),以及气门驱动组(图 1-22)组成。它的作用是根据发动机的工作顺序和工作过程,定时开启和关闭进气门和排气门,使可燃混合气或空气进入气缸,并使废气从气缸内排出,实现换气过程。

现代轿车的发动机上,经常可以看到像 VVT-i、i-VTEC、VVL、VVTL-i 等技术标号。这些标号表示它们与普通的发动机不一样,这些发动机都采用了发动机可变配气技术。

可变配气技术,从大类上分,包括可变气门正时和可变气门行程两大类,有些发动机只匹配可变气门正时,如丰田的 VVT-i 发动机(图 1-23);有些发动机只匹配了可变气门行程,如本田的 VTEC;有些发动机既匹配了可变气门正时又匹配了可变气门行程,如丰田的 VVTL-i、本田的 i-VTEC 发动机(图 1-24)。

VVT-i 是智能可变气门正时系统的英文缩写,是丰田的专利技术。VVT-i 系统可连续调节气门正时,但不能调节气门升程。

i-VTEC 全称是可变气门正时和升程电子控制系统,是本田的专有技术,它能随发动机转速、负荷、冷却液温度等运行参数的变化,而适当地调整配气正时和气门升程,使发动机在高、低速下均能达到最高效率。

三、冷却系统

水冷发动机的冷却系统通常由冷却水套、水泵、风扇、散热器、节温器等组成,如图 1-25 所示。它的作用是将受热零件吸收的部分热量及时散发出去,保证发动机在最适宜的温度状态下工作。

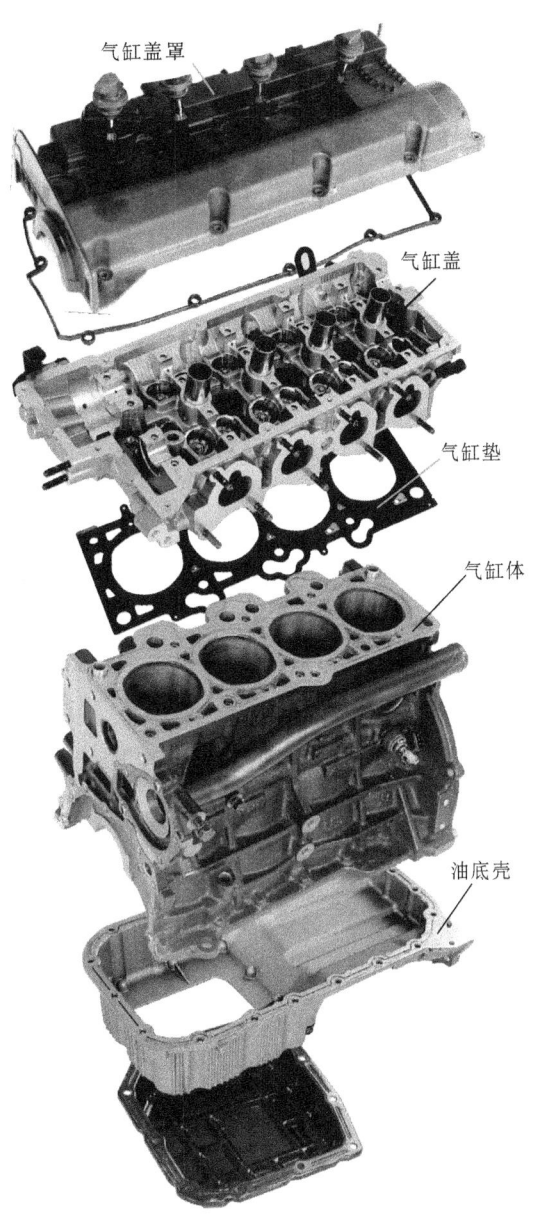

图 1-19 气缸体的组成

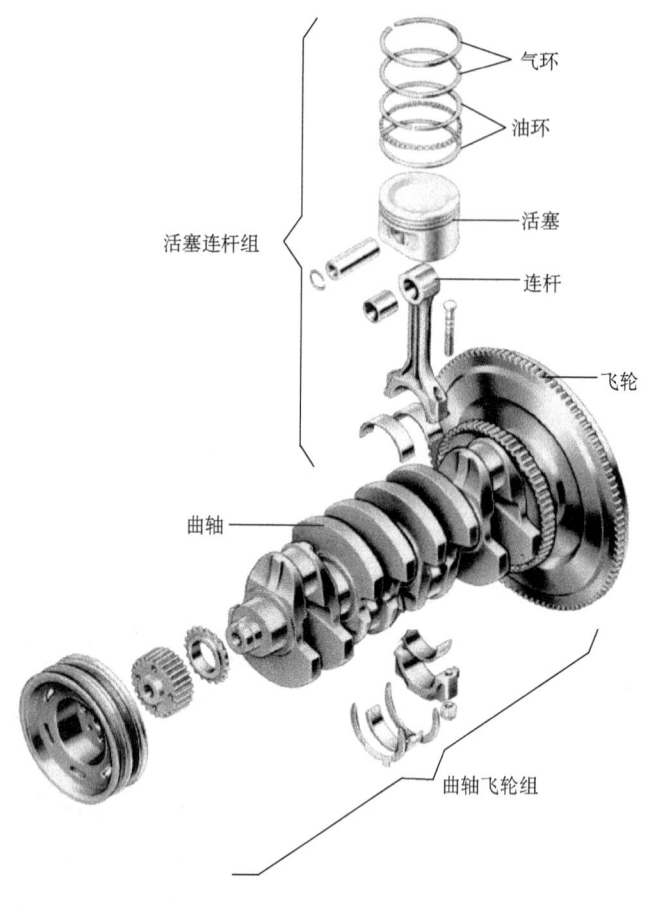

图 1-20　曲柄连杆机构组成

四、润滑系统

润滑系统通常由润滑油道、机油泵、机油滤清器和一些阀门等组成，如图 1-26 所示。它的作用是向做相对运动的零件表面输送定量的清洁机油，以实现油膜润滑，减小摩擦阻力，减轻机件的磨损，并对零件表面进行清洗和冷却。

五、供给系统

汽油机燃料供给系统的功用：根据发动机的要求，配制出一定数量和空燃比的混合气，供入气缸，并将燃烧后的废气从气缸排出到大气中，如图 1-27 所示。

柴油机燃料供给系统的功用：把柴油和空气分别供入气缸，在燃烧室内形成混合气并燃烧，最后将燃烧后的废气排出。

第一章　认识发动机

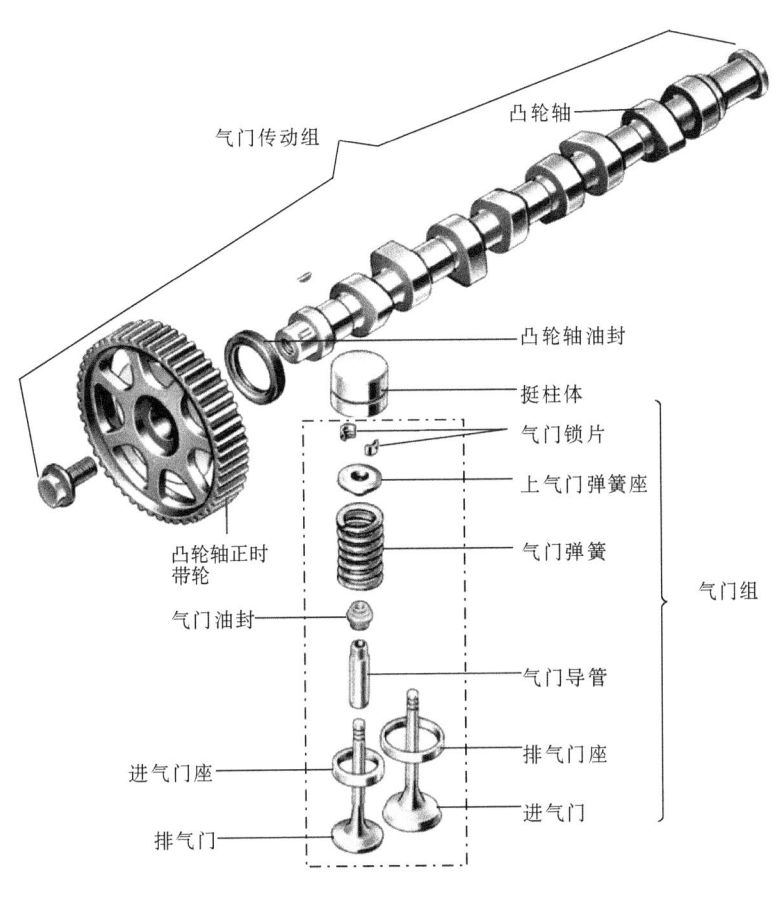

图1-21　气门组与气门传动组

六、点火系统

点火系统通常由蓄电池、发电机、点火线圈、分电器和火花塞等组成，如图1-28所示。在汽油机中，气缸内的可燃混合气是靠电火花点燃的，为此在汽油机的气缸盖上装有火花塞，火花塞头部伸入燃烧室内。能够按时在火花塞电极间产生电火花的全部设备称为点火系统。**柴油机采用压燃方式，没有点火系统。**

七、起动系统

起动系统一般由起动机、电磁开关、起动开关等组成，如图1-29所示。要使发动机由静止状态过渡到工作状态，必须先用外力转动发动机的曲轴，使活塞做往复运动，气缸内的可燃混合气燃烧膨胀做功，推动活塞向下运动使曲轴旋转，发动机才能自行运转，工作循环才能自动进行。因此，曲轴在外力作用下开始转动到发动机开始自动地怠速运转的全过程，称为发动机的起动。完成起动过程所需的装置，称为发动机的起动系统。

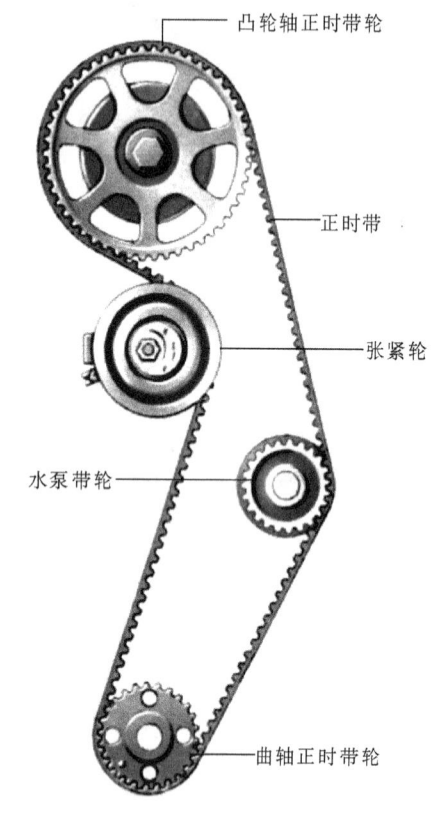

图 1-22 气门驱动组

图 1-23 丰田的 VVT-i 发动机

图 1-24 本田的 i-VTEC 发动机

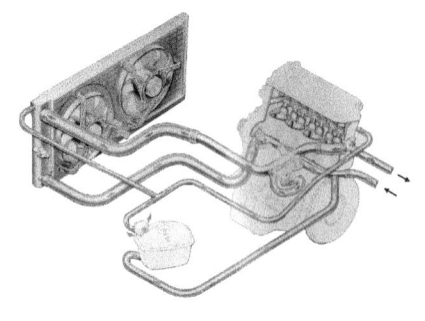

图 1-25 冷却系统

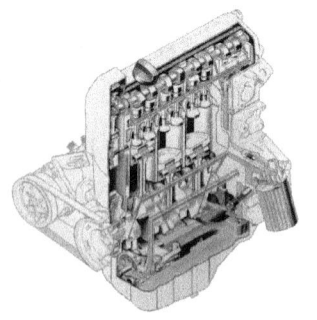

图 1-26 润滑系统

第一章 认识发动机

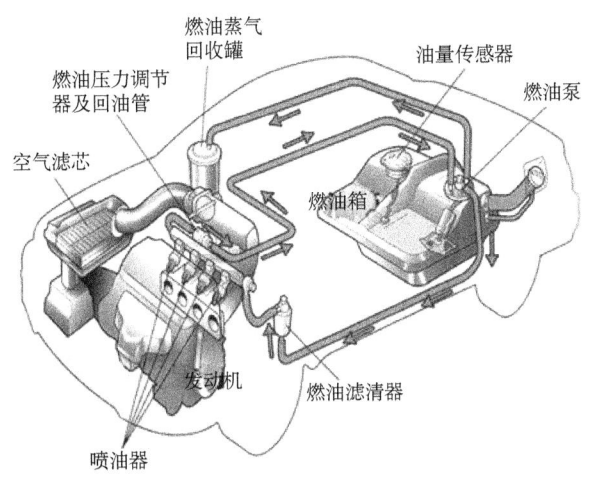

图 1-27 供给系统

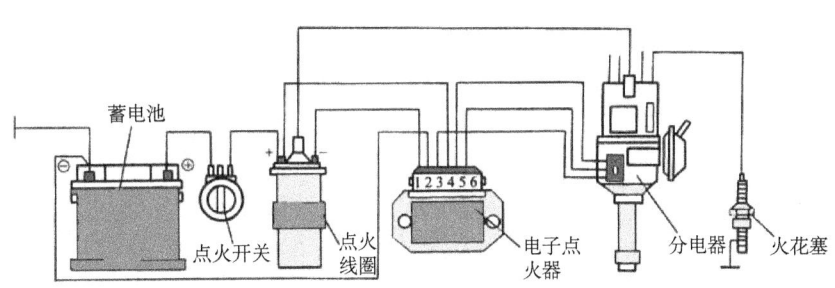

图 1-28 点火系统

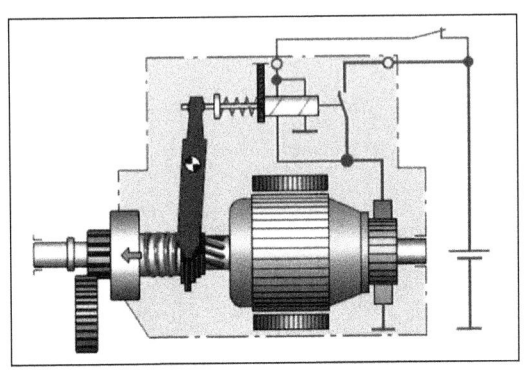

图 1-29 起动系统

第五节　发动机的工作原理

一、四冲程汽油机的工作原理

四冲程汽油机(图 1-30)**工作原理**：将空气与汽油以一定比例混合成良好的混合气，在进气行程中混合气被吸入气缸，经压缩点火燃烧而产生热能，燃烧后的气体所产生的高温高压，作用于活塞顶部，推动活塞做直线运动，同时通过连杆、曲轴、飞轮机构而变为旋转的机械能，对外输出做功。

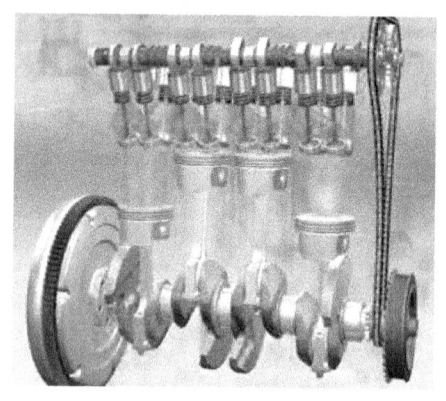

图 1-30　四冲程汽油机

如图 1-31 所示，在四行程的工作过程中，曲轴转两周，而发动机完成了四行程的一个循环：进气、压缩、做功、排气，在活塞的四个行程中，仅一个行程是做功的，其他三个行程都不做功。

1. 进气行程

在进气行程开始时，活塞位于上止点，进气门开启，排气门关闭。曲轴转动活塞从上止点向下止点移动，活塞上方容积增大，压力降低，可燃混合气在压差作用下进入气缸，如图 1-31a 所示。

2. 压缩行程

压缩行程开始，进、排气门关闭，活塞从下止点向上止点移动，活塞上方容积缩小，压缩混合气，使其压力和温度升高到易燃的程度，如图 1-31b 所示。

3. 做功行程

做功行程时，进、排气门仍然关闭，当压缩接近终了时，火花塞发出电火花，点燃混合气做功，如图 1-31c 所示。

4. 排气行程

排气行程开始，进气门仍关闭，排气门开启，使活塞由下止点向上止点移动，把燃烧后的废气挤出气缸，如图 1-31d 所示。

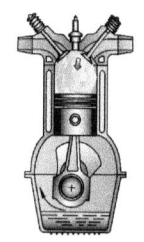 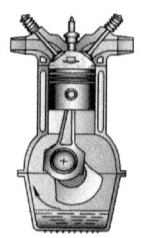 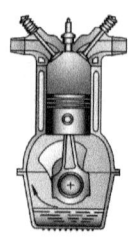 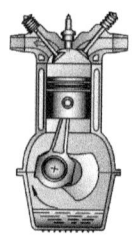

　　a) 进气行程　　　　b) 压缩行程　　　　c) 做功行程　　　　d) 排气行程

图 1-31　四冲程汽油机工作原理

二、二冲程汽油机的工作原理

二冲程汽油机(图 1-32)工作原理：活塞向上运动，将三排孔都关闭，活塞上部开始压缩，当活塞继续上行时，活塞下方打开了进气孔，可燃混合气进入曲轴箱；当活塞接近上止点时，火花塞点燃混合气，气体燃烧膨胀，推动活塞向下运动，进气孔关闭，曲轴箱内的混合气受到压缩；当活塞接近下止点时，排气孔打开，排出废气，活塞再向下运动，换气孔打开，受到压缩的混合气便从曲轴箱经进气孔流入气缸内，并扫除废气。

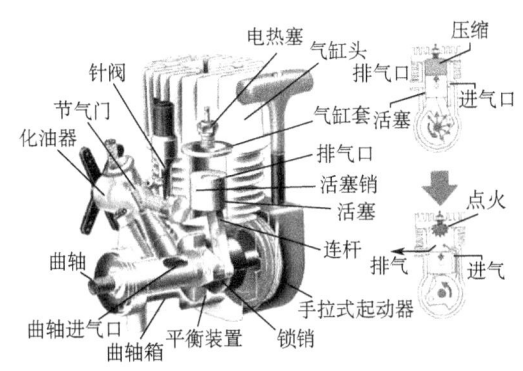

图 1-32 二冲程汽油机

◆ 第一行程

活塞从下止点向上止点运动，事先已充满活塞上方气缸内的混合气被压缩，新的可燃混合气又从化油器被吸入活塞下方的曲轴箱内，如图 1-33 所示。

◆ 第二行程

活塞从上止点向下止点运动，活塞上方进行做功过程和换气过程，而活塞下方则进行可燃混合气的预压缩，如图 1-34 所示。

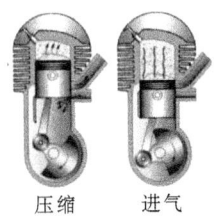

图 1-33 第一行程

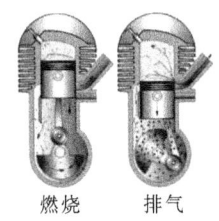

图 1-34 第二行程

进气：压缩行程还在进行。

燃烧：活塞未到达进气孔时进气行程仍在进行。

排气：活塞将排气、换气孔打开时，废气在混合气的作用下被挤出气缸。

三、四冲程柴油机的工作原理

喷油泵和喷油器是柴油机燃料供给系统中最为重要的部件，单缸四冲程柴油机如图 1-35 所示。

四冲程柴油机工作原理：每个工作循环都经历进气、压缩、做功、排气四个行程，如图 1-36 所示。燃料是柴油，其黏度比汽油大，不易蒸发，而自燃温度低，所以点火方式是压燃式。进气和压缩行程中都是纯空气，其压缩比比汽油机高得多(一般为 16~22)，压缩终了时，气缸内的空气压力可达 3.5~4.5MPa，同时温度大大超过了柴油自燃温度，故柴油喷入气缸后，在很短时间内与空气混合后便立即自行发火燃烧。在高压气体推动下，活塞向下运动并带动曲轴旋转而做功，废气同样经排气门排入大气。

柴油机不同于汽油机的是，进入气缸的是纯空气，其他与汽油机进气行程相似。由于进气阻力小，上一循环残留在气缸内废气温度较低等原因，进气行程终了的压力为80~95kPa，温度为320~350K，如图1-36a所示。

将进入气缸的空气压缩，由于柴油机的压缩比大，压缩终了的压力和温度都比汽油机高，压力可达3.5~4.5MPa，温度可达800~1000K，如图1-36b所示。

在压缩行程终了时，喷油泵将高压柴油经喷油器呈雾状喷入气缸内的高温空气中，并迅速与空气形成可燃混合气。因气缸内的温度远远高于柴油的自燃温度(约500K)，柴油立即自行着火燃烧，且在后一段时间内边喷油边燃烧，气缸内温度、压力急剧升高，推动活塞下行做功。燃烧的瞬时压力可达5~10MPa。瞬时温度可达1800~2200K。做功行程终了时，压力为200~400kPa，温度为1200~1500K，如图1-36c所示。

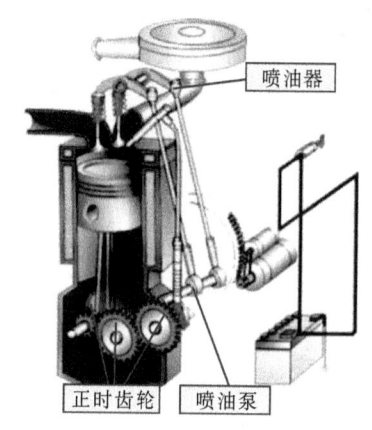

图1-35 单缸四冲程柴油机

与汽油机排气行程基本相同，排气终了气缸内压力为105~125kPa，温度为800~1000K，如图1-36d所示。

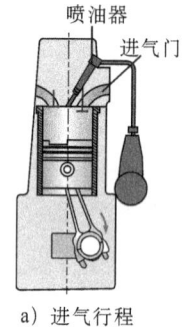 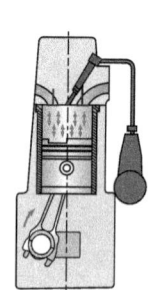 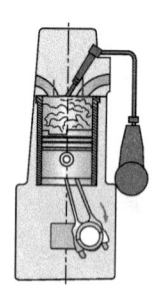 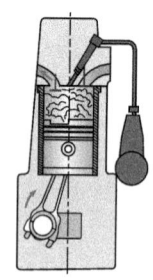

a) 进气行程　　　　b) 压缩行程　　　　c) 做功行程　　　　d) 排气行程

图1-36 四冲程柴油机工作原理

四、二冲程柴油机的工作原理

◆ **第一行程**

活塞从下止点向上止点运动，行程开始前不久，进气门和排气门均已开启，利用从扫气泵流出的空气使气缸换气。当活塞继续向上运动进气门被关闭，排气门也关闭，空气受到压缩，当活塞接近上止点时，喷油器将高压柴油以雾状喷入燃烧室，燃油和空气混合后燃烧，使气缸内压力增大，如图1-37所示。

◆ **第二行程**

活塞从上止点向下止点运动，开始时气体膨胀，推动活塞向下运动，对外做功，当活塞下行到大约2/3行程时，排气门开启，排出废气，气缸内压力降低，进气门开启，进行换气，换气一直延续到活塞向上运动1/3行程进气门关闭结束，如图1-38所示。

第一章　认识发动机

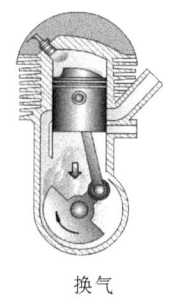 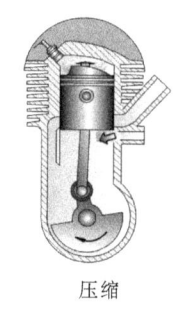 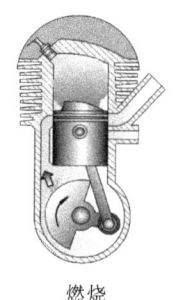 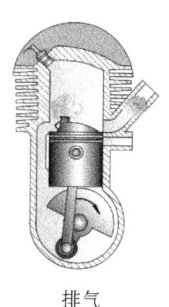

　　　换气　　　　　压缩　　　　　　　　　燃烧　　　　　　排气

　　图 1-37　第一行程　　　　　　　　图 1-38　第二行程

五、汽油机和柴油机的比较

　　汽油机一般将汽油喷入进气管同空气混合成为可燃混合气再进入气缸，经火花塞点火燃烧膨胀做功。人们通常称它为点燃式发动机。而柴油机一般是通过喷油泵和喷油器将柴油直接喷入发动机气缸，和在气缸内经压缩后的空气均匀混合，在高温、高压下自燃，推动活塞做功。人们把这种发动机通常称为压燃式发动机。

　　柴油机与汽油机相比，最显著的不同之处有：燃料性质不同、燃料供给方式不同、燃烧性质不同、压缩比不同、排放规律不同、点火方式不同、燃烧室不同。

1. 燃料性质不同

　　柴油机用的是挥发性很差而燃点又较低的柴油，如图 1-39 所示。这种燃料适合于压燃式的柴油机，因为柴油黏度较大而挥发性又差，故不适宜应用化油器供油，在压燃式发动机中几乎都是使用高压喷油泵与高压喷油器供油。

2. 燃料供给方式不同

　　汽油机用的是靠进气负压吸取燃油的化油器或电喷装置来供给雾化燃油，燃油雾化后还要靠发动机的结构与热量来进一步地汽化和混合成匀质混合气；而柴油机则是靠高压喷油泵挤压供应出液态燃油，再通过高压喷油器，向气缸燃烧室内直接喷出雾状燃油射流，如图 1-40 所示。

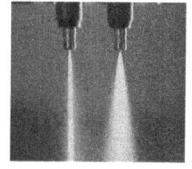

　　　图 1-39　柴油　　　　　　　　　图 1-40　喷油方式不同

3. 燃烧性质不同

　　汽油机的燃烧过程是由点到面，靠火焰层在匀质混合气中传播燃烧；而柴油机燃烧过程是雾状燃油射流喷入热空气中自燃的"随喷随烧"，如图 1-41 所示。

　　汽油机燃烧的是经过高度汽化混合过的匀质混合气，燃速较快；而柴油机燃烧的是燃油射流中的细小燃油雾滴，燃烧速度相对偏慢。

4. 压缩比不同

柴油发动机的压缩比比汽油机大，使得发动机效率较高。柴油机少有制成小排量的；除了个别发动机是强制风冷，多数柴油机都是水冷散热方式，如图1-42所示。

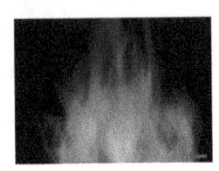

图1-41　柴油机的燃烧

图1-42　水冷发动机

5. 排放规律不同

汽油具有很强的挥发性，而柴油很难挥发，因此汽油车污染物中有燃料蒸发排放物，其组分是碳氢化合物（HC）。汽油机燃烧排放物中有较多的一氧化碳（CO）、碳氢化合物。同时，发动机燃烧室内的高温，又导致了氮氧化物（NO_x）的产生和排放。因此，汽油车排放的特点是一氧化碳、碳氢化合物排放量高，而颗粒物排放量低，氮氧化物排放与柴油车基本相同。

柴油机的燃烧室内始终存在富余的空气。这些富余的空气在高温作用下容易产生氮氧化物，而一氧化碳和碳氢化合物则不容易形成。因此，柴油车排放特点是颗粒物和氮氧化物排放量多而一氧化碳和碳氢化合物排放量少，如图1-43所示。

图1-43　排放规律不同

6. 点火方式不同

汽油机是靠瞬间高温的电火花来点燃匀质汽化燃料，对混合气质量要求较高；而柴油机则是靠压缩气缸内空气产生的高温来引燃油雾着火燃烧。

汽油机有个点火角控制燃烧做功的最佳时机，而柴油机的最佳点燃时间由喷油时间来确定，要求喷油非常雾化，在上止点的瞬间完成。在天气较冷的情况下，汽油机的冷机起动靠"加浓"；而柴油机靠"热媒"，即电热或点火的"点火栓"。此外，加热进气也是个办法，如图1-44所示。

7. 燃烧室不同

汽油机燃烧室一般位于缸盖上，如图1-45所示；而柴油机燃烧室一般位于活塞顶部且形状特殊，如图1-46所示。

图1-44　加热塞

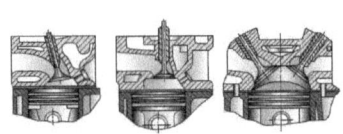

图1-45　汽油机燃烧室

第一章　认识发动机

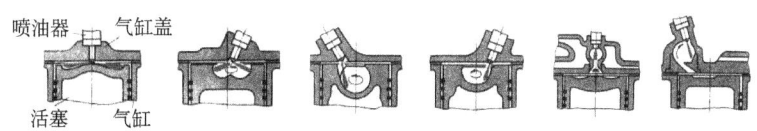

图 1-46　柴油机燃烧室

六、转子发动机的工作原理

转子发动机又称为米勒循环发动机（图 1-47）。它采用三角转子旋转运动来控制压缩和排放，与传统的活塞往复式发动机的直线运动截然不同。这种发动机由德国人菲加士·汪克尔（Felix Wankel）发明。他在总结前人的研究成果的基础上，解决了一些关键技术问题，研制成功第一台转子发动机。

转子发动机的运动特点是：三角转子的中心绕输出轴中心公转的同时，三角转子本身又绕其中心自转。在三角转子转动时，以三角转子中心为中心的内齿圈与以输出轴中心为中心的齿轮啮合，齿轮固定在缸体上不转动，内齿圈与齿轮的齿数之比为 3∶2。上述运动关系使三角转子顶点的运动轨迹（即气缸壁的形状）似"8"字形。三角转子把气缸分成三个独立空间，三个空间各自先后完成进气、压缩、做功和排气，三角转子自转一周，发动机点火做功三次。由于以上运动关系，输出轴的转速是转子自转速度的三倍，这与往复运动式发动机的活塞与曲轴的运动关系完全不同。

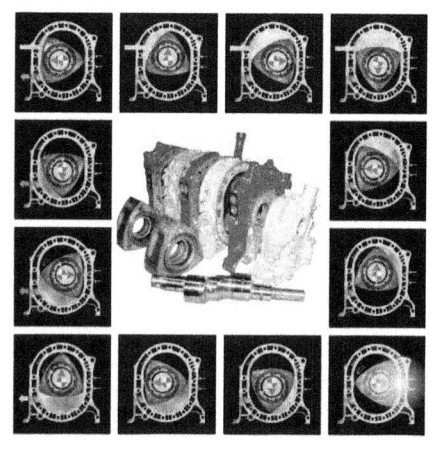

图 1-47　转子发动机运动示意图

第二章 曲柄连杆机构

曲柄连杆机构由机体组、活塞连杆组、曲柄飞轮组三部分组成。

第一节 机 体 组

组成：发动机机体组主要由气缸盖、机体、油底壳及气缸衬垫等组成。

作用：是发动机的基础，是曲柄连杆机构、配气机构和发动机各系统主要零部件的装配基体。

一、气缸盖

1. 组成

气缸盖一般采用优质灰铸铁或合金铸铁铸造，轿车用的汽油机则多采用铝合金气缸盖。其上加工有进、排气门座孔，气门导管孔，火花塞安装孔（汽油机）或喷油器安装孔（柴油机）。在气缸盖内还铸有水套、进排气道和燃烧室或燃烧室的一部分。若凸轮轴安装在气缸盖上，则气缸盖上还加工有凸轮轴轴承孔或凸轮轴轴承座及其润滑油道（图2-1）。

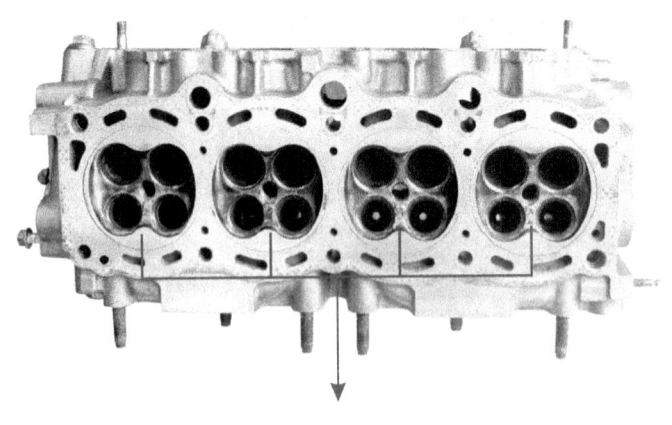

图 2-1 气缸盖总图

2. 分类

气缸盖有整体式、分块式和单体式三种结构形式。

3. 作用

气缸盖用来封闭气缸顶部，并与活塞顶和气缸壁一起形成燃烧室。另外，气缸盖内的水套和油道也是冷却系统和润滑系统的组成部分。

4. 检测

对气缸盖的检验要求是：气缸盖无破裂。气缸盖下平面的平面度误差，每50mm×50mm范围内不大于0.05mm，整个平面的平面度误差不大于0.20mm。可把刀口形直尺放在缸盖的下平面上，然后用塞尺测量刀口形直尺与平面间的间隙(图2-2)。

图2-2 气缸盖平面度的检查

对气缸盖裂纹的修复方法主要有黏合法、焊修法和堵漏法等，应根据裂纹的部位和大小，选用其中合适的一种方法修复裂纹。

5. 维修

气缸盖的主要损坏形式是裂纹和变形。气门座的装配应力过大会使气缸盖的进、排气门座之间的边梁处产生裂纹而报废。气缸盖翘曲变形，指的是气缸盖下平面的平面度误差超限。气缸盖平面变形后，会使气缸密封不严，可用磨削的方法修理或更换新缸盖。

气缸盖翘曲变形的主要原因是：气缸盖工作时受热不均匀(如个别缸不工作)；装配时缸盖螺栓拧紧力不均匀，或拧紧顺序不对，正确的拧紧顺序如图2-3所示；高温下拆卸气缸盖以及气缸垫或气缸体平面不平等。

图2-3 气缸盖螺栓的拧紧顺序

6. 燃烧室

（1）柴油机燃烧室　柴油机燃烧室在缸盖的部分主要为涡流室或预燃室。直喷式柴油机的燃烧室则几乎全部在活塞上。

（2）汽油机燃烧室　汽油机的燃烧室主要在气缸盖上。汽油机燃烧室按其形状主要可分为半球形、楔形与盆形燃烧室。

半球形燃烧室：如图2-4a所示，它结构紧凑，火花塞布置在燃烧室中央，火焰行程短，故燃烧速率高，散热少，热效率高。这种燃烧室结构上也允许气门双行排列，进气门直径较大，故充气效率较高，虽然使配气机构变得较复杂，但有利于排气净化，在轿车发动机上应用广泛。

楔形燃烧室：如图2-4b所示，它结构简单、紧凑，散热面积小，热损失也小，能保证混合气在压缩行程中形成良好的涡流运动，有利于提高混合气的混合质量，进气阻力小，提高了充气效率。气门排成一列，使配气机构简单，但火花塞置于楔形燃烧室高处，火焰传播距离长。切诺基汽车发

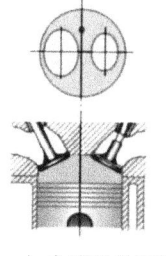 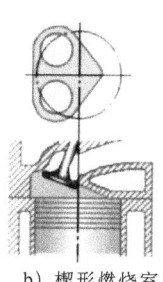 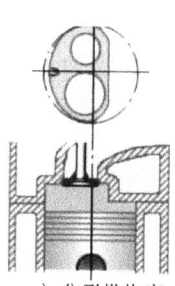

a) 半球形燃烧室　　b) 楔形燃烧室　　c) 盆形燃烧室

图2-4 汽油机燃烧室的分类

动机采用了这种形式的燃烧室。

盆形燃烧室：如图 2-4c 所示，其气缸盖工艺性好，制造成本低，但因气门直径易受限制，进、排气效果要比半球形燃烧室差。捷达轿车发动机、奥迪轿车发动机采用盆形燃烧室。

此外，还有多球形与篷形等形状，多球形燃烧室由两个以上半球形凹坑组成，其结构紧凑、面容比小、火焰传播距离短、气门直径较大、气道比较平直，且能产生挤气涡流。篷形燃烧室是在高性能多气门轿车发动机上广泛应用的燃烧室。

二、机体

1. 按气缸排列形式分类

按气缸排列形式分，发动机机体有直列式、对置式、V 形、W 形等，如图 2-5 所示。

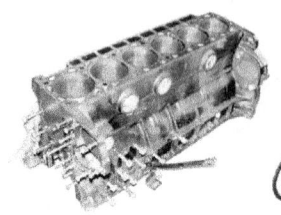

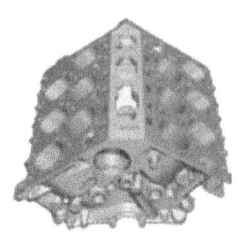

a) 直列式　　　　b) 对置式　　　　c) V形　　　　d) W形

各气缸排成一直列的称为直列式气缸排列，一般只用于六缸以下的发动机。六缸直列式发动机的平衡性最好，发动机工作时不产生振动

对置式气缸排列是指两列气缸水平相对排列，其优点是重心低，而且水平对置式发动机的平衡性好

两列气缸排列成 V 形的称为 V 形气缸排列。目前有 V4、V6、V8、V10、V12 和 V16 等机型

呈两个 V 形结构，有 W12、W16 等

图 2-5　不同排列形式的气缸

2. 按气缸结构形式分类

按气缸结构的不同，发动机机体分为无缸套式、干式缸套式、湿式缸套式三类，如图 2-6 所示。

1）无缸套式机体，即不镶嵌任何气缸套的机体，在机体上直接加工出气缸，如图 2-6a 所示。

2）干式缸套式机体，是在一般灰铸铁机体的气缸套座孔内压入或装入干式缸套，干式缸套不与冷却液接触，如图 2-6b 所示。

a) 无缸套式　　b) 干式缸套式　　c) 湿式缸套式

图 2-6　不同气缸结构形式的缸体

3）湿式缸套式机体，其气缸套外壁与冷却液直接接触。湿式缸套式机体广泛用于汽车

柴油机上，也有部分汽油机采用铸铁湿式缸套式铝合金机体，如凯迪拉克 V8 发动机、BJ492Q 型汽油机等，如图 2-6c 所示。

机体是气缸体与曲轴箱的连铸体，是发动机中最大的零件。绝大多数水冷发动机的气缸体与曲轴箱连铸在一起，而且多缸发动机的各个气缸也合铸成一个整体。风冷发动机一般都将气缸体与曲轴箱分别铸造，而且气缸体为单体。

机体一般用高强度灰铸铁或铝合金铸造。在机体的前后壁和缸间横隔板上铸有支承曲轴的主轴承座或主轴承座孔，以及满足润滑需要的纵、横油道。在水冷发动机气缸的外壁铸有冷却水套和分布水室，以增强散热。

3. 按曲轴箱结构形式分类

按曲轴箱结构的不同，发动机机体可分为平底式、龙门式、隧道式，如图 2-7 所示。

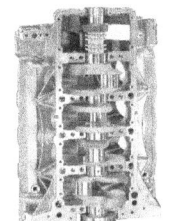 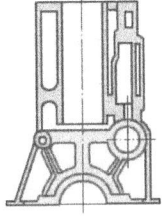 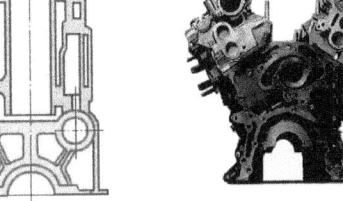 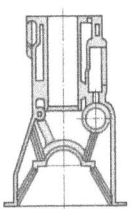 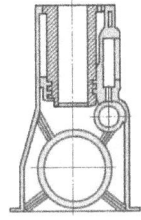

a) 平底式　　　　　　　　　　b) 龙门式　　　　　　　　　　c) 隧道式

平底式机体的底平面与曲轴轴线齐平。通常轿车和轻型货车发动机多采用平底式机体

指底平面下沉到曲轴轴线以下的机体。龙门式机体广泛用于各类汽车发动机上

指主轴承不剖分的机体结构。这种机体配以窄型滚子轴承可以缩短机体长度

图 2-7　不同形式曲轴箱机体

4. 气缸体的检验

1) 气缸体基准面的检验。检验前应彻底清除平面上的水垢、积炭、毛刺，铲平或刮平螺孔周围的轻微凸起。将气缸体下平面放在平板上，用游标高度卡尺或专用设备，检测气缸体的高度，用专用量具检测第一道和第二道主轴承座孔盖接合面至气缸体下平面的距离。

2) 气缸体变形的检验。可用刀口形直尺放在平面上，然后用塞尺测量刀口形直尺与平面间的间隙，如图 2-8 所示，塞入塞尺片的最大厚度值就是变形量，一般气缸体上平面的平面度误差，每 50mm×50mm 范围内均应不大于 0.05mm，与其配合的整个气缸体上平面的平面度误差应不大于 0.20mm。

3) 气缸体主轴承座孔、凸轮轴座孔的检验。装上主轴承盖并按规定力矩拧紧，先检验座孔圆度及圆柱度误差，用内径千分尺或内径百分表沿圆周测量 3～5 点，沿轴线方向测量三处，主轴承座孔的圆度及圆柱度误差对于铸铁气缸体不大于 0.01mm，对于铝合金气缸体不大于 0.015mm，如图 2-9 所示。

图 2-8　用塞尺测量平面度误差

图 2-9　检验座孔圆度

4）气缸体的裂纹检验。检验气缸体裂纹的主要方法有水压试验和气压试验。对于新镶气缸套的气缸体或修补过的气缸体，均应对其进行水压试验。

气缸体上、下平面翘曲后，产生了平面的平面度误差，当变形量较大时，可采用铣、磨加工方法予以修整。在无铣、磨设备或平面度误差不大时，可用旧砂轮在其平面上进行了手工推磨，直至平面度达到技术要求为止。

在变形较小时，可以在平面上涂些研磨膏，把气缸盖放在气缸体上扣合研磨修复。气缸体裂纹的修复方法与气缸盖裂纹的修复方法相同。

5）气缸压缩压力的检测。检测气缸的压缩压力，可说明气缸的密封性。

测量时，应使发动机运转至正常温度（冷却液温度为 80~90℃）后熄火。汽油机需要拆除全部火花塞，将节气门和阻风门全开，然后把气缸压力表的锥形橡胶头压紧在火花塞孔上。用起动机转动曲轴 3~5s，曲轴转速应保持 150~180r/min，记录压力表指示读值。柴油机可将压力表接在喷油器安装孔上，以 500r/min 转速测定柴油机的气缸压缩压力值。

各缸测量次数不少于 2 次，取平均值。对汽油机要求气缸压缩压力不低于原厂规定标准值的 10%；对柴油机要求不低于原厂规定标准值的 20%。各缸气缸压缩压力值差：汽油机要求应不超过其平均值的 8%，柴油机应不超过其平均值的 10%，如图 2-10 所示。

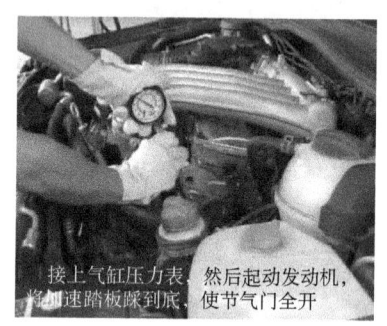

图 2-10　气缸压力的检测

6）气缸漏气率的检验。气缸漏气率可以判断气缸磨损情况，从而诊断发动机的技术状况。用气缸漏气率检测仪检测时，发动机应加热至 70~85℃后停车，旋出所有火花塞或柴油机喷油器。用手摇柄摇转发动机，直到第一缸活塞到达压缩行程上止点，将变速器换入低档，拉紧驻车制动器（应完好有效），避免压缩空气进入气缸时推动活塞下行。将仪器接通气源（采用 713~917kPa 的压缩气源），然后用测量塞头压紧在火花塞孔或喷油器孔，打开开关，表指针的读数即为第一缸上止点时的漏气率。同法测出其他各缸上止点的漏气率。气缸活塞组正常的漏气率为 6%~15%，不得大于 20%~40%。

7）气缸的修理。气缸磨损的测量主要是确定气缸磨损后的圆度和圆柱度误差。将量缸表的测杆伸入气缸内，测量第一道活塞环在上止点位置时对应的气缸壁。通常是分别测量平行和垂直于曲轴轴线方向的气缸盖磨损量。用同样的方法测量气缸中部和下部的磨损量。量缸表测杆与气缸轴线要保持垂直。寻找垂直位置的方法是：将测杆放入气缸后，一手握住表杆，沿测杆长度方向稍稍摆动，当表针指示到该方向最大值时，即表示测杆与气缸轴线相垂直。当气缸的圆度和圆柱度误差达到大修极限值时，如汽油机的圆度误差超过 0.05mm，圆柱度误差超过 0.175mm，柴油机的圆度误差超过 0.063mm，圆柱度误差超过 0.25mm，则应进行镗缸修理。测量气缸的圆度误差如图 2-11 所示。

图 2-11 测量气缸的圆度误差

气缸修理尺寸一般分为六级（桑塔纳轿车的气缸分三级），见表 2-1。

表 2-1 气缸修理尺寸 （单位：mm）

等级\尺寸	发动机型号\气缸直径加大	气缸直径				
		CA6102	EQ6100 EQ6100-1	BJ492Q	桑塔纳	
					1.8L	1.6L
标准尺寸	0	$101.60^{+0.02}_{0}$	$100.00^{+0.06}_{0}$	$92.00^{+0.036}_{0}$	81.01	79.51
一级修理尺寸	+0.25	$101.85^{+0.02}_{0}$	$100.25^{+0.06}_{0}$	$92.25^{+0.036}_{0}$	81.26	79.76
二级修理尺寸	+0.50	$102.10^{+0.02}_{0}$	$100.50^{+0.06}_{0}$	$92.50^{+0.036}_{0}$	81.51	80.01
三级修理尺寸	+0.75	$102.35^{+0.02}_{0}$	$100.75^{+0.06}_{0}$	$92.75^{+0.036}_{0}$	82.01	80.51
四级修理尺寸	+1.00	$102.60^{+0.02}_{0}$	$101.00^{+0.06}_{0}$	$93.00^{+0.036}_{0}$		
五级修理尺寸	+1.25			$93.25^{+0.036}_{0}$		
六级修理尺寸	+1.50			$93.50^{+0.036}_{0}$		

气缸镗削的目的是恢复气缸原有的圆度、圆柱度和表面粗糙度要求，保证各缸中心线与曲轴主轴承孔中心线在一个平面内，并相互垂直。

气缸经镗削加工后，表面存有螺旋形的加工刀痕。为了减小气缸壁的表面粗糙度值，达到气缸加工的最终要求，以延长气缸和活塞的使用寿命，必须对气缸壁表面进行最后一次精加工。

8）曲轴箱窜气量的检测。曲轴箱窜气量，可说明气缸与活塞和活塞环之间的密封性。

测量时，将曲轴箱密封（堵住机油尺口、曲轴箱通风进出口等），由加机油口处用橡胶管将漏窜气体导出，输入气体流量计。

当气体在管路中移动时，由于流量孔板两边存在压差，使压力计水柱移动，压力计通常以流量为刻度，因而由压力计水柱高度可以确定窜入曲轴箱气体的数量。

就车测试时，一般采用加载、节气门全开、使发动机在 1000～1600r/min 下运转的方法进行，记录气体流量计每分钟流量读数值。

新发动机曲轴箱的窜气量为 15～20L/min，而磨损了的发动机可高达 80～130L/min。

5. 气缸体的维修

气缸体的主要损坏形式有裂纹、磨损、变形及螺纹滑扣等。

裂纹常发生在主轴承隔壁、气缸套承孔、缸盖螺栓孔等处。水套因冰冻也会出现裂纹。缸体和缸盖的裂纹通常用水压试验法检验。对受力大的部位的裂纹可用电焊法进行修理，或更换新件。对水套等处受力或受热不大的部位的裂纹，可用胶粘法修理。

气缸体的主要磨损发生在气缸、气缸套承孔、曲轴主轴承承孔和后端面等部位。

气缸的磨损达到一定程度时，发动机的技术性能将明显变坏，功率下降，燃油、机油的消耗明显增加。一般是以气缸的磨损程度作为发动机是否需要大修的主要依据。

测量气缸磨损时，必须测量包括气缸最大磨损断面在内的活塞全行程内的上、中、下三个断面，每个断面必须测量发动机纵向和横向两条直径，才能正确地测量出气缸的最大磨损量以及圆度和圆柱度误差，如图2-12所示。

气缸的圆度误差：在同一断面上测量到的最大与最小直径差值的一半，即为该断面的圆度误差。把在三个测量断面上测量到的最大的圆度误差作为气缸的圆度误差。

气缸的圆柱度误差：在三个断面内所测得的所有读数中最大与最小直径差值的一半即为气缸的圆柱度误差。

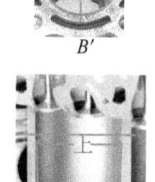

图2-12 气缸内径检查的位置

1）气缸的圆度误差达到 0.05~0.063mm；圆柱度误差达到 0.175~0.250mm；最大磨损量：有修理尺寸的气缸达 0.2mm，无修理尺寸的气缸（薄型缸套）达到 0.4mm。上述三项中，有一项达到限值时必须修理或更换气缸套。

2）气缸的圆度误差和圆柱度误差均小于限值，而磨损量小于 0.15mm 时，可更换活塞及活塞环。

曲轴主轴承承孔磨损后，减小了轴承与承孔的配合过盈量和接触面积。工作中，轴承可能松旷转动，引起曲轴黏着磨损甚至咬死（烧瓦）。若曲轴主轴承孔的圆度误差大于 0.025mm 或穴蚀面积大于 $250mm^2$，必须进行修理。

气缸体上、下平面在螺纹孔周围产生凸起，大多数是由于螺栓拧紧力矩过大，或装配时螺纹孔中的油、水、污物清理不净，当拧紧螺栓时，螺纹孔附近在过大的液压力作用下产生凸起。

三、油底壳

油底壳的主要功用是储存机油和封闭机体或曲轴箱，如图2-13所示。油底壳用薄钢板冲压或用铝合金铸造而成。油底壳内设有挡板（图2-13a），用以减轻汽车颠簸时油面的振荡。油底壳底部设有放油螺塞（图2-13b）。有的放油螺塞带磁性，可以吸引机油中的铁屑。油底壳在安装时需更换密封垫，同时涂抹密封胶（图2-13c）。

第二章 曲柄连杆机构

a) 机油挡板

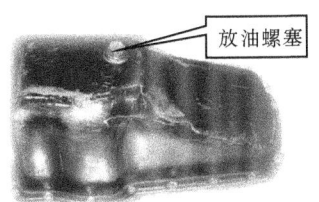
b) 放油螺塞

c) 油底壳的安装

图 2-13 油底壳

四、气缸衬垫

气缸衬垫是机体顶面与气缸盖底面之间的密封件。其作用是保持气缸密封不漏气,保持由机体流向气缸盖的冷却液和机油不泄漏,其实物如图 2-14 所示。

气缸衬垫可分为金属橡胶型、全金属型、复合材料型和黏结型等多种,如图 2-15 所示。

发动机大修时需更换气缸垫。

图 2-14 气缸衬垫

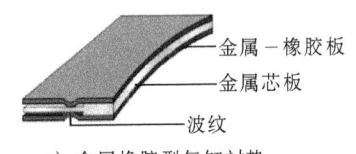
a) 金属橡胶型气缸衬垫　　b) 全金属型气缸衬垫

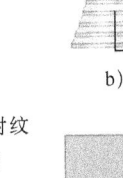

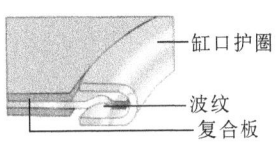
c) 复合材料型气缸衬垫　　d) 黏结型气缸衬垫

图 2-15 不同气缸垫结构图

第二节　活塞连杆组

一、活塞组的构造

1. 活塞

汽油机与柴油机活塞按顶部结构分类,如图 2-16、图 2-17 所示。

大多数汽油机采用平顶活塞。采用凹顶活塞,可以通过改变活塞顶上凹坑的尺寸来调节

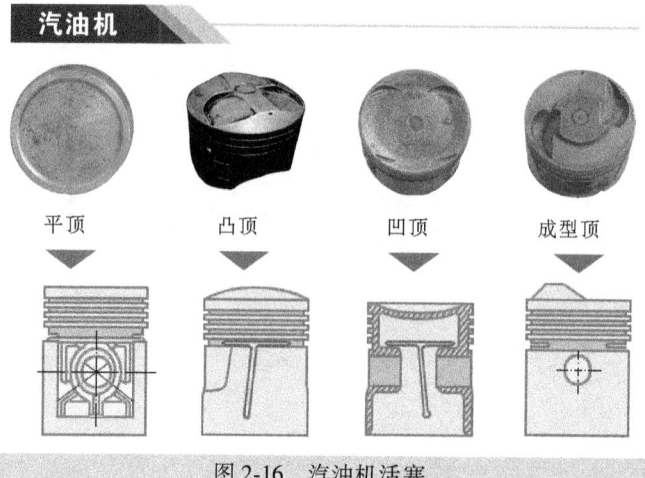

图 2-16 汽油机活塞

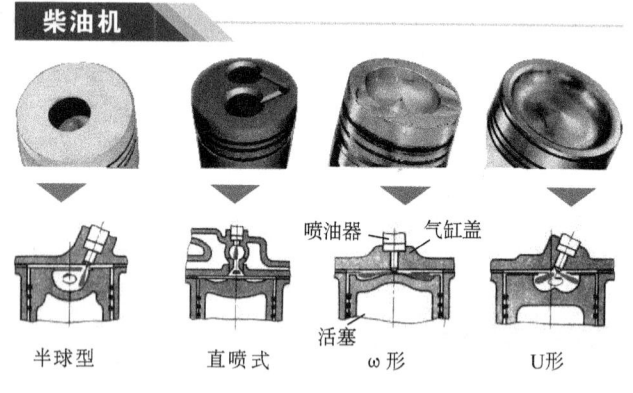

图 2-17 柴油机活塞

发动机的压缩比；采用凸顶活塞，多数是为了在不改变气缸盖结构的情况下增大压缩比，有的半球形燃烧室发动机采用凸顶活塞，则是为了增强挤流。

在活塞顶部除有燃烧室凹坑外，有的活塞顶上还加工有避让气门的气门凹坑。

2. 活塞环

活塞环按功能不同，可分油气环和油环。气环又可分为不同种类。

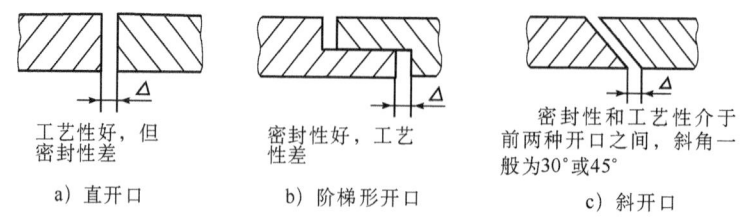

图 2-18 气环开口形状

1）按气环开口形状分，如图 2-18 所示。
2）按气环的断面形状分。

如图 12-19a 所示，断面为矩形。形状简单，加工方便，与气缸壁接触面积大，有利于活塞散热。但磨合性差，而且在与活塞一起做往复运动时，在环槽内上下窜动，把气缸壁上的机油不断地挤入燃烧室中，产生"泵油作用"，使机油消耗量增加，活塞顶及燃烧室壁面积炭。

如图 12-19b 所示，环的外圆面为锥角很小的锥面。理论上锥面环与气缸壁为线接触，磨合性好，增大了接触压力和对气缸壁形状的适应能力。当活塞下行时，锥面环能起到向下刮油的作用。当活塞上行时，由于锥面的油楔作用，锥面环能滑越过气缸壁上的油膜而不致将机油带入燃烧室。锥面环传热性差，所以不用作第一道气环。由于锥角很小，一般不易识别，为避免装错，在环的上侧面标有向上的记号。

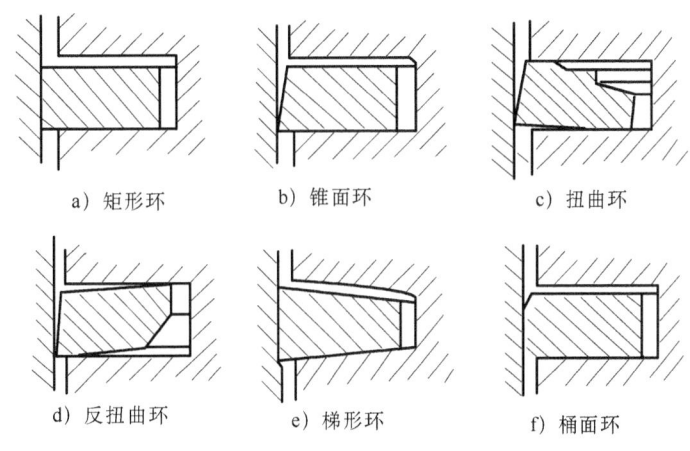

图 2-19 气环断面形状

如图 12-19c 所示，断面不对称的气环装入气缸后，由于弹性内力的作用使断面发生扭转，故称扭曲环。扭曲环断面扭转原理：活塞环装入气缸之后，其断面中性层以外产生拉应力，断面中性层以内产生压应力。拉应力的合力 F_1 指向活塞环中心，压应力合力 F_2 的方向背离活塞环中心。由于扭曲环中性层内外断面不对称，F_1 与 F_2 不作用在同一平面内而形成力矩 M。在力矩 M 的作用下，环的断面发生扭转。若将内圆面的上边缘或外圆面的下边缘切掉一部分，整个气环将扭曲成碟子形，则称这种环为正扭曲环。

如图 12-19d 所示，若将内圆面的下边缘切掉一部分，气环将扭曲成盖子形，则称其为反扭曲环。在环面上切去部分金属称为切台。

如图 12-19e 所示，断面为梯形。其主要优点是抗黏结性好。当活塞头部温度很高时，窜入第二道环槽中的机油容易结焦并将气环黏住。在活塞左右摆动时，梯形环的侧隙、径向间隙都发生变化将环槽中的胶质挤出。楔形环的工作特点与梯形环相似，而且由于断面不对称，装入气缸后也会发生扭曲。梯形环多用作柴油机的第一道气环。

如图 12-19f 所示，环的外圆面为外凸圆弧形。其密封性、磨合性及对气缸壁表面形状的适应性都比较好。桶面环在气缸内不论上行或下行均能形成楔形油膜，将环浮起，从而减轻环与气缸壁的磨损。开槽环，在外圆面上加工出环形槽，在槽内填充能吸附机油的多孔性氧化铁，有利于润滑、磨合和密封。

常见的油环有整体式和组合式两种结构形式，如图2-20所示。目前广泛应用的是组合式油环。组合式油环一般由三个刮油钢片和两个弹性衬环组成，轴向衬环夹装在第二、三刮油钢片之间，径向衬环使三片刮油钢片压紧在气缸壁上。

气环的检修：开口端隙一般为0.25~0.8mm，第一道气环的温度最高，其端隙也最大。端隙过大，漏气严重；端隙过小，活塞环受热膨胀后可能卡死甚至折断。

图2-20 油环形式

3. 活塞销

如图2-21所示，活塞销的结构形状很简单，基本上是一个厚壁空心圆柱。其内孔形状有圆柱形、两段截锥形和组合形。圆柱形孔加工容易，但活塞销的质量较大；两段截锥形孔的活塞销质量较小，且因为活塞销所受的弯矩在其中部最大，所以接近于等强度梁，但锥孔加工较难。

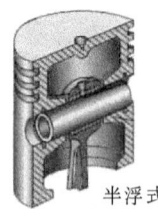 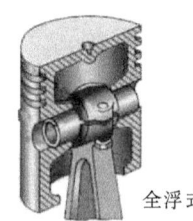

图2-21 活塞销形式

二、活塞组的检修

1. 活塞的选配

发动机大修时，应更换全部活塞。更换时应注意：

1) 选择与气缸同一修理尺寸的活塞。同一台发动机应选用同一厂牌的同一组活塞。以使活塞的材料、性能、质量、尺寸一致。

同组活塞裙部最大直径差值：CA141不大于0.02mm；EQ140不大于0.01mm；BJ212不大于0.02mm。质量差值：CA141不大于8g；EQ140不大于8g；BJ212不大于4g。质量超过规定的，可在裙部内壁下部向上20mm处车削，予以调整。

2) 活塞裙部的圆柱度及圆度应符合技术标准的规定。

3) 对膨胀槽应开到底，而未开通的活塞，装配前应将膨胀槽开通。

2. 活塞环的选配

活塞环的技术要求如下：

1) 活塞环的弹力应符合技术标准的规定。几款国产车发动机活塞环弹力要求见表2-2。

表2-2 几款国产车发动机活塞环弹力与端隙要求

车 型	气 环		油 环	
	弹力/N	端隙/mm	弹力/N	端隙/mm
CA6102	49~78	0.5~0.7	11.8~31.4	0.3~0.5
EQ6100-1	41.1~56.8	0.35~0.55	34.3~49.0	0.5~1.0
492Q	17.2~24.5	0.2~0.4	15.7~21.6	0.2~0.4

2）活塞环的端隙（表2-2）、侧隙、背隙应符合技术标准的规定。

3）漏光度。活塞环开口处左右30°范围内，不允许漏光。每处漏光弧长所对应的圆心角不超过25°，同一环上漏光弧长所对应的圆心角总和不超过45°。漏光处的间隙不大于0.03mm。

3. 活塞销的选配

发动机大修时，选择标准尺寸的活塞销，以便给小修留有修理余地。活塞销除标准尺寸以外，还有四级修理尺寸，每级直径加大0.04mm。

选配活塞销的质量要求是：表面粗糙度Ra值不高于0.8μm，圆度、圆柱度误差不超过0.0025mm，质量差值不大于10g。

活塞销与销座孔的配合要求很高，对全浮式活塞销与销座孔的配合，汽油机在常温时应有微量过盈（一般为0.0025～0.0075mm），发动机工作时应有微量间隙，使活塞销能在销座孔中转动。柴油机活塞销常温时为间隙配合，允许有微量间隙。

4. 活塞组异响故障的维修

（1）活塞敲缸响

1）发动机怠速时，在气缸的上部发出清晰的敲击声，好像用锤子轻敲水泥地面产生的"嗒嗒嗒"的声音。

2）发动机低温时响声明显，温度升高后响声减弱或消失，怠速或低中速时响声明显，中高速时一般减弱或消失。

3）该缸断火后，响声减弱或消失。

1）活塞与气缸壁间隙过大。
2）气缸壁润滑条件不佳。

1）这种响声的特点是冷车时明显，热车时减弱或消失，断火试验时减弱或消失。

2）发动机在低、中速运转时，可用手抖动节气门检查，一般在收节气门的瞬间响声较明显。

3）可用听诊器具，放在气缸上部听察，并结合断火试验来确定哪个气缸发响。

4）经诊断初步确定为某缸发响后，为进一步证实，可将发动机熄火，卸下火花塞，往气缸内注入少量机油，然后再装上火花塞起动发动机。如声音减弱或消失，过一会儿，响声又起，或在起动着火后的几十秒钟内出现几声响，随后即消失，过一会儿又出现几声，则可断定此缸敲缸响。

5）有时遇到"反上缸"现象，即在断火试验时出现敲击响声，并由间断变为连响。这是由于活塞裙部锥度过大，致使活塞头部撞击气缸壁。

6）如冷车时响，热车不响时，可继续运行。大修出厂的车辆，在温度低于40℃时，允许有轻微响声。

（2）拉缸声

 1）此响声一般出现在发动机大修后的磨合期。即发动机在怠速运转时出现"嗒嗒嗒"声，有些像活塞敲缸的声音，而温度升高后，响声不但不消失，反而稍重一些，且有时还带有"吭吭"的声音，发动机稍有抖动现象。
2）断火试验时仍有响声，但严重拉伤后也出现活塞敲缸响，不过此时断火试验响声有所减弱。
3）拉伤到一定程度时，出现发动机突然熄火现象。
4）严重时，从加机油口处往外冒烟。

原因
1）活塞与缸壁间隙过小或活塞膨胀系数过大。
2）活塞椭圆度不足或反椭圆。
3）活塞头部尺寸大、活塞环背隙或端隙过小。
4）活塞销与销座孔配合过紧，致使活塞变形胀大。
5）机油不足或润滑油道堵塞，润滑不良。
6）发动机缺冷却液，温度过高。
7）发动机长时间高速运转，尤其在磨合期内。
8）全浮式活塞销未装锁环，半浮式活塞销固定螺钉未拧紧，活塞销轴向窜动拉缸。

检查与判断
1）发动机运转过程中，出现类似敲缸的现象，但声音不是随发动机温度的升高而减弱或消失，可初步断定为拉缸响声。
2）拆下气缸盖，检查缸壁的拉伤情况，并找出拉伤原因。如只是由于活塞与缸壁配合较紧而轻微拉伤，可稍磨一下缸壁，仍可用原活塞装复。如拉伤严重，应重新镗缸，并用换加大级活塞的方法修复。

（3）活塞销响

 1）发动机在怠速或中速运转时，在发动机的侧上部可听到"嗒嗒嗒"的明显、清晰而尖脆的敲击声。
2）用手拉节气门，由怠速往中速急速抖动节气门时响声非常明显，且清脆而连贯。
3）发动机温度升高，响声不减弱。
4）断火试验时响声减弱或消失，而恢复工作时的瞬间，有明显的1~2下响声。

 1）活塞销与连杆小头衬套配合松旷。
2）活塞销与活塞的销座孔配合松旷。
3）机油压力过低，曲轴箱内机油飞溅量不足，或连杆上的润滑油道堵塞，而造成活塞销烧蚀严重。

检查与判断

1) 抖动节气门试验，即将节气门置于怠速位置，然后向中速抖节气门，响声能灵活地随着变化，并且每抖一下节气门，都能听到突出的清脆、连贯的"嗒嗒嗒"响声，则可能是活塞销响。

2) 断火试验时，响声比较明显。可将发动机稳定在响声较强的转速下，逐缸断火试验，当断开某缸后，响声明显减弱或消失，并在复火的瞬间，能灵敏而突出地恢复响声，可断定此缸活塞销响。

3) 如声响非常严重，并且发动机转速越高，响声越大。可在响声较大的转速下断火试验，如响声不但不消失，反而变得杂乱，一般是由于间隙已大到了一定的程度。

4) 在发动机转速不断变化的情况下，将听诊器具触及发响气缸缸体侧上部或气缸盖上，可听到较清脆的响声，也可在加机油口处听到活塞销的清脆响声。

（4）活塞环漏气响

现象

1) 响声类似活塞敲缸响。
2) 在加机油口处察听，可听到特别清脆的响声，并有大量气体自加油口冒出，如将加机油口盖住，响声可显著减弱。

原因

1) 活塞环弹性过弱或缸壁有沟槽。
2) 活塞环质量不佳或活塞头部失圆。

检查与判断

1) 打开加机油口盖，在发动机高速运转时，可听到类似活塞敲缸的响声，当减小节气门开度时响声即减弱或消失，同时在加油口处向外冒烟，可断定为活塞环漏气响。

2) 断火试验时，某缸断火后响声和烟气立即消除，可断定为该缸活塞环漏气，但多缸漏气时，上述现象则不明显。

3) 在初步判定的气缸内倒入少许机油，然后起动发动机试验，如在起动后较短时间内，响声减弱或消失，则可进一步断定是该缸活塞环漏气响。

三、连杆组的构造

组成：连杆组包括连杆体、连杆轴承盖、连杆螺栓和连杆轴承等零件，如图2-22所示。习惯上常把连杆体、连杆轴承盖和连杆螺栓合起来称为连杆，有时也称连杆体为连杆。

作用：将活塞承受的力传给曲轴，并将活塞的往复运动转变为曲轴的旋转运动。

连杆由小头、杆身和大头构成。连杆小头与活塞销连接，同活塞一起做往复运动；连杆大头与曲柄销连接，同曲轴一起做旋转运动，如图2-23所示。

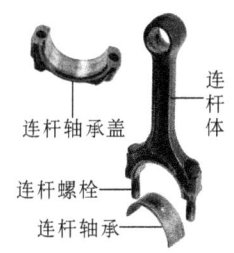

图2-22 连杆

在汽车发动机中连杆小头与活塞销的连接方式有两种，即全浮式和半浮式。

全浮式活塞销工作时，在连杆小头孔和活塞销孔中转动，可以保证活塞销沿圆周磨损均匀。为防止活塞销两端刮伤气缸壁，在活塞销孔外侧装有活塞销挡圈，如图 2-24 所示。

连杆小头

连杆大头

图 2-23　连杆小头、大头

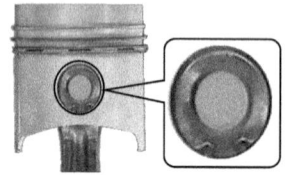

图 2-24　活塞销挡圈

连杆小头孔内以一定的过盈配合压入减摩青铜衬套或钢背加青铜镀层的双金属衬套，以减小其磨损。在小头和衬套上加工有集油孔或集油槽，用来收集飞溅上来的机油以润滑活塞销和连杆衬套。

半浮式活塞销是用螺栓将活塞销夹紧在连杆小头孔内，这时活塞销只在活塞销孔内转动，在连杆小头孔内不转动。小头孔不装衬套，活塞销孔中也不装活塞销挡圈。

半浮式活塞销可以降低发动机噪声并消除了活塞销挡圈可能引起的事故。

连杆杆身断面为工字形，刚度大、重量轻、适于模锻。有的连杆在杆身内加工有油道，用来润滑小头衬套或冷却活塞。

接合面与连杆轴线垂直的为平切口连杆，如图 2-25a 所示；而接合面与连杆轴线成 30°~60°夹角的为斜切口连杆，如图 2-25b 所示。

汽油机均采用平切口连杆。柴油机连杆既有平切口也有斜切口。

斜切口连杆的连杆螺栓由于承受较大的剪切力而容易发生疲劳破坏。为此，应该采用能够承受横向力的定位方法。

定位方法主要有止口定位、套筒定位、锯齿定位。锯齿定位在斜切口连杆上应用最广泛。

连杆大头孔是在连杆体与连杆轴承盖组合之后镗削的，在连杆体和连杆轴承盖的同一侧刻有配对记号。在拆卸之后重新装配时必须对号入座。大头孔表面粗糙度值和形状误差很小，以保证能与连杆轴瓦紧密贴合。

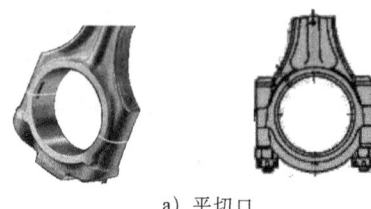
a) 平切口

b) 斜切口

图 2-25　连杆大头切口形式

四、连杆组的维修

连杆组的维修内容主要包括：连杆变形的检验与校正及连杆小头衬套的铰削。连杆变形

(图2-26)后，使活塞在气缸中歪斜，引起活塞与气缸、连杆轴承与连杆轴颈的偏磨、敲缸、拉缸等。

1) 检验时，将连杆大头轴承取下，将轴承孔清洁干净，装好轴承盖，并按规定力矩拧紧连杆螺栓。

2) 把连杆大头安装在校正仪的可调横轴上，拧动调整柄使半圆键向外扩张，将连杆固定在校正仪上，使连杆大头轴承孔轴线与检验平板垂直。

3) 检验工具是一个带有V形槽的三点规。三点规上的三个测点的端面构成的平面与V形槽的对称平面垂直。下面两个测点的距离为100mm。上测点位于两个下测点连线的垂直平分线上，与两个下测点连线的距离也是100mm。将三点规的V形槽放在连杆小头的心轴（不装衬套时）或活塞销上，并推向检验平板。若三个测点都与平板接触，说明连杆不变形。如有点不接触就表明连杆弯曲。

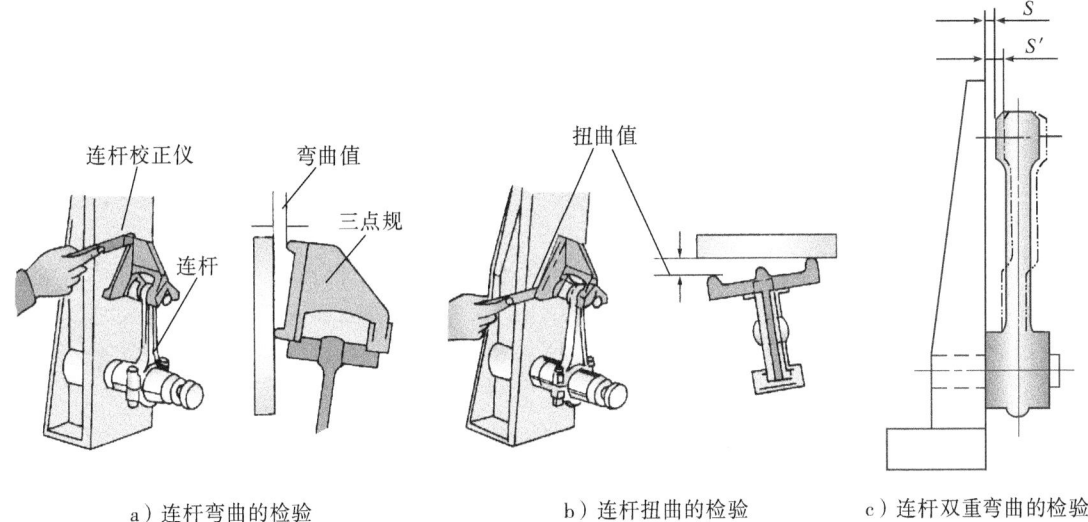

a）连杆弯曲的检验　　b）连杆扭曲的检验　　c）连杆双重弯曲的检验

图2-26　连杆变形图

4) 用塞尺量出测点与平板的间隙，便是连杆在100mm长度上的弯曲度。若两个下测点一个接触，另一个不与平板接触，且上测点与平板的间隙等于另一个下测点间隙的一半，则表明连杆扭曲。下测点与平板的间隙即为连杆在100mm长度上的扭曲度。若一个下测点与平板接触，但上测点与平板的间隙不等于另一下测点与平板间隙的一半，则表明连杆同时存在弯曲和扭曲变形。此时下测点与平板的间隙为连杆扭曲度，上测点与平板的间隙为连杆弯曲度。

5) 检验时先测出连杆小头端面与平板距离S'，再将连杆翻转180°，测量出此距离S，若两次测出的距离值不等即说明连杆有双重弯曲。两距离之差即为连杆的双重弯曲度。

技术标准规定：连杆的弯曲度不应大于 **0.03mm**；扭曲度不应大于 **0.06mm**。超过许用值时，应予以校正。但连杆的双重弯曲极难校正，只能更换新连杆。

连杆变形的校正：当连杆弯、扭变形并存时，应先校扭后校弯。在校正连杆时，首先要记下连杆向哪边弯曲或扭曲及其弯曲度和扭曲度的数值。

1)校扭：将连杆下盖按规定装配和拧紧，在台虎钳钳口垫上软金属垫片；夹紧连杆大头侧面；用连杆校正器的专用扳钳装卡在连杆杆身的上、下两部位，按图2-27a所示的扳钳安装方法校正连杆向逆时针方向的扭曲变形。校正顺时针方向的扭曲变形时，可将上、下扳钳交换即可。

2)校弯：将弯曲的连杆放入校正器内，使弯曲的凸面朝上，对正凸起的部位加入垫块。扳转丝杠，使连杆向上产生反方向变形，并使变形量为原弯曲部位变形量的几倍到几十倍(矫柱过正)，停留一定时间，待金属组织稳定后再松开丝杠，检查是否校正合格。校弯如图2-27b所示。

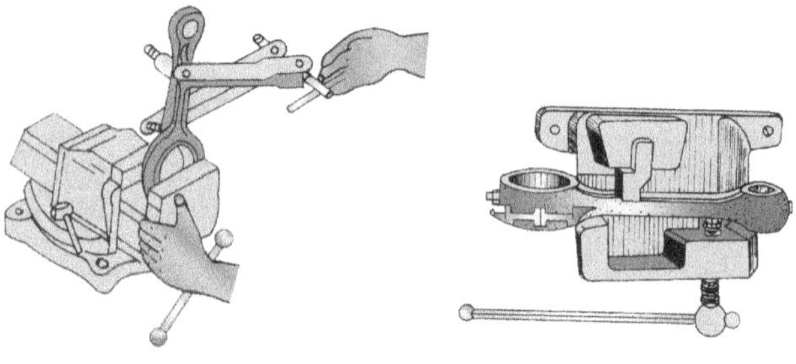

a)校扭　　　　b)校弯

图2-27　校扭与校弯

在校正变形量较大的连杆后，应进行时效处理：将连杆加热至300℃，保温一定时间。校正变形较小的连杆时，只在校正载荷下保持一定时间即可。

在更换活塞销时必须更换连杆衬套。衬套与连杆小头孔用过盈配合连接，过盈量一般为0.10~0.20mm。

在衬套压装前，先将其与活塞销试配，如能勉强套入活塞销即为合适。如活塞销不能装入衬套，或装入后松旷则表明加工余量过大或过小，均应重新选用衬套。衬套压入后，便可根据选配好的活塞销的实际尺寸铰削(或镗削)衬套，使其与活塞销的配合符合规定。其步骤如下：

① 选择铰刀：根据活塞销实际尺寸，选择相应的可调铰刀。

② 调整铰刀：将连杆小头衬套孔套入铰刀，使连杆大头轴承孔轴线与铰刀轴线保持平行。以切削刃露出衬套上端面3~5mm为第一刀的铰削量来进行铰削。铰刀的每次调整量以调整螺母转过60°~90°为宜，当接近配合尺寸时，铰刀每次宜调整30°~60°。

③ 铰削：一手托住连杆大头，另一手把持住连杆小头并向下略施压力进行铰削。当衬套下端面与切削刃下端相平时，停止铰削，将连杆下压退出，以免铰偏或起棱。铰刀尺寸不变，翻转连杆重铰一次，如图2-28所示。

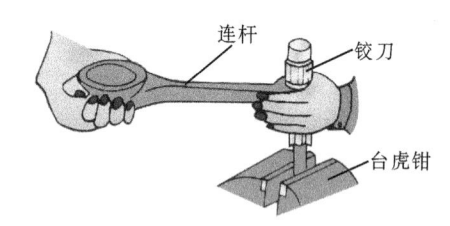

图2-28　铰削

④ 试配：每铰削一次都要用活塞销试配，以防铰大。当用手掌力能将活塞销推入衬套1/3~2/5时停铰。用木锤将活塞销打入衬套内，并把活塞销夹持在台虎钳上来回扳转连杆，然后压出活塞销。

⑤ 修刮：查看衬套的压痕，根据接触面和松紧度情况，用刮刀修刮，直至能用手掌力量把涂有机油的活塞销推入连杆衬套；或在台虎钳上夹住活塞销，把连杆向上转至与水平方向约成75°时能停住，用手轻轻振动，连杆能靠其自身重力徐徐下落，则表明间隙合适。此外，活塞销与连杆衬套的接触面印痕呈点状分布，面积应在75%以上。

第二章 曲柄连杆机构

五、连杆轴承(瓦)异响的维修

1) 突然加速时,有连续明显的敲击声,响声清脆,短促而坚实,并随发动机转速的升高而增大,随负荷的增加而增强。
2) 发动机温度发生变化时,响声不变化。
3) 轴承严重松旷时,在急速或中速运转中,可听到"咯棱、咯棱"的响声。
4) 断火试验,响声明显减弱或消失。

1) 润滑不良或轴承配合不当而造成烧损。
2) 轴承质量不佳或装配间隙过松、过紧迫使轴承片变形而造成合金层脱落。
3) 连杆轴颈失圆,与轴承接触不良而造成早期磨损。

1) 逐缸断火试验,从急速至低速,由低速至中速抖动节气门反复试验时,响声随发动机转速的增高而增大,微抖节气门时可听到较复杂的"咯棱、咯棱"的响声。此外,在加大节气门开度的瞬间响声更突出,断火试验响声减弱或消失,在复火的瞬间能灵敏而突出地恢复响声。此情况可断定为连杆轴承响。
2) 从加机油口处察听,有较强的"哨哨哨"的响声。
3) 车辆行驶中,加大节气门开度或由低速档换入高速档加油时,听到有微小的"嗒嗒"响声,而慢慢加大节气门开度或减轻负荷时,响声即消失。
4) 如在车辆行驶中突然听到"唧唧唧"的响声,好像在润滑不良的情况下,用大钻头在材质坚硬的钢材上钻孔时发出的声音,这一般是由于缺乏机油而烧轴瓦所发出的响声。出现这种响声时,曲轴有被抱死的可能。因此,应立即停车熄火并用手摇柄摇转曲轴。

第三节 曲轴飞轮组

一、曲轴

曲轴的结构如图2-29所示。

1. 分类

1) 按单元曲拐连接方法的不同,曲轴分为整体式和组合式两类,如图2-30所示。
2) 按主轴颈数的多少,曲轴分为全支承曲轴和非全支承曲轴。

在相邻的两个曲拐间都有主轴颈的曲轴为全支承曲轴,如图2-31所示。在直列式发动机中,全支承曲轴的主轴颈数比气缸数多一个;在V形发动机中,全支承曲轴的主轴颈数比气缸数的一半多一个。现代汽车发动机多采用全支承整体式曲轴。

主轴颈数少于全支承曲轴的为非全支承曲轴,如图2-32所示。

曲柄臂用来连接主轴颈和曲柄销,主要有方形、椭圆形与圆形三种,如图2-33所示。

平衡重用来平衡旋转惯性力及其力矩。对于曲拐呈镜像对称布置的四缸和六缸等发

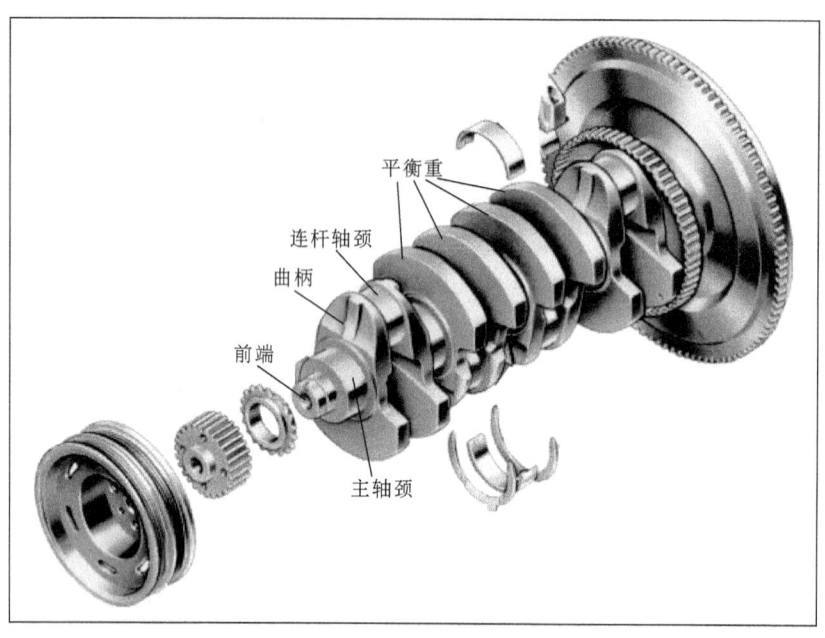

图 2-29 曲轴的结构

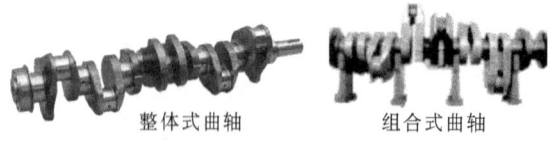

图 2-30 曲轴分类图

图 2-31 全支承曲轴

动机，若在曲轴的每个曲柄臂上都装设平衡重，则称为完全平衡法。若只在部分曲柄臂上装设平衡重，则称为分段平衡法。

平衡重形状多成扇形，使其重心远离曲轴回转中心，如图2-34所示。

a) 方形（易于加工，但应力集中较大，质量也较大，多用于锻造曲轴）

b) 椭圆形（模锻和铸造曲轴，最合理，但加工困难）

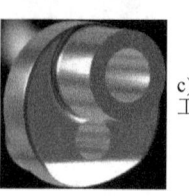
c) 圆形（便于加工，但质量较大）

图 2-32 非全支承曲轴

图 2-33 曲柄臂

2. 功用

曲轴的功用是把活塞、连杆传来的力转变为转矩，用以驱动汽车的传动系统和发动机的配气机构以及其他辅助装置。

曲轴基本上由若干个单元曲拐构成。一个曲柄销、左右两个曲柄臂和左右两个主轴颈构成一个单元曲拐。单缸发动机的曲轴只有一个曲拐，多缸直列式发动机曲轴的曲拐数与气缸数相同，V型发动机曲轴的曲拐数等于气缸数的一半。多数发动机的曲轴，在其曲柄臂上装有平衡重。

图 2-34 曲轴平衡重

3. 发火间隔

发火间隔时间若以曲轴转角计，则称为发火间隔角。在发动机完成一个工作循环的曲轴转角内，每个气缸都应发火做功一次。对于气缸数为 i 的四冲程发动机，其发火间隔角为 $720°/i$ 时，就有一个缸发火做功，以保证发动机运转平稳。

图 2-35a 所示四冲程直列四缸发动机的发火间隔角为 $720°/4 = 180°$，4 个曲拐在同一平面内。发动机工作顺序为 1—3—4—2 或 1—2—4—3，其工作循环见表 2-3、表 2-4。

表 2-3 四缸发动机工作循环表（发火次序：1—2—4—3）

曲轴转角/(°)	1 缸	2 缸	3 缸	4 缸	曲轴转角/(°)	1 缸	2 缸	3 缸	4 缸
0~180	做功	压缩	排气	进气	360~540	进气	排气	压缩	做功
180~360	排气	做功	进气	压缩	540~720	压缩	进气	做功	排气

表 2-4 四缸发动机工作循环表（发火次序：1—3—4—2）

曲轴转角/(°)	1 缸	2 缸	3 缸	4 缸	曲轴转角/(°)	1 缸	2 缸	3 缸	4 缸
0~180	做功	排气	压缩	进气	360~540	进气	压缩	排气	做功
180~360	排气	进气	做功	压缩	540~720	压缩	做功	进气	排气

如图 2-35b 所示，四冲程直列式六缸发动机的发火间隔角为 $720°/6 = 120°$。6 个曲拐互成 $120°$。工作顺序为 1—5—3—6—2—4 或 1—4—2—6—3—5，前者应用比较普遍。

如图 2-35c 所示，四冲程 V 型六缸发动机的发火间隔角仍为 $120°$。3 个曲拐互成 $120°$。工作顺序为 R1—L3—R3—L2—R2—L1。面对发动机的冷却风扇，左列气缸用 R 表示，由前向后气缸号分别为 R1、R2、R3；左列气缸用 L 表示，气缸号分别为 L1、L2 和 L3。

如图 2-35d 所示，四冲程 V8 发动机的发火间隔角为 $720°/8 = 90°$。4 个曲拐互成 $90°$。工作顺序基本上有两种：R1—L1—R4—L4—L2—R3—L3—R2 和 L1—R4—L4—L2—R3—L2—R2—L3—R1。

4. 曲轴的检验

曲轴的检验主要包括裂纹检验、变形和磨损的检验。

1) 应该用磁力探伤法或浸油敲击法进行裂纹的检验。一经发现横向裂纹，曲轴即应报废。细微的纵向裂纹，可结合曲轴磨削予以消除。

2) 检验弯曲应以两端主轴颈的公共轴线为基准，检查中间主轴颈的径向圆跳动误差，如图 2-36a 所示。检验时，将曲轴两端主轴颈分别放置在检验平板的 V 形块上，将百分表测

a) 直列式四缸发动机曲轴

b) 直列式六缸发动机曲轴

c) V型六缸发动机曲轴

d) V型八缸发动机曲轴

图 2-35 发动机发火间隔

头抵在中间主轴颈上，往往此处的弯曲呈最大，慢慢转动曲轴一圈，百分表指针所示的最大摆差，即为中间主轴颈的径向圆跳动误差值，若大于 0.15mm，则应进行压力校正。低于此值可结合磨削曲轴予以修正。

a) 中间主轴颈的径向圆跳动误差

b) 曲轴轴颈磨损的检验

c) 曲轴的径向间隙

d) 曲轴的轴向间隙

图 2-36 曲轴的检测

3）将第一缸和最后一缸连杆轴颈转到水平位置，用高度尺分别测量第一缸连杆轴颈和最后一缸连杆轴颈至平板的距离。

4）曲轴轴颈磨损的检验，如图 2-36b 所示。

检视轴颈表面有无擦伤沟痕或烧伤，然后用千分尺测量主轴颈和连杆轴颈的圆度和圆柱度误差，其值均不得大于 0.025mm，否则应按修理尺寸磨轴。

修理：若曲轴的最大径向圆跳动量大于 0.15mm，必须先校正曲轴，然后按修理尺寸磨削曲轴。曲轴变形的校正通常采用冷压校正或火焰校正（也称热点校正）的方法。曲轴的最大径向圆跳动误差和扭曲量较小时，可结合曲轴磨削予以修正。当曲轴轴颈的圆度、圆柱度误差超过 0.025mm，或轴颈有明显烧伤、拉伤，或最大径向圆跳动误差和扭曲量超过许可值时，应用曲轴磨床按修理尺寸磨削曲轴，使之符合技术要求。磨削时先磨主轴颈，后磨连杆轴颈。当曲轴有裂纹、隐伤，或扭曲较大，或曲轴磨削的修理尺寸达到尽头时，必须更换曲轴。

曲轴轴承的修配方法有刮削、镗削和直接装配法。巴氏合金的轴承用刮削或镗削法修配。锡铝和铜铅合金的轴承用直接装配法修配。

轴承与轴颈之间的间隙，称为曲轴的径向间隙。检查的方法有：

1）将轴承盖螺栓按规定顺序及力矩拧紧后，用双手扭动曲柄臂使曲轴旋转，试其松紧度。

2）用内径千分尺和外径千分尺分别测量轴颈的直径和轴承的内径，测得这两个尺寸的差，就是它们之间的间隙，一般径向间隙为 0.025~0.05mm。

3）在轴颈和轴瓦之间，放一块比轴承标准间隙约大两倍的软铅片，按规定力矩拧紧轴承盖，然后卸下轴承盖取出铅片，用千分尺测其厚度，这个厚度就是曲轴轴承的径向间隙，如图 2-36c 所示。

曲轴轴向间隙是指轴承孔端面与轴颈定位肩之间的间隙。在主轴承修配完后，应对曲轴轴向间隙进行检查和调整，常见车型曲轴轴向间隙见表 2-5。

表 2-5　常见车型曲轴轴向间隙　　　　　　　　　　　　（单位：mm）

标准\项目	发动机型号	桑塔纳	CA6120	EQ6120 EQ6100-1	BJ492Q
轴向间隙	原厂规定	0.07~0.17	0.15~0.342	0.06~0.27	0.06~0.25
轴向间隙	大修标准			0.06~0.20	0.06~0.25
轴向间隙	使用限度	0.25		0.35	
止推垫圈标准厚度				$3_{-0.06}^{-0.04}$	前 $2.4_{-0.02}^{0}$ 后 $2.5_{-0.05}^{0}$
止推垫圈标准厚度				曲轴第四道翻边轴承	

用百分表检查：把百分表的测杆触头抵在曲轴的后端，前后撬动曲轴，表针的摆差即为曲轴的轴向间隙，如图 2-36d 所示。

用塞尺检查：用撬棒将曲轴撬向后端，用塞尺在第一道（桑塔纳汽车在第三道，东风牌汽车在第四道）曲柄臂与止推垫圈之后进行测量。轴向间隙过大或过小时，应更换或修刮止推垫圈的方法进行调整。

5. 曲轴轴承的修配

选好的轴承，合金层的厚度应一致，与底板的接合要牢固；轴承背面光滑无斑点，表面粗糙度 Ra 值不高于 $1.6\mu m$，定位凸点应完整；自由弹开量为 0.5~1.5mm，上下两片的每端均应高出轴承座平面 0.03~0.05mm，一般称为高出量。

选配好的轴承与曲轴的配合要符合一定的技术要求，大都还需对轴承进行加工，通常采用镗削、拉削和刮削的方法。

若轴承座孔的圆度、圆柱度以及主轴承座孔同轴度误差都符合技术要求，则可根据曲轴修理尺寸选用无镗、刮量（即不再加工）的与曲轴同级修理尺寸的轴承直接装配。

6. 曲轴的维修

曲轴损坏形式主要是：轴颈的磨损、弯曲与扭曲变形、断裂及其他部位的损伤，其中最常见的是磨损。

主轴颈和连杆轴颈在径向的最大磨损部位出现在它们相互靠近的一侧。

连杆轴颈沿轴向呈锥形磨损。

连杆轴颈在背离油道倾斜方向的一侧磨损较大。

连杆轴颈的磨损甚于主轴颈，主要是因为它的负荷较大，润滑条件差。

轴颈表面还可能出现擦伤和烧伤。机油不清洁，其中较大的坚硬磨粒会在轴颈表面划出沟痕。轴颈表面的烧伤是由烧瓦造成的。烧瓦主要是由于轴颈与轴瓦之间润滑不足或间隙过小造成的。烧瓦后，轴颈表面会出现严重的擦伤划痕，并氧化烧灼成蓝色。

曲轴主轴颈的同轴度误差大于 0.05mm，称为弯曲。连杆轴颈分配角误差大于 30′，称为扭曲。

曲轴的扭曲变形改变了各缸间的曲柄夹角，影响发动机的配气正时和点火正时。曲轴扭曲变形主要是个别活塞卡缸(胀缸)或烧瓦造成的。气缸间隙过小或活塞热膨胀过大，会使活塞运动阻力过大，曲轴运转不均匀，当其发展到活塞卡缸时，便会导致曲轴扭曲。

曲轴的裂纹多发生在曲柄臂与轴颈之间的过渡圆角处及油孔处。前者是横向裂纹，严重时将造成曲轴断裂；后者是纵向裂纹，沿斜置油孔的锐边轴向发展。

曲轴的其他损伤有：起动爪螺纹孔的损伤、曲轴前后油封处轴颈的磨损、后端凸缘盘中间轴承孔的磨损以及固定飞轮的螺栓孔的磨损。

曲轴弯曲的校正，通常采用冷压校正法(图 2-37a)和表面敲击法(图 2-37b)，冷压校正曲轴步骤如下：

1) 用放在压床台面上的两个 V 形架支承起曲轴两端的主轴颈(与轴颈接触处垫以铜皮)。

2) 转动曲轴，使弯曲凸面朝上，并将压头对准中间主轴颈。在 V 形压具与主轴颈接触处垫上铜皮。

3) 使百分表的触头垂直地抵在两道被压主轴颈的正下方，转动表盘使表针指 "0"。

4) 用压床的压头向下缓慢增压，压弯量为曲轴弯曲量的 10~15 倍(对于球墨铸铁曲轴，此值不大于 10 倍)，并保持压力 1.5~2min，然后检查校正后的弯曲度，直至校正合格。

5) 将曲轴加热到 300~500℃，保温 0.5~1h，进行时效处理，以消除冷压校正时产生的内应力，防止弯曲变形返弹。

曲轴弯曲变形较大时，应分几次校正至合格，以防一次压弯量过大而造成曲轴折断。

表面敲击法校正曲轴，适于在弯曲量不大于 0.30~0.50mm 时采用。通过敲击曲柄臂表面的非加工面，使曲轴变形而达到校正弯曲的目的。

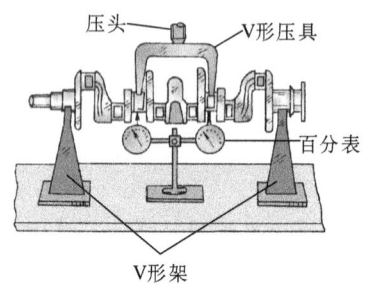

a) 冷压校正法

b) 表面敲击法

图 2-37 曲轴校正

当轴颈表面完好、无损伤，轴颈的圆度、圆柱度误差<0.025mm，且径向圆跳动误差<0.15mm 时，曲轴可继续使用，不需磨轴。

曲轴主轴颈和连杆轴颈的圆度和圆柱度误差大于 0.025mm，或表面有沟痕、烧伤时，应进行磨削修理。

需要磨削的曲轴，当中间主轴颈的径向圆跳动误差<0.15mm 时，可直接进行磨削，并通过磨轴修正其弯曲变形；否则应先校正弯曲，然后再磨轴。

有些进口汽车采用表面热处理工艺强化的曲轴，具有很好的耐磨性，强化层深度可达 0.20mm。这种曲轴不能磨削修理，表面强化层磨尽后，即应更换新曲轴（俗称一次性曲轴）。强化层的检验方法是：用有机溶剂洗净轴颈表面的油污，然后喷洒质量分数 5%~10% 的氯化铜溶液，30~40s 后若不改变颜色，表明仍有强化层，若轴颈的圆度误差在许可范围之内，曲轴可继续使用；若溶液由浅蓝色变为透明，轴颈表面变为铜色，说明强化层已经磨尽，曲轴应报废。此种曲轴的轴承间隙一般不得大于 0.08mm，使用间隙不得大于 0.12mm。

磨削后曲轴轴颈的尺寸变小，然后配以内径相应缩小的轴瓦。曲轴连杆轴颈和主轴颈的修理尺寸的级差一般为 0.25mm，并在数值前加"-"作为标记号印在瓦背上，如"-0.25""-0.75"等。

二、飞轮

飞轮是转动惯量很大的盘形零件，如图 2-38a 所示。

1) 其作用如同一个能量储存器。在做功行程中发动机传输给曲轴的能量，除对外输出外，还有部分能量被飞轮吸收，从而使曲轴的转速不会升高很多。在排气、进气和压缩三个行程中，飞轮将其储存的能量释放出来补偿这三个行程所消耗的功，从而使曲轴转速不致降低太多。

a）整体

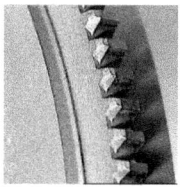
b）起动齿轮

c）上止点标记

图 2-38 发动机飞轮

2) 飞轮是摩擦式离合器的主动件。

3) 在飞轮轮缘上镶嵌有供起动发动机用的飞轮齿圈，如图 2-38b 所示。

4) 在飞轮上还刻有上止点记号，用来校准点火正时或喷油正时，以及调整气门间隔，如图 2-38c 所示。

飞轮的维修：

(1) 飞轮齿圈的磨损和轮齿折断　在起动发动机时，起动机小齿轮与飞轮齿圈的齿端发生碰撞磨损，啮合时轮齿会发生磨损或折断。

(2) 飞轮端面的磨损　飞轮与离合器摩擦片接合面的磨损，是由离合器工作频繁，在分离、接合的瞬间出现打滑造成的。当离合器有分离不彻底和打滑故障时，飞轮端面的磨损更加严重，致使其表面磨出凹槽、被烧灼，甚至产生裂纹。

飞轮齿圈的齿面磨损后，可将齿圈翻面再用。当轮齿连续损坏崩齿三个以上，或齿圈已双面严重磨损时，应更换齿圈。齿圈与飞轮是过盈配合，过盈量一般是 0.3~0.6mm。齿圈加热(不超过400℃),热压于飞轮外圈凸缘上。

当飞轮端面磨损成波浪形或起槽,深度超过0.5mm时,应采用车削或磨削的方法修平,否则会加剧磨损和打滑并撞坏离合器摩擦片。工作面修平后飞轮的总厚度一般不得减小1.2mm,平面度误差<0.10mm;飞轮与曲轴装配后的轴向圆跳动误差<0.15mm。

曲轴、飞轮、离合器总成组装后,组件的动不平衡量应不大于原厂规定。超过时,可在曲轴凸缘盘与飞轮之间加垫片调整。

在更换飞轮或齿圈、离合器压盘或总成,以及修整飞轮工作平面之后,都应重新进行组件的动平衡试验。

三、止推片与主轴承

汽车发动机滑动轴承有连杆衬套、连杆轴承、主轴承和曲轴推力轴承等。

连杆轴承和主轴承均由上、下两片轴瓦对合而成,如图2-39所示。每一片轴瓦都是由钢背和减摩合金层或钢背、减摩合金层和软镀层构成的,前者称为两层结构轴瓦,后者称为三层结构轴瓦。

钢背是轴瓦的基体,由1~3mm厚的低碳钢板制造,以保证有较高的机械强度。在钢背上浇注减摩合金层,减摩合金材料主要有白合金、铜基合金和铝基合金。

白合金也称巴氏合金,应用较多的锡基白合金减摩性好,常用于负荷不大的汽油机。

铜基合金的突出优点是承载能力大。铝基合金包括铝锑镁合金、低锡铝合金和高锡铝合金,广泛用于汽油机和柴油机。

图2-39 主轴承与止推片

在轴瓦的接合端冲压出定位唇,在轴承孔中加工有定位槽,以便装配时能正确定位。在主轴承和连杆轴承的上、下轴瓦上均加工有环形油槽和油孔,以便不间断地向连杆小头喷油孔供油。有的发动机为了润滑连杆轴承和曲柄销,只在主轴承的上轴瓦加工有环形油槽。

汽车行驶时由于踩踏离合器而对曲轴施加轴向推力,使曲轴发生轴向窜动。过大的轴向窜动将影响活塞连杆组的正常工作,破坏正确的配气正时和柴油机的喷油正时。为了保证曲轴轴向的正确定位,需装设止推零件,如图2-39所示。

曲轴止推零件有翻边轴瓦、半圆环止推片和推力轴承三种形式。翻边轴瓦是将轴瓦两侧翻边作为止推面,在止推面上浇注减摩合金。轴瓦的止推面与曲轴止推面之间留有0.06~0.25mm的间隙,从而限制了曲轴轴向窜动量。

半圆环止推片一般为四片,上、下各两片,分别安装在机体和主轴承盖上的浅槽中,用定位舌或定位销定位,防止其转动。装配时,需将有减摩合金层的止推面朝向曲轴的止推面,勿装反。推力轴承为两片止推圆环轴瓦,分别安装在第一主轴承盖的两侧。

四、平衡轴

在曲轴的曲柄臂上设置的平衡重只能平衡旋转惯性力及其力矩,而往复惯性力及其力矩的平衡则需采用专门的平衡机构。

宝马发动机上所采用的平衡机构如图2-40所示。

图2-40 宝马发动机上采用的平衡机构

五、主轴承异响的维修

现象

1）发动机突然加速时，有明显而沉重的连续响声，此响声比连杆轴承响声钝重，好像用大锤轻敲大石块的声音，严重时发动机机体也产生振动。

2）响声随发动机的转速提高而增大，随负荷的增大而增强，但与发动机的温度变化无关，如响声钝重发闷，一般为后道轴承发响，如响声较清脆，一般为前道轴承发响。

3）单缸断火试验无变化，相邻两缸断火时响声明显减弱。

4）机油压力明显下降。

原因

1）主轴颈与轴承配合松旷。

2）主轴承润滑不良而烧坏。

3）曲轴弯曲或轴向间隙大。

检查与判断

1）发动机以中速运转，用手抖动节气门试验，如响声沉重发闷，并随发动机的转速升高而增大，在抖动节气门时加油的瞬间响声较明显，同时感到有发动机机体振动的现象，一般可断定为主轴承响。

2）如发动机在怠速或中速运转时响声较明显，高速时变得杂乱，则有可能是曲轴弯曲。如在高速时机体有较大的振动，机油压力显著下降，则说明轴承松旷严重或合金烧坏、脱落。

3）打开加机油口盖，仔细听，同时反复变更发动机转速，如有明显的响声，则为主轴承响。

4）在节气门不断变化的同时，将听诊器具触及气缸体两侧的曲轴位置处听察，若声音较明显，可判定为主轴承响。

5）单缸断火试验，一般无变化，但相邻两缸同时断火，响声即减弱或消失。

6）踩下离合器踏板，如响声减弱或消失，则为曲轴轴向间隙过大而发响。

第三章

配 气 机 构

1. 按气门的布置位置分类

配气机构按气门的布置位置不同可分为气门侧置式和气门顶置式两种,如图3-1所示。现代汽车发动机均采用气门顶置式配气机构。

2. 按凸轮轴的布置位置分类

配气机构按凸轮轴的布置位置不同可分为凸轮轴上置式、中置式、下置式三种,如图3-2所示。凸轮轴上置式配气机构的凸轮轴安装在气缸盖上,多用于轿车的高速强化发动机。这种结构都采用同步带传动或链传动。

气门侧置式

气门顶置式

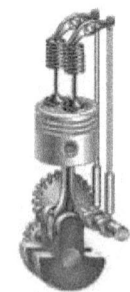
凸轮轴下置式

凸轮轴中置式

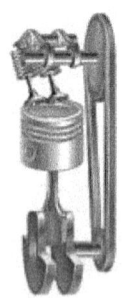
凸轮轴上置式

图3-1 按气门布置位置分类　　图3-2 按凸轮轴布置位置分类

凸轮轴下置式配气机构多用于货车和大、中型客车的发动机,这种结构都采用一对正时齿轮传动。

凸轮轴中置式配气机构多用于柴油机,一般通过在一对正时齿轮之间加入一个中间齿轮(惰轮)进行传动。

3. 按传动方式分类

气门必须按照发动机的工作顺序和工作循环的要求,定时开启和关闭各缸的进、排气门,使新气进入气缸,废气从气缸排出。所谓新气,对于汽油机就是汽油与空气的混合气,对于柴油机则为纯净的空气。

气门式配气机构由气门组和气门传动组两部分组成,均采用顶置气门,即进、排气门置于气缸盖内,倒挂在气缸顶上。凸轮轴的位置有下置式、中置式、上置式3种。

配气机构按传动方式可分为齿轮传动、链条与链轮传动、同步带传动,如图3-3所示。

4. 按气门驱动形式分类

第三章 配气机构

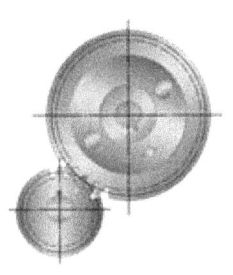
齿轮传动

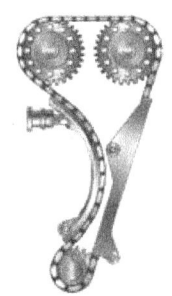
链条与链轮传动

齿形带传动

图3-3 按气门传动方式分类

配气机构按气门驱动形式不同则有摇臂驱动式、摆臂驱动式和直接驱动式三种。图3-4给出了直接驱动式和摇臂驱动式的结构。

凸轮轴上置于气缸盖上的配气机构为凸轮轴上置式配气机构(OHC)。

摆臂驱动：摆臂驱动气门的配气机构比摇臂驱动式刚度更好，更有利于高速发动机。单上置凸轮轴(SOHC)、双上置凸轮轴(DOHC)多用摆臂驱动式配气机构。

直接驱动、凸轮轴上置式配气机构：凸轮通过吊杯形机械挺柱驱动气门；或通过吊杯形液压挺柱驱动气门。

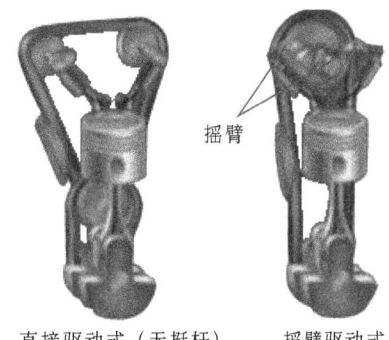

直接驱动式（无挺杆）　摇臂驱动式

图3-4 按气门驱动形式分类

第一节 气 门 组

一、气门组的构造

1. 气门

图3-5所示为进、排气门分解图。

汽车发动机的进、排气门均为菌形气门，由气门头部和气门杆两部分构成。

气门顶部有平顶、凸顶和凹顶等形状，如图3-6所示。目前应用最多的是平顶气门。凹

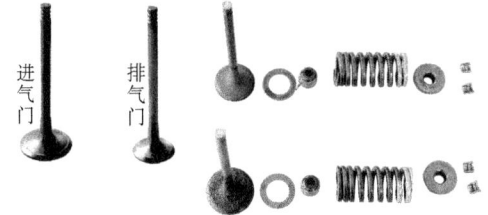

图3-5 气门分解图

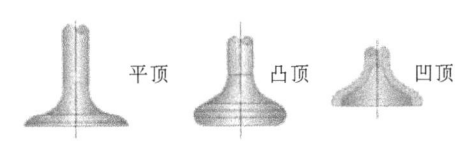

图3-6 气门顶部形状

顶气门头部与气门杆有较大的过渡圆弧，用作进气门时，可以减小进气阻力，其受热面积大，不适合用于排气门。

气门与气门座或气门座圈之间靠锥面密封。气门锥面与气门顶面之间的夹角称为气门锥角（图3-7）。进、排气门的气门锥角一般均为45°，只有少数发动机的进气门锥角为30°。

气门杆有较高的加工精度和较低的表面粗糙度，与气门导管保持较小的配合间隙，以减小磨损，并起到良好的导向和散热作用。

外表面为锥面的气门锁夹固定上气门弹簧座，气门锁夹内表面有多种形状，相应地气门尾端也有各种不同形状的气门锁夹槽。

中空气门杆的气门

这种气门内装金属钠冷却空气，在风冷发动机和轿车发动机上得到成功的应用。

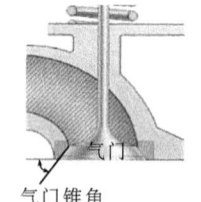

图3-7　气门锥角

一般发动机每个气缸有两个气门，即一个进气门和一个排气门，如图3-8a所示。进气门头部直径比排气门大15%～30%，凡是进气门和排气门数量相同时，进气门头部直径总比排气门大。

三气门发动机每缸两个进气门、一个排气门，排气门头部直径比进气门大。凡是进气门数比排气门数多的发动机，排气门头部直径总比进气门大，如图3-8b所示。

现代高性能汽车发动机普遍采用每缸三、四、五个气门，其中尤以四气门发动机为数最多。四气门发动机每缸两个进气门、两个排气门，如图3-8c所示。

四气门发动机多采用篷形燃烧室，火花塞布置在燃烧室中央，有利于燃烧。

五气门发动机每缸三个进气门、两个排气门，如图3-8d所示。

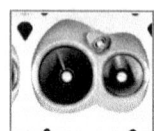 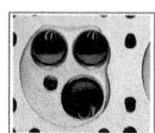 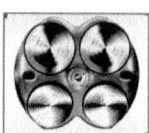 

　　a）两气门　　　　b）三气门　　　　c）四气门　　　　d）五气门

图3-8　气门数量

2. 气门导管

气门导管的功用是对气门的运动导向，保证气门做直线往复运动，使气门与气门座或气门座圈能正确贴合。此外，还将气门杆接收的热量部分地传给气缸盖。气门导管实物如图3-9所示。

有的发动机不装气门导管，直接在气缸盖上加工出气门杆孔，作为气门的导向孔。

3. 气门锁片

气门杆与弹簧连接有两种方式：一种是锁夹式，在气门杆端部的沟槽上装有两个半圆形锥形锁夹，弹簧座紧压锁夹，使其紧箍在气门杆端部，从而使弹簧座、锁夹与气门连成一个整体，与气门一起运动。另一种是以锁销代替锁夹的径向孔，通过锁销进行连接。气门锁片实物如图3-9所示。

4. 气门弹簧

气门弹簧的功用是保证气门关闭时能紧密地与气门座或气门座圈贴合，并克服在气门开启时配气机构产生的惯性力，使传动件始终受凸轮控制而不相互脱离。

气门弹簧实物如图 3-10 所示。

气门弹簧一般为等螺距圆柱形螺旋弹簧。

(1) 双气门弹簧　每个气门安装两个直径不同、旋向相反的内、外弹簧。双气门弹簧实物如图 3-11 所示。

图 3-9　气门导管和气门锁片　　图 3-10　普通气门弹簧　　图 3-11　双气门弹簧

(2) 变螺距气门弹簧　某些高性能汽油机采用变螺距单气门弹簧。变螺距气门弹簧的固有频率不是定值，从而可以避开共振。

(3) 锥形气门弹簧　安装变螺距气门弹簧和锥形气门弹簧时，应该使螺距小的一端和弹簧大端朝向不动的气缸盖顶面。

5. 气门座与气门座圈

气缸盖上与气门锥面相贴合的部位称为气门座。在气缸盖上镶嵌气门座圈可以延长气缸盖的使用寿命。也有一些铸铁气缸盖不镶气门座圈，直接在气缸上加工出气门座。

二、气门组的检修

1. 气门的检修

(1) 气门的检验　主要是检验气门杆的弯曲变形，如图 3-12 所示。检验时，将气门杆支承在两只 V 形架上，用百分表检查气门杆中部，检查时将百分表触头与气门杆接触，将气门杆转动一周，百分表摆差的一半，即为气门杆的直线度误差，若直线度误差大于 0.02mm，则应进行校正。校正时，将气门杆支承在 V 形架上，用压力机进行校正。

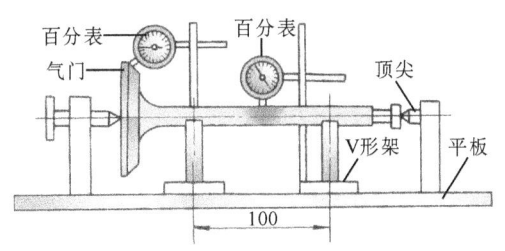

图 3-12　气门杆弯曲的校验

(2) 气门修理：若气门工作锥面磨损或烧蚀，则需要在气门光磨机上进行修磨，修磨需在杆部校正后进行，先将气门杆紧固在夹头上，按照气门锥面角度移动夹架座，使夹架座上刻线对准床面标尺的相应刻线(应使气门的锥角比气门座锥角小 30′～1°)。开动夹架电动机，使气门旋转，查看气门头部是否摇摆，若摇摆过大，则需要重新校正气门杆部；若正常,打开切削液开关,开动砂轮电动机缓慢平稳地进给,将气门工作锥面上的损伤全部磨去为止,并使表面粗糙度合乎要求。光磨后,检查气门头圆柱部分的高度,应不小于0.8mm。

气门出现下列损伤之一时应予换新:

1) 货车的气门杆的磨损量大于0.10mm,轿车的气门杆的磨损量大于0.05mm,或出现明显的台阶形磨损。

2) 气门头圆柱面的厚度小于0.8mm。因为气门头圆柱部分厚度过小会增大燃烧室容积,影响发动机工作的平稳性,同时使气门头的强度降低。此外,在气门落入座圈的瞬间,尤其是重型柴油机的气门,在高冲击波的作用下可能会出现振动,容易引起密封带的烧蚀。

3) 气门尾端的磨损量大于0.5mm。

4) 当气门杆的直线度误差大于0.05mm时,应予以更换或校直,校直后的直线度误差不得大于0.02mm。

2. 气门座的检修

若气门座松动、气门座损伤严重或气门下沉量大于2mm,则应更换气门座圈。

气门座与承孔配合过盈量较大(0.06~0.12mm),而且两气门座孔之间的距离又比较小,强度比较弱,在压镶气门座时,容易引起此处胀裂。

承孔磨损后采用修理尺寸法修复,修理尺寸有两级,级差为0.20mm。

配合面的圆度误差不大于0.025mm,气门座端面沉入燃烧室平面不得大于2mm。修理后燃烧室容积应不小于原厂规定的95%,各燃烧室间容积差不得大于4mL。

常用的气门座修复方法是铰削和磨削,如图3-13所示。

a) 铰削　　　b) 磨削

图3-13　铰削和磨削

铰削是采用不同锥面角的铰刀以手工进行的。铰好的气门座锥面必须与气门导管同心。铰削气门座前,必须先修理或更换气门导管。

用专用的气门座光磨机进行磨削,可轻易地去除气门座上的硬化层,且效率高、质量好。

气门座圈经多次铰、磨,气门经多次光磨,会使气门工作面下降。当气门顶平面低于气缸盖(或气缸体)平面2mm,或座圈断裂、松动和烧蚀时,应重新镶配气门座圈。

3. 气门导管的检修

气门导管与气门杆的配合间隙大于使用极限时应更换气门导管。气门导管与气门杆配合间隙的检查方法有两种:用导管孔径量规或内径千分尺,测量出导管内径再减去气门杆标准直径,计算其实际配合间隙;或粗略测量气门在导管孔内的径向摆动量,测量时把气门头提起至距气缸盖平面15~20mm的高度,再左右摆动气门头,气门头左右摆动止点间的距离达1mm时,应更换气门导管。

气门导管的检修如图3-14所示。

4. 气门弹簧的检修

气门弹簧的自由长度用游标卡尺测量,其自由长度不小于标准长度的10%,如图3-15所示。气门弹簧的轴线与端面应垂直,垂直度误差不大于2°。

如有裂纹、缺陷、自由长度超限、变形超限和弹力明显降低等情况之一,都必须更换气门弹簧，不允许修复后继续使用。

气门弹簧的检修如图 3-15 所示。

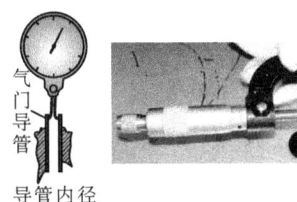

导管内径

自由长度检测

垂直度误差的检测

图 3-14　气门导管的检修　　　　　　图 3-15　气门弹簧的检修

第二节　气门传动组

一、气门传动组的构造

1. 凸轮轴

凸轮轴由曲轴驱动，其传动机构有齿轮式、链条式及同步带式。

为了限制凸轮轴在工作中产生的轴向移动或承受交错轴斜齿轮在传动时产生的轴向力，上置式凸轮轴通常利用凸轮轴轴承盖的两个端面和凸轮轴轴颈两侧的凸肩进行轴向定位，其间的间隙 $\Delta=0.1\sim0.2$mm，也就是凸轮轴的最大许用轴向移动量。

2. 挺柱

挺柱是凸轮的从动件，其功用是将来自凸轮的运动和作用力传给推杆或气门，同时还承受凸轮轴所施加的侧向力，并将其传给机体或气缸盖。

挺柱可分为机械挺柱和液压挺柱两大类，每一类中又有平面挺柱和滚子挺柱等多种结构形式。

在配气机构中预留气门间隙将使发动机工作时配气机构产生撞击和噪声。为了消除这一弊端，有些发动机尤其是轿车发动机采用液压挺柱，借以实现零气门间隙。

构造：在液压挺柱体中装有柱塞，在柱塞上端有压力推杆支座。柱塞被柱塞弹簧向上推压，其极限位置由卡环限定。柱塞下端的单向阀保持架内装有单向阀弹簧和单向阀。发动机润滑系统中的机油经进油孔进入内油腔，并在机油压力的作用下推开单向阀充满高压腔。

原理：当气门关闭时，在柱塞弹簧的作用下，柱塞与推杆支座一起上移，使气门及其传动件相互接触而无间隙。当凸轮顶起挺柱时，挺柱体上移，高压腔内的机油压力急速升高，使单向阀关闭，机油被封闭在高压腔内。由于机油不能压缩，因此液压挺柱如同机械挺柱一样向上移动，使气门开启。

液压挺柱的工作原理：如图 3-16 所示。

在气门打开的过程中，凸轮推动挺柱和柱塞下移，而液压缸受到气门弹簧的阻力不能立即下移，致使高压油腔的容积缩小，油液被压缩，油压升高，加上补偿弹簧的推力使球阀紧压在阀座上。于是，高、低压油腔被球阀分隔开。由于液体的不可压缩性，整个挺柱如同一个形状不变的刚体一样，下移打开气门并保证了气门应达到的升程。虽然在此期间，高压油

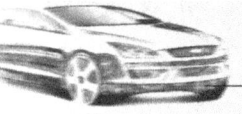

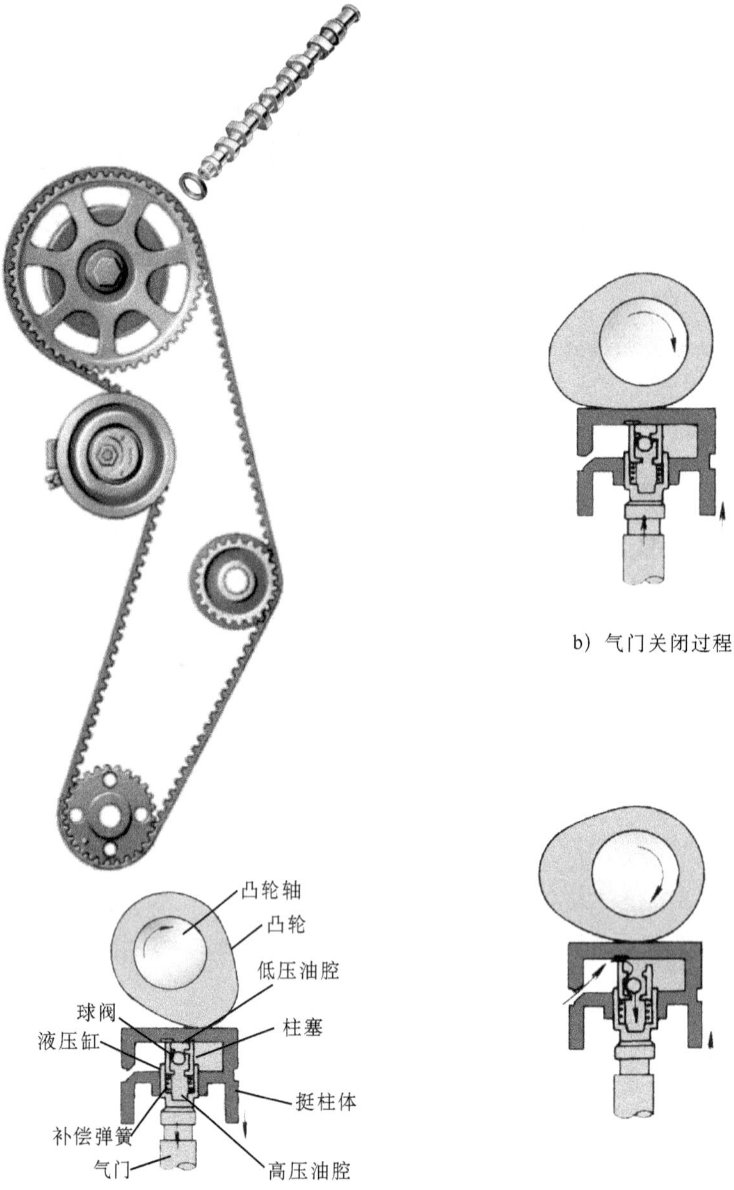

a）气门打开过程　b）气门关闭过程　c）气门关闭以后

图 3-16　液压挺柱

腔会有少量机油从柱塞和液压缸之间的间隙处漏入低压油腔，使凸轮和气门杆间的挺柱长度稍有缩短，但不会影响气门的打开。此时，挺柱上的环形油槽已和缸盖上的斜油孔错开，低压油腔进油道被切断，停止了油的流动。

在气门关闭的过程中，气门弹簧推动气门及挺柱上移，由于仍受到凸轮和气门杆上、下两方面的顶压，高压油腔仍保持高压，球阀仍处于关闭状态，液压挺柱仍相当于一个尺寸不变的刚体，直至气门落座关闭为止。

气门关闭以后，补偿弹簧将柱塞和挺柱体继续向上推移一个微小的行程，以补偿因油液泄漏而缩短的那一段挺柱长度。与此同时，球阀打开，挺柱体上的环形油槽与气缸盖上的斜油孔对齐，润滑系统的油液经低压油腔进入高压油腔内，补充高压油腔中泄漏掉的油液。

当气门受热膨胀伸长时，向上挤压液压缸，高压油腔中的油通过柱塞与液压缸之间的间隙向低压油腔泄漏一部分，液压缸相对于柱塞上移，从而使挺柱自动缩短，保证气门关闭严密。当气门冷却收缩时，补偿弹簧将液压缸向下推动，挺柱自动伸长，保证不出现气门间隙。

3. 推杆

推杆处于挺柱和摇臂之间，其功用是将挺柱传来的运动和作用力传给摇臂。

4. 摇臂/摆臂与气门间隙自动补偿器

摇臂/摆臂的功用是将推杆和凸轮传来的运动和作用力，改变方向传给气门使其开启。

摇臂孔内镶有衬套并通过空心的摇臂轴支承在摇臂轴座上，后者固定在气缸盖上。在摇臂轴上的位置由限位弹簧或挡圈限定。

摆臂的功用与摇臂相同。两者的区别只在于摆臂是单臂杠杆，其支点在摆臂的一端。

当摆臂以摆臂支座为支点时，在摆臂上需要装设气门间隙调整螺钉或气门间隙调整块。在许多轿车发动机上用气门间隙自动补偿器代替摆臂支座实现零气门间隙。气门间隙自动补偿器无论是结构还是工作原理都与液压挺柱相同，之所以不称其为液压挺柱，是因为它不是凸轮的从动件，仅是摆臂的一个支承而已。

气门间隙的大小因机型而异：通常进气门间隙为 0.25~0.30mm；排气门间隙为 0.30~0.35mm。

气门间隙的大小可用塞尺测量。因磨损等原因，在发动机使用过程中，气门间隙的大小会发生变化，因此设有气门间隙调整螺钉或调整垫块等气门间隙调整装置。气门间隙如图 3-17 所示。

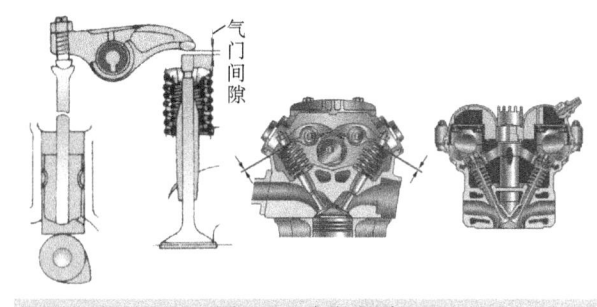

图 3-17 气门间隙

气门间隙的存在会使配气机构传动零件间产生撞击、噪声并加剧磨损。所以，有些发动机，特别是轿车发动机，采用了长度能自动变化的液压挺柱，可随时补偿气门的胀、缩量，因此不需要气门间隙及其调整装置。

二、气门传动组的检验与维修

1. 凸轮轴的检修

凸轮轴轴颈的圆度误差大于 0.015mm，各轴颈的同轴度误差超过 0.05mm 时，应按修理尺寸法进行校正并修磨。修磨后轴颈的圆柱度误差为 0.005mm，最大径向圆跳动不大于 0.03mm。

凸轮轴轴承的配合间隙超过使用限度（货车为 0.20mm, 轿车为 0.15mm）时，应更换新轴承。

2. 正时齿轮的检修

正时齿轮啮合间隙应为 0.04~0.2mm，最大许可值为 0.3mm，用塞尺在齿轮圆周方向隔 120°的三个点进行测量，齿隙相差应不超过 0.1mm。正时齿轮检测不符合上述要求时应更换。

用 50N 的拉力拉紧链条测量链条的长度，其长度不应大于规定的许可值。

3. 摇臂与摇臂轴的检修

检修时，若摇臂头磨损量超过 0.5mm，应堆焊后修磨。若摇臂与摇臂轴的配合间隙超过 0.1mm，应重新镶衬套，并按规定的配合间隙铰削衬套，衬套与摇臂轴的配合间隙为 0.02~0.04mm。

4. 液压挺杆的检修

液压挺杆与承孔的配合间隙为 0.01~0.04mm，使用限度为 0.10mm。超限后应更换液压挺杆。

5. 气门间隙的调整

对非液压挺杆的气门，在组装好配气机构后，或当使用中气门间隙不符合要求时，必须调整气门间隙。

气门间隙的调整方法如图 3-18 所示，有逐缸调整和两次调整两种方法。

（1）逐缸调整法 活塞位于压缩上止点时，该气缸的进、排气门间隙都可调整。为了调整简便，调整时按发动机工作次序逐缸调整各缸的气门间隙。常见汽车发动机的气门间隙规定值见表 3-1。

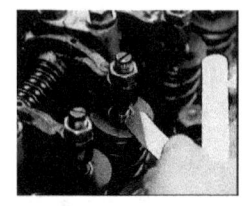

图 3-18 气门间隙的调整

表 3-1 常见汽车发动机的气门间隙规定值　　　　　　　　（单位:mm）

发动机型号	进气门		排气门	
	热车	冷车	热车	冷车
解放 CA6102		0.20~0.30		0.20~0.30
东风 EQ6100-1		0.20~0.25		0.20~0.25
一汽奥迪 100	0.20~0.30	0.15~0.25	0.40~0.50	0.35~0.45
上海桑塔纳	0.25±0.05	0.20±0.05	0.45±0.05	0.40±0.05
南京依维柯		0.50		0.50
天津夏利 TJ7100	0.20		0.20	

（2）两次调整法 两次调整法又称"双排不进"法。"双排不进"由多缸发动机工作循环表和配气相位的气门重叠现象而推导出，它是确定两次调整法可调整气门的依据。其中"双"是指该缸进、排气门间隙均可调整，"排"是指该缸仅排气门间隙可调整，"不"是指该缸的进、排气门间隙都不可调整，"进"是指该缸仅进气门间隙可调整。用两次调整法调整多缸发动机的气门间隙，具有简便、迅速和准确等特点。两次调整法调整气门间隙的方

法是：第一次，将一缸活塞位于压缩上止点，按"双、排、不、进"和发动机工作次序确定可调整的气门间隙，并调整可调整的气门间隙；第二次，摇转曲轴一圈，可调整第一次没有调整到的气门间隙。可调气门的顺序见表3-2。

表3-2 用两次调整法确定可调的气门

（1）六缸发动机

工作顺序	1	5	3	6	2	4
	1	4	2	6	3	5
第一次（一缸在压缩上止点）	双	排	不	不	进	进
第二次（六缸在压缩上止点）	不	进	不	双	排	排

（2）五缸发动机

工作顺序	1	2	4	5	3
第一次（一缸在压缩上止点）	双	排	不	不	进
第二次（一缸在排气上止点）	不	进	双	双	排

（3）四缸发动机

工作顺序	1	3	4	2
	1	2	4	3
第一次（一缸在压缩上止点）	双	排	不	进
第二次（四缸在压缩上止点）	不	进	双	排

（4）八缸发动机

工作顺序	1	5	4	2	6	3	7	8
第一次（一缸在压缩上止点）	双	排			不	进		
第二次（六缸在压缩上止点）	不	进			双	排		

（5）三缸发动机

工作顺序	1	2	3
第一次（一缸在压缩上止点）	双	排	进
第二次（一缸在排气上止点）	不	进	排

三、气门传动组的故障及其排除

1. 气门脚响的特征和诊断排除

气门脚响的特征是：

1）声响为清脆、连续而有节奏的"嗒、嗒、嗒"声，位置集中在气缸上方气门室盖附近。

2）怠速时声响明显。发动机转速升高时，声响频率随之同步加快，强度稍有增大。发动机高速运转时的噪声往往会将气门脚响掩盖。

3）发动机冷却液温度变化时声响没有明显变化。

4）进行断缸检查时声响没有明显变化。

气门脚响通常是因气门传动机构的零件磨损或调整不当，使气门间隙过大所致。有时气

门传动机构缺少润滑也会出现气门脚响。当发动机有气门脚响时，应先检查发动机的机油是否充足，气门室盖内的润滑是否正常。如果润滑系统工作正常，则应打开气门室盖，重新检查和调整气门间隙。

2. 采用液压挺柱的发动机气门脚响故障的诊断排除

液压挺柱能自动消除气门间隙，减小发动机工作时的噪声，而且在发动机检修中无需调整气门间隙。这种发动机如果在运转中出现气门脚响，说明液压挺柱有故障，其原因可能是：

1）机油油面过高或过低，致使有气泡的机油进入液压挺柱中，形成弹性体而产生气门脚响。

2）机油压力过低，液压挺柱中缺少机油，使空气进入液压挺柱中，产生气门脚响。

3）发动机长期放置不用，使液压挺柱被过分压缩，重新起动后没有得到足够的机油补充而使空气进入，产生气门脚响。

4）液压挺柱失效。

当采用液压挺柱的发动机出现气门脚响时，应先检查机油油面，若油面太低，应添加机油至标准高度。起动发动机，并使之运转至正常工作温度，然后以2000r/min的转速运转发动机约2min，若此时气门脚响的现象消失，则可继续使用发动机，无需拆修。若气门脚响的现象仍存在，则应拆检。对于拆下的液压挺柱，可用手指捏住液压挺柱的上、下端面用力按压，如有弹性，则说明该液压挺柱已失效，应更换。

第三节　气门正时

一、配气正时的相关术语

配气正时相关术语的解释，如图3-19所示。

以曲轴转角表示的进、排气门开闭时刻及其开启的持续时间称为配气正时。

进气提前角：进气门在进气行程上止点之前开启称为早开。从进气门开到进气行程上止点时曲轴所转过的角度称为进气提前角，记作 α。

进气延迟角：进气门在进气行程下止点之后关闭称为晚关。从进气行程下止点到进气门关闭时曲轴转过的角度称为进气延迟角，记作 β。

排气提前角：排气门在做功行程结束之前，即在做功行程下止点之前开启，称为排气门早开。从排气门开启到下止点曲轴转过的角度称为排气提前角。记作 γ。

排气延迟角：排气门在排气行程结束之后，即在排气行程上止点之后关闭，称为排气门晚关。从上止点到排气门关闭时曲轴转过的角度称为排气延迟角，记作 δ。

进气门早开和排气门晚关，致使活塞在上止点附近出现进、排气门同时开启的现象，称为气门重叠。重叠期间的曲轴转角称为气门重叠角，它等于进气提前角与排气延迟角之和，即 $\alpha+\delta$。

增压柴油机可以选择较大的气门重叠角，这是因为进气压力较高，废气不可能流入进气歧管。另外还可以利用新气将气缸内的废气扫除干净。

四冲程发动机的配气正时应该是进气延迟角和气门重叠角随发动机转速的升高而加大。如

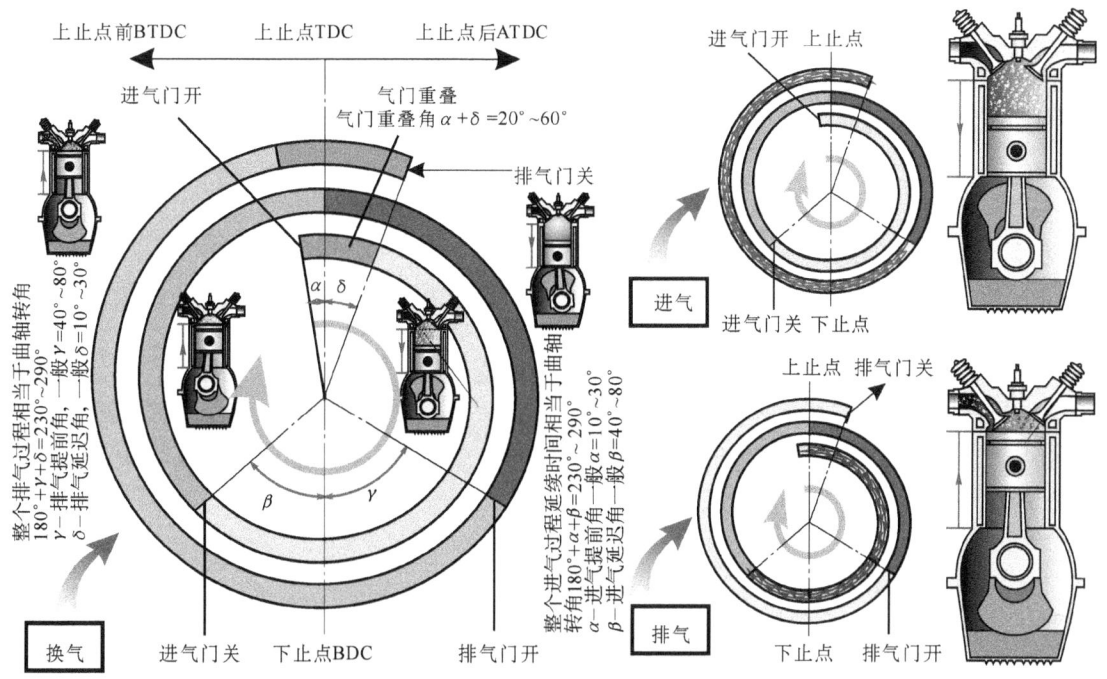

图 3-19 配气正时相位图

果气门升程也能随着发动机转速的升高而加大,则将更有利于获得良好的发动机高速性能。

二、可变气门正时与升程

我们知道,发动机的气门行程是受凸轮轴转角长度控制的,在普通发动机上,凸轮轴的转角范围固定,气门行程也是固定不变的。这种气门行程固定不变的发动机,它采用的气门行程也是根据发动机的需求设定的,赛车发动机采用长行程设计,以获得高转速时强大的功率输出,但在低转速的时候会工作不稳定;普通民用车则采用兼顾高低转速的气门行程设计,但会在高低转速区域损失动力。而采用可变气门行程技术的发动机,气门行程能随发动机转速的改变而改变。在高转速时,采用长行程来提高进气效率,让发动机的"呼吸"更顺畅,在低转速时,采用短行程,能产生更大的进气负压及更多的涡流,让空气和燃油充分混合,因而提高低转速时的转矩输出。

所以在这样的情况下,就需要一种对气门正时与升程进行调节的装置,也就是我们要说的可变气门正时与升程。该技术既能保证低速高转矩,又能获得高速高功率,对汽车发动机而言是一个极大的突破。

VTEC
分级可变气门升程
分级可变配气正时

1. 本田 VTEC 与 i-VTEC 技术

VTEC 技术是本田公司开发的先进发动机技术,也是世界上第一个能同时控制气门开闭时间及升程的气门控制系统。VTEC 即英文 Variable Valve Timing and Valve Lift Electronic Control System 的缩写,其中文意思是"可变气门配气正时和气门升程电子控制系统"。与普通发动机相比,VTEC 发动机采用的是凸轮与摇臂的数目及控制方法,它有中低速和高速两组不同的进气气门驱动凸轮,并可通过电子控制系统的调节进行自动转换。通过 VTEC 系统装置,发动机可以根据行驶工况自动改变进气气门的开启时间和升程,也就是改变进气量,从而达到增大功率、降低油耗及减小污染的目的。

i-VTEC 系统是在 VTEC 的基础上,添加了一个"可变正时控制系统",即 i-VTEC = VTEC+VTC。通过 ECU 控制程序调节进气门的开启关闭,使气门的重叠时间更加精确,达到最佳的进、排气时机,并且进一步提高了发动机的功率。

如图 3-20 所示,VTEC 发动机上的两个进气门配备三个气门摇臂,分别被称为主气门摇臂、中间摇臂和辅助气门摇臂。主气门摇臂和辅助气门摇臂与气门实际接触。气门摇臂总成将同步活塞、一个止动活塞和一根弹簧组合在一起,所以在发动机运转期间气门摇臂可以被连接和被分开。

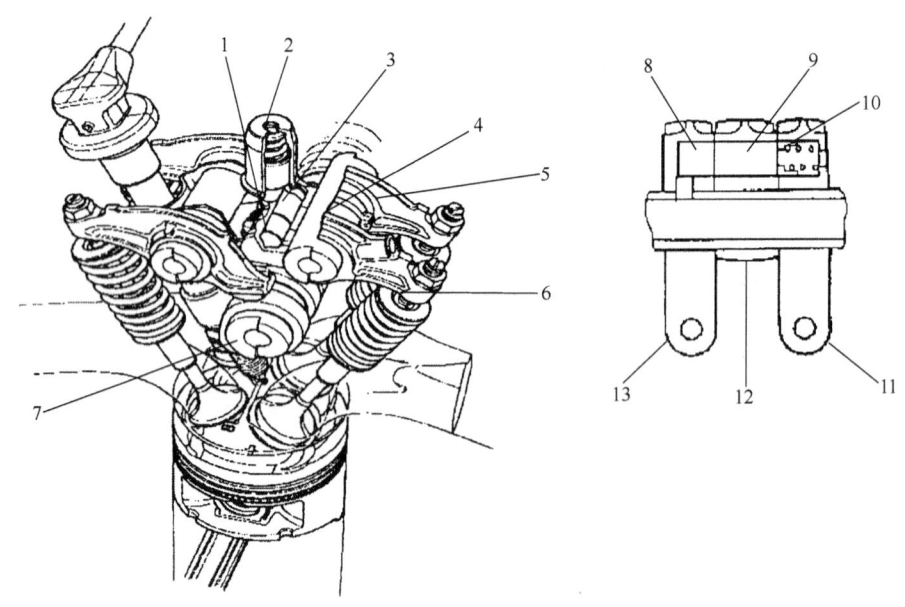

图 3-20 VTEC 系统结构示意图

1、8—同步活塞 A　2—空动总成　3、9—同步活塞 B　4—中间气门摇臂　5—辅助气门摇臂
6—主气门摇臂　7—凸轮轴　10—止动器活塞　11—辅助摇臂　12—中间摇臂　13—主摇臂

具有三个气门摇臂的 VTEC 系统工作过程如下:

1) 中低转速时,系统无液压施加在同步活塞上,三个气门摇臂单独操作。主气门摇臂和辅助气门摇臂将主凸轮和辅助凸轮的运动分别传递给主气门和辅助气门。中间气门摇臂由中间凸轮操纵,但是该凸轮自由运动,不影响气门。另外,空动总成抑制摇臂的振动。

2) 高转速时,液压施加在同步活塞上,将三个气门摇臂作为一个装置组合在一起。主摇臂和辅助摇臂通过中间气门摇臂将中间凸轮的运动传递至两个气门。

发动机进气门在这两种工作状态下的气门升程如图 3-21 所示。

2008 款飞度的 i-VTEC 发动机分 1.3L 和 1.5L 两种。如图 3-22 所示,这两种发动机的

i-VTEC进气系统包括具有高升程凸轮(低速凸轮)和低升程凸轮(高速凸轮)的凸轮轴和两个气门摇臂,但它们的进气气门摇臂是有区别的。

(1) 1.3L 发动机 i-VTEC 系统的工作原理 本田飞度 1.3L 发动机 i-VTEC 系统的工作原理如图 3-23 所示。

1) 低负荷时,进气侧的两个摇臂由两个凸轮分别驱动,其中一侧气门开度非常小。

2) 高负荷时,同步活塞受到油压作用,连

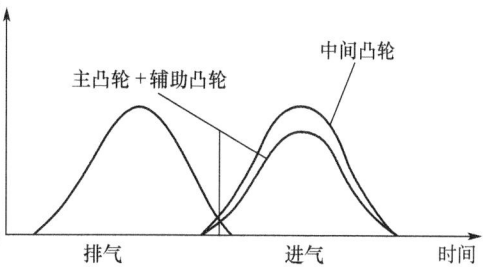

图 3-21 中低转速和高速时的气门升程

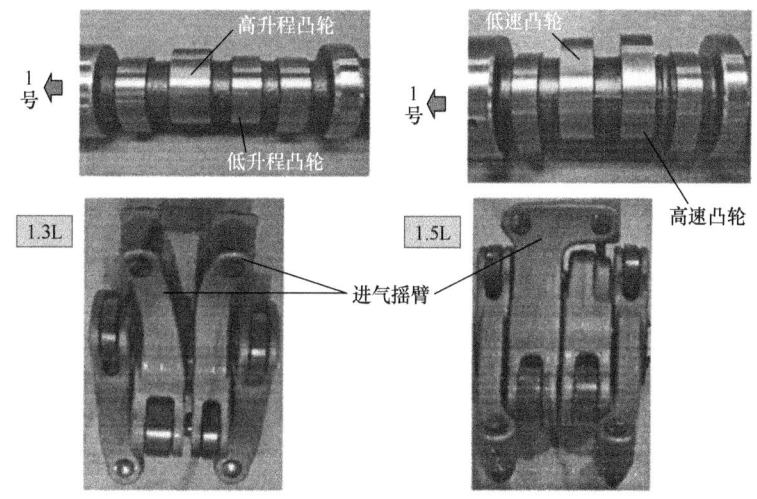

图 3-22 飞度 i-VTEC 发动机的凸轮轴和气门摇臂

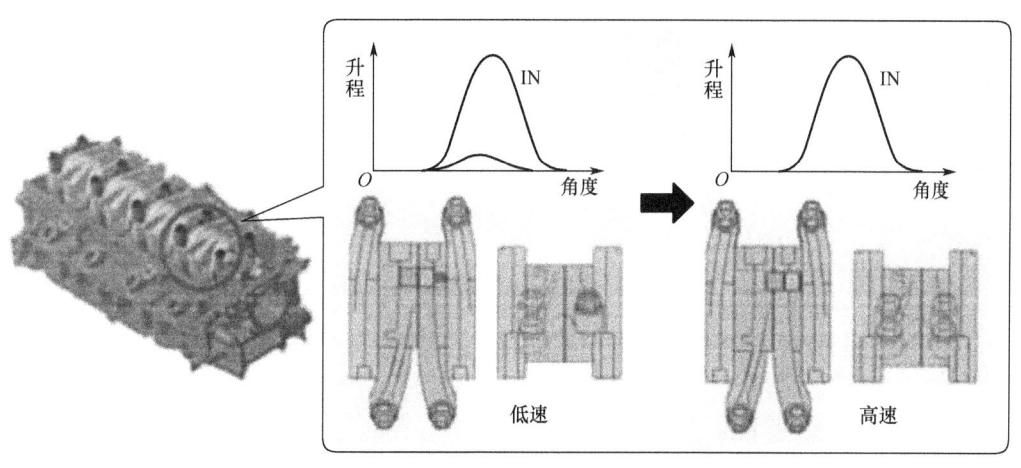

图 3-23 本田飞度 1.3L 发动机 i-VTEC 系统的工作原理

接两个摇臂,使两侧气门以相同的方式启闭(由主凸轮驱动)。

(2) 1.5L 发动机 i-VTEC 系统的工作原理(Lo-Hi 切换) 本田飞度 1.3L 发动机 i-VTEC 系统的工作原理如图 3-24 所示。

1) 低负荷时，通过低升程凸轮使进气的两侧气门动作。

2) 高负荷时，同步活塞受到油压，连接两个摇臂，因此通过高升程的凸轮使两侧进行气动作。

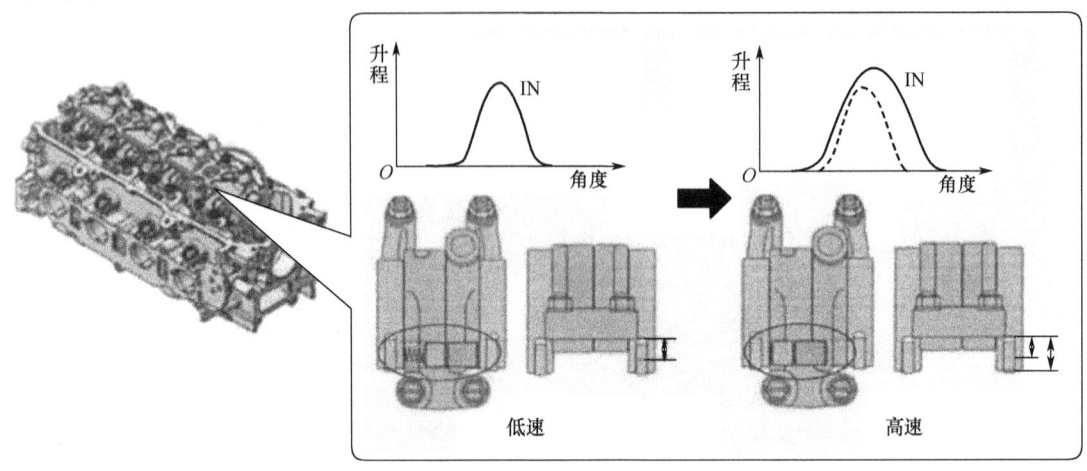

图 3-24　本田飞度 1.5L 发动机 i-VTEC 系统的工作原理

丰田 → Toyota VVT-i　　　VVT-i　　连续可变配气正时

2. 丰田发动机 VVT-i 技术

近年生产的丰田轿车，大都装配了标注有"VVT-i"字样的发动机。VVT 是"Variable Valve Timing"的英文缩写，中文意思是"可变气门正时"，由于该系统采用电子控制单元（ECU）控制，因此称为"VVT-i"，即"智能可变气门正时系统"。VVT-i 是一种控制进气凸轮轴气门正时的装置，它通过调整凸轮轴转角对配气正时进行优化，从而提高发动机在所有转速范围内的动力性、燃油经济性，降低尾气的排放。

VVT-i 系统由传感器、ECU、凸轮轴正时机油控制阀及控制器等部分组成。VVT-i 系统视控制器的安装部位不同而分成三种：一种是安装在进气凸轮轴上；另一种是安装在排气凸轮轴上；还有一种是进气凸轮轴和排气凸轮轴上都装有 VVT-i 控制器，称为双智能可变气门正时（双 VVT-i）系统，其组成如图 3-25 所示。

发动机 ECU 利用发动机转速、进气质量流量、节气门位置和冷却液温度计算适合各种行驶条件的最佳气门正时，并控制凸轮轴正时机油控制阀。此外，ECU 利用来自凸轮轴位置传感器和曲轴位置传感器的信号检测实际气门正时，从而提供反馈控制来获得目标气门正时。

VVT-i 控制器一般采用叶片式，其结构如图 3-26 所示。各控制器由正时链条驱动的外壳和与进气凸轮轴或排气凸轮轴相连接的叶片组成，进气侧和排气侧均有四片叶片。来自凸轮轴和排气凸轮轴的提前或延迟侧油道的机油压力，使 VVT-i 控制器叶片沿圆周方向旋转，以持续改变进气门正时和排气门正时。发动机停止时，锁销将进气凸轮轴锁止至最大延迟端，排气凸轮轴锁止至最大提前端，以确保发动机起动正常。排气侧 VVT-i 控制器安装了提前辅助弹簧。发动机停止时，此弹簧在提前方向上施加力矩，从而确保锁销接合。

第三章 配气机构

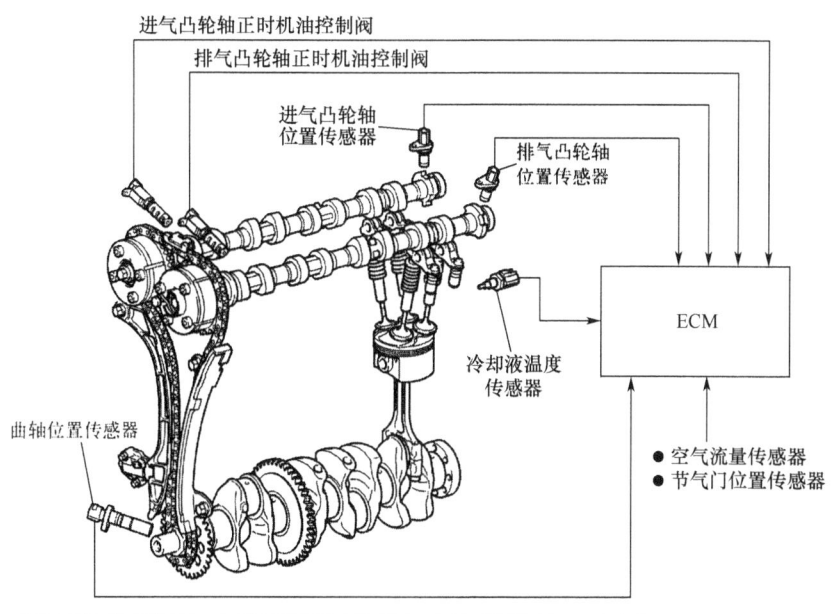

图 3-25 丰田双 VVT-i 系统的组成

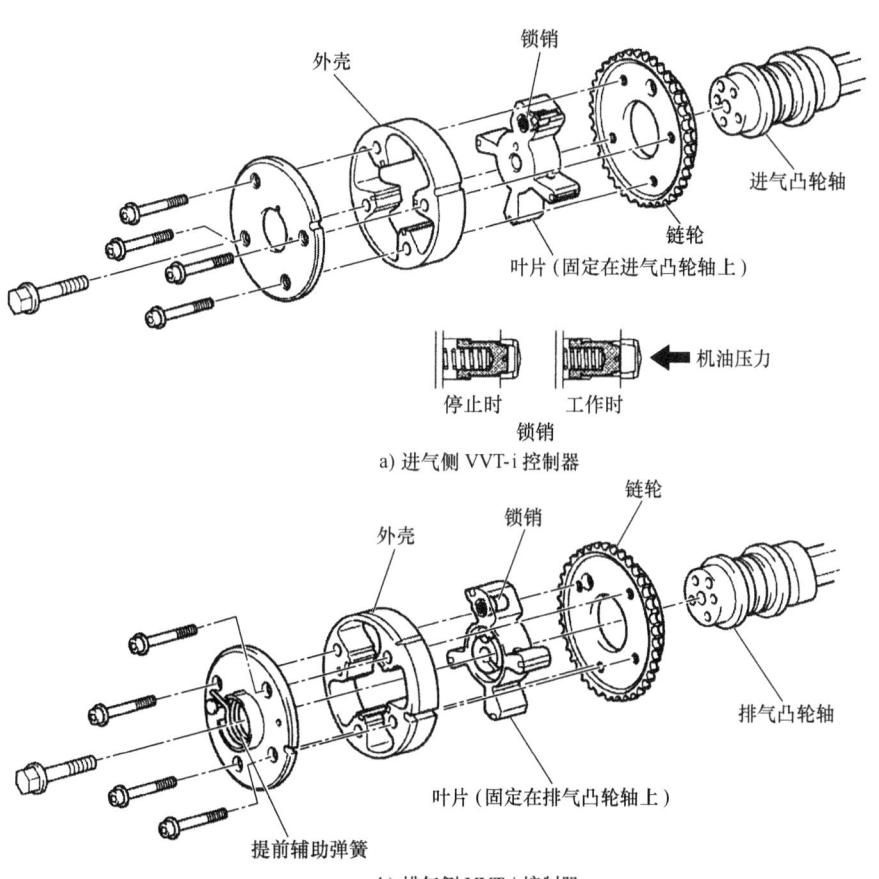

图 3-26 VVT-i 控制器的结构

凸轮轴正时机油控制阀一般安装在缸盖上，如图3-27所示。控制阀利用来自ECM的占空比来控制滑阀，这样可使液压施加到VVT-i控制器的提前侧或延迟侧，使控制器的叶片带动凸轮轴向前或向后转动一个角度。发动机停止时，凸轮轴正时机油控制阀位于最大延迟位置。

下面以进气侧控制器的工作过程来说明VVT-i系统的工作原理。

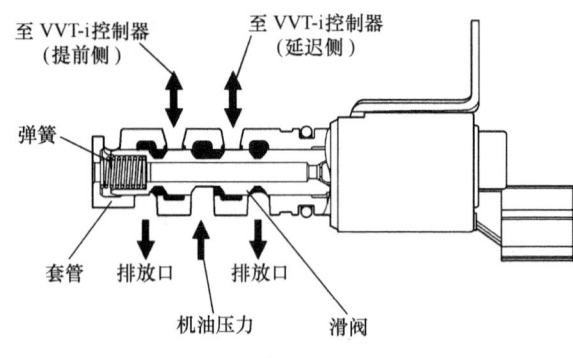

图3-27 凸轮轴正时机油控制阀

（1）提前 当发动机处于中负荷或高负荷但在低速至中速范围内时，通过来自ECM的提前信号将凸轮轴正时机油控制阀定位在图3-28所示位置。此时产生的机油压力施加到正时提前侧叶片室，以使凸轮轴沿正时提前方向旋转，使进气门提早打开，以在中负荷时提高燃油经济性，改善排放控制，增大高负荷时低速到中速范围内的转矩。

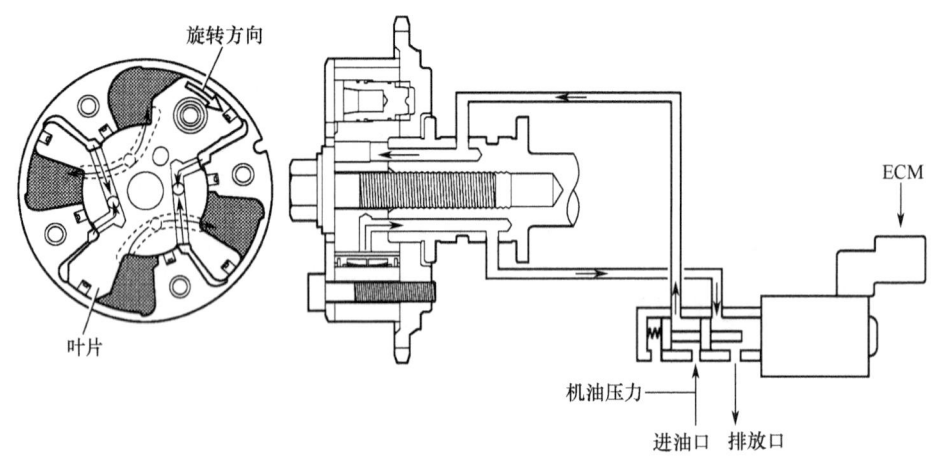

图3-28 进气侧VVT-i控制器提前

（2）延迟 当发动机在怠速期间、低负荷、高负荷且发动机转速在高速范围内、低温、起动时，通过来自ECU的延迟信号将凸轮轴正时机油控制阀定位在图3-29所示位置。此时产生的机油压力施加到正时延迟侧叶片室，以使凸轮轴沿正时延迟方向旋转，使进气门延迟打开，以稳定怠速转速，确保发动机的稳定性，提高快怠速稳定性、输出功率及起动性能。

（3）保持 当正时系统达到目标正时后，通过使凸轮轴正时机油控制阀保持在中间位置，关闭机油通向提前侧或延迟侧的进油口来保持气门正时。这样可调节所需目标位置的气门正时，并防止发动机机油在不必要时流出。

第三章 配气机构

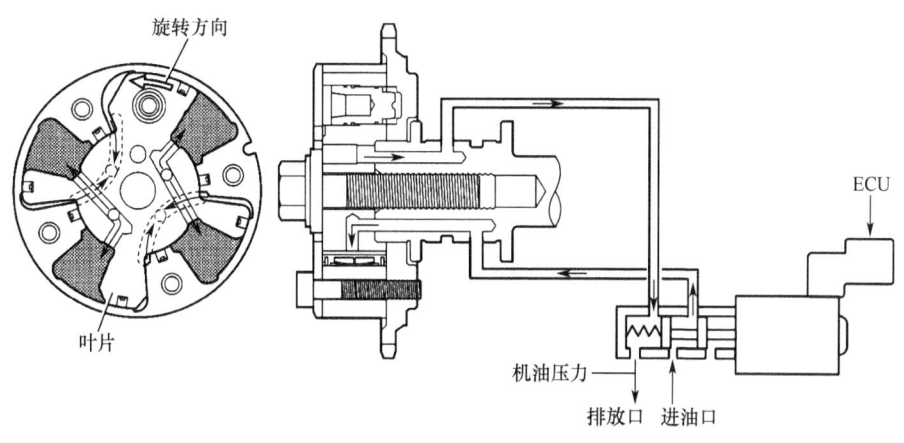

图 3-29 进气侧 VVT-i 控制器延迟

宝马 → BMW

Valvetronic　连续可变气门升程
Double VANOS　连续可变配气正时(进排气门分别独立控制)

3. 宝马发动机 VANOS 技术

宝马 M 系列所采用的 VANOS 渐进式可变气门正时系统如图 3-30 所示,其原理为将油压导入凸轮轴头端内一个可滑动的内齿轮机构,通过凸轮轴往复位移关系,来控制气门提前开启。其优点是结构简单,但因为凸轮的形状是固定的,所以气门开启的升程和时间并不会改变,只能使气门提前开启而已(日产的 NVCS 系统也为类似的设计)。

1) Variable Camshaft Control-VANOS 称为"可变凸轮轴控制系统",此系统与电子节气门配套使用。

VANOS 系统改变进气门的正时与升程,有一只与一般发动机一样的凸轮轴,而且还有一个由一只偏心轴与滚轴及顶杆组成的机构,并由步进电动机(图 3-31)带动,通过接收来自节气门位置的信号,步进电动机改变偏心凸轮的偏移量,经由一些机械传动间接地改变进气门的动作。

图 3-30 宝马 VANOS 配气技术

2) VANOS 系统可连续改变气门的开关正时与相位,并且可对气门升程进行连续性微调。传统的气门机构与 VANOS 机构的比较如图 3-32 所示。

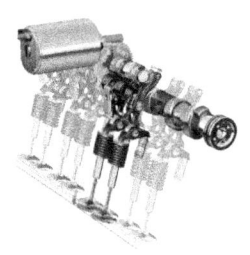

图 3-31 步进电动机控制

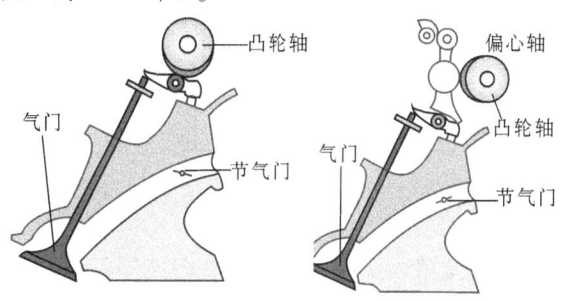

图 3-32 传统式的气门机构与 VANOS 机构的比较

3）VANOS发动机"可微调"气门，电动机带动的交错轴斜齿轮改变偏心轴的旋转量，进而带动中摇臂和传统的凸轮轴一起动作，再传动至摇臂，最后才压下气门。VANOS发动机能通过减小气门的升程，改变进入燃烧室的空气量，使泵气流量损失降至最低，如图3-33所示。

4）VANOS发动机的摇臂是"偏心轴"式转动，所以当摇臂动作时，稍微偏离中心点，虽然偏移不大，但是经过摇臂的长度按杠杆原理放大，气门开与关的"深度"就可以改变了。图3-33所示是正常的摇臂，它动作时有固定的圆心，而VANOS发动机的"偏心轴"摇臂则巧妙地使它在动作时，会有不等量的伸长来改变气门的开关深度，所以气门升程就发生微量变化。VANOS系统通过电动机来驱动偏心轴摇臂，如图3-34所示。

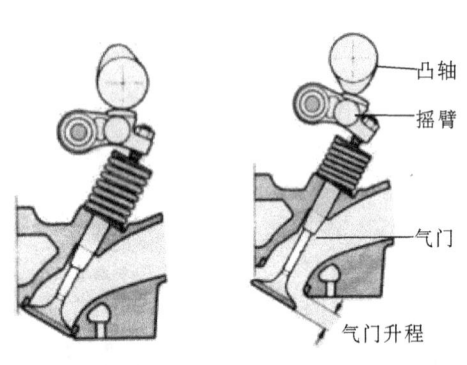

图3-33 带偏心轴的摇臂

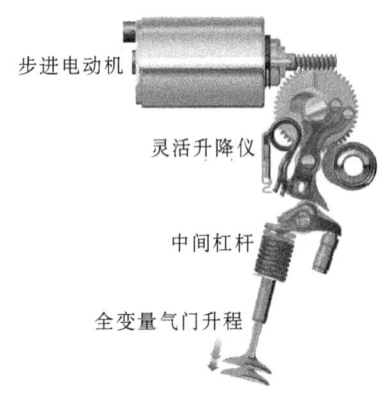

图3-34 VANOS系统配气原理图

第四节 进气系统

进气系统主要包括空气滤清器和进气歧管。在化油器式和节气门体燃油喷射式发动机上通常还装有进气预热装置。为了增强进气效果，有的进气系统还装有谐振器。在燃油喷射式发动机的进气系统中还有空气计量装置。

1. 空气滤清器

空气滤清器的功用主要是滤除空气中的杂质或灰尘，让洁净的空气进入气缸。另外，空气滤清器也有降低进气噪声的作用，其实物图如图3-35所示。

空气滤清器由进气导流管、空气滤清器盖、空气滤清器外壳和滤芯等组成。

空气滤清器按结构不同可以分为油浴式、离心式、干式和聚氨酯式四类。图3-36所示为油浴式、离心式和干式滤清器实物。

聚氨酯滤清器，有时也称其为泡沫塑料滤清器。它通常装在干式纸制滤芯上方的外盖上，由一个包覆在金属支架上的聚氨酯包装材料构成。它可以干用或者涂一

图3-35 空气滤清器

第三章 配气机构

a) 油浴式

b) 离心式

c) 干式

油浴式空气滤清器用于在多尘条件下工作的发动机上，如越野车发动机
优点：滤芯清洗后可以重复使用

离心式空气滤清器多用于大型货车上。在许多自卸车或矿山用汽车上还使用离心式与纸滤芯式相结合的双级复合式空气滤清器

干式空气滤清器由纸滤芯制成。轻型纸材空气滤清器通常用于客车和小型皮卡，滤芯由褶纸制成。通常体积较小

图 3-36 空气滤清器的种类

薄层机油使用。可以更换、清洗和重复利用。

进气必须清洁。空气中的杂质能缩短发动机的使用寿命，甚至导致发动机过早损坏。根据进入的灰尘量，发动机寿命能缩短 1/3~1/2。

发动机必须顺畅地吸入和排出空气以获得最大功率。发动机上使用空气滤清器来截获污染物，也使空气顺畅地流入发动机。

2. 谐振腔

某些类型的发动机在进气道上使用了谐振腔。其作用是减小进气系统中产生的进气噪声。

3. 进气歧管

化油器式或节气门体燃油喷射式发动机进气歧管的温度很重要。温度太低，汽油将在管壁上凝结。通常进气歧管利用发动机排气或循环冷却液进行加热。

多点燃油喷射式发动机的进气歧管无需加热。

进气歧管的作用是将空气或燃油或空燃混合气从空气滤清器输送至进气门。

进气歧管用来在所有行驶条件下将正确量的空气和燃油输送给每一个气缸。如果所有进气道长度相等，那么效果是最好的。进气系统如图 3-37 所示。

进气歧管也可以是干式或湿式的。湿式进气歧管的内部直接铸有冷却液通道（图 3-38），干式进气歧管没有冷却液通道。

4. 排气连接进气歧管

在一些 V6 和 V8 发动机的进气歧管上有一根排气连接通道。排气连接通道可为节气门体的底部提供热量以改善发动机暖机时的燃油雾化，废气的通过还能减小燃油结冰的可能性。

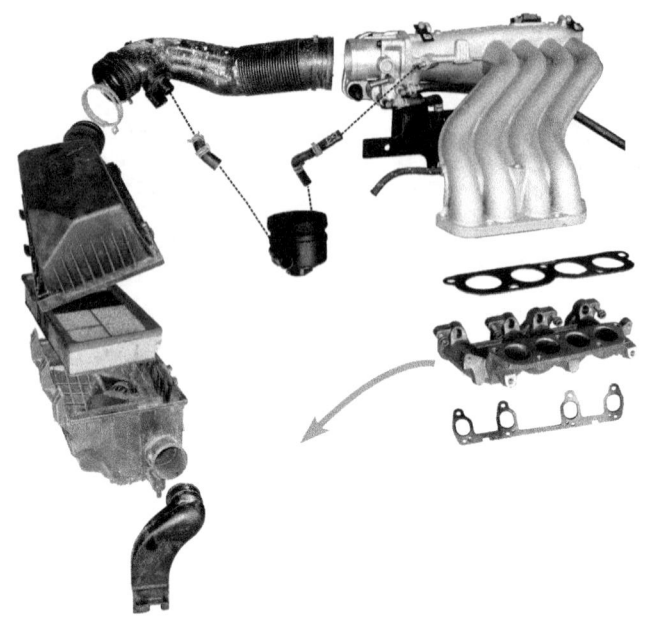

图3-37 进气系统

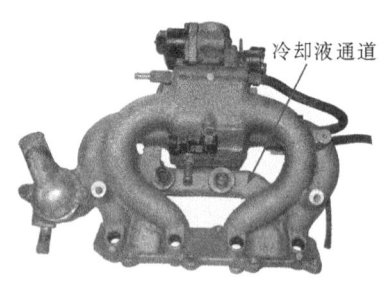

图3-38 湿式进气歧管

第五节 排气系统

一、排气系统的构造

1. 排气歧管

排气歧管与发动机缸盖相连，废气从排气门出来直接进入排气歧管。排气歧管由铸铁管或钢管制成，可以承受温度的快速升高。

四缸发动机使用三通道或四通道排气歧管。在六缸发动机上，排气歧管是四通道或六通道的。在V6和V8发动机上，每一侧都有一个排气歧管。

一些高性能发动机可能使用了排气总管。排气总管是用于排气的焊接钢管，用来使废气平稳顺畅地流出发动机。

2. 排气管

排气系统收集从每个燃烧室排出来的高温气体，然后将其送至汽车尾部排放掉。

排气管是排气歧管和消声器或催化转化器之间的一根连接管。排气总管可以是单管或双管。

排气总管如图3-39所示。

3. 消声器

消声器的作用是抑制发动机的排气噪声。常用的有两种：一种使用一组消声室来降低噪声；另一种使用附有玻璃纤维的带孔直管和外罩，这种称为玻璃纤维消声管的带孔直管可以减小排气背压，但消声效果没有带隔板的消声室好。

图3-39 排气总管

消声器有四种基本结构形式：扩张式、共振式、吸收式和反射式。

扩张式：壳体由内、外壳和纤维夹层构成，纤维夹层为石棉陶瓷纤维，主要起隔热作用。扩张式消声器主要用来降低中、低频噪声。

共振式：对共振频率附近的噪声消减效果最好。

吸收式消声器：通过废气在玻璃纤维、钢纤维和石棉等吸声材料上的摩擦而减小其能量。

反射式消声器：多个串联的谐振腔与不同长度的多孔反射管相互连接在一起，废气在其中经过多次反射、碰撞、膨胀、冷却而降低其压力，减小振动及能量。

消声器如图 3-40 所示。

4. 谐振腔

谐振腔是另一种消声器。排气系统发出的大多数噪声都是振动引起的，这些振动导致了较高的噪声。谐振腔的作用是吸收额外的振动。

谐振腔如图 3-41 所示。

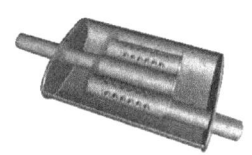

图 3-40　消声器

图 3-41　谐振腔

5. 加温器

在许多老式发动机上，排气歧管上装有一种加温器。加温器是一个阀门，它的作用是在发动机起动和暖机期间节流废气。

6. 排气尾管

排气尾管的作用是将废气从消声器或谐振腔中输送到汽车尾部。尾管由一系列挂钩支承，使排气系统在汽车行驶时可以弯曲和移动。橡胶连接器有助于消除汽车从静止开动时产生的振动。

独立式排气尾管如图 3-42 所示。

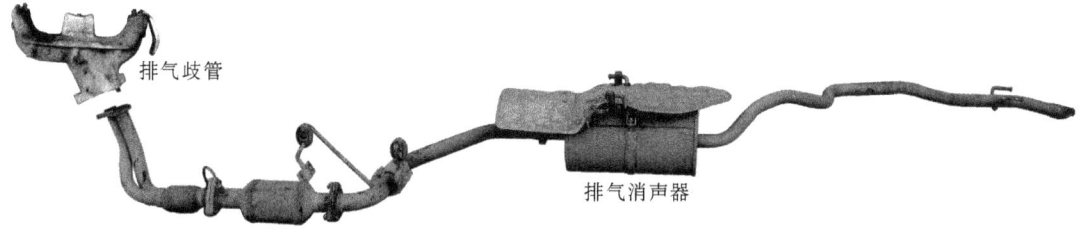

图 3-42　独立式排气尾管

并联式排气尾管如图 3-43 所示。

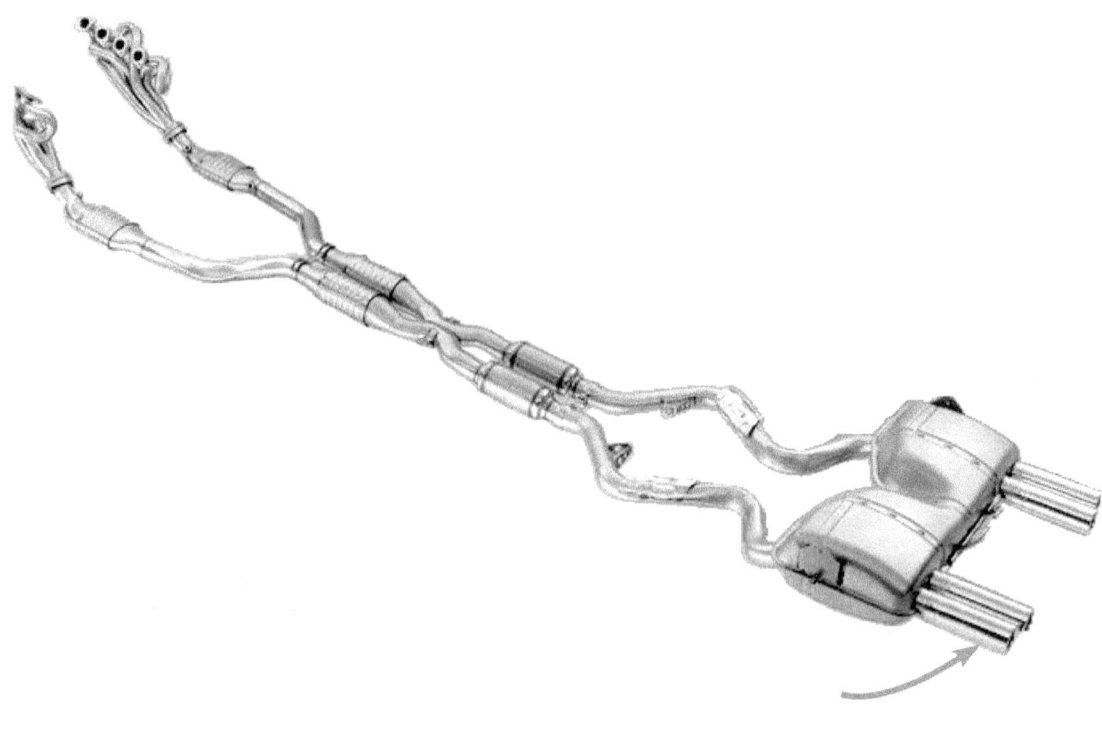

图3-43 并联式排气尾管

二、排气系统故障维修

1. 发动机尾气冒黑烟的维修

(1) 故障现象　发动机在运行中从排气管中排出黑色的燃烧不完全的废气,其中一氧化碳(CO)成分较多,呈现黑色。

(2) 故障分析思路

1) 发动机排气管排出的废气中,含有 HC、CO、NO_x、SO_2、微粒等有害污染物。由于混合气过浓,即空气量不足,燃烧不完全,废气中 HC、CO 的含量很高。

2) 化油器失调,主量孔过大,浮子室油面过高。

3) 阻风门开启不足。

4) 空气滤清器滤芯被灰尘堵塞致使进气量减小。

5) 燃油泵摇臂行程过大,提高了供油压力,从而造成浮子室油面升高。

6) 点火时刻失准,点火过晚使混合气燃烧不完全,废气中 CO、HC 含量增大。

7) 发动机冷却液温度过低,燃油不能立即雾化燃烧,促使废气中 CO、HC 增加。

8) 气缸、活塞、活塞环等磨损严重,漏气,使气缸压力不足,混合气燃烧不完全等。

(3) 维修方法

1) 混合气中的空气量不足,使混合气加浓,是造成不完全燃烧的主要原因。

2) 调整和清洗化油器。

3) 检查浮子室油面,必要时调整其高度。

第三章 配气机构

4）检查空气滤清器，必要时清洗滤芯。
5）发动机冷却液温度过低，必要时采取保温措施。

◆**电喷发动机排气冒黑烟的原因及诊断排除**

电喷发动机排气冒黑烟的原因是喷油量过多、混合气过浓。在诊断排除此故障时，应重点从发动机的控制系统和燃油系统中查找可能导致喷油量过多的故障。

发动机控制系统和燃油系统中会导致喷油量过多的原因，通常有以下几点：

（1）冷却液温度传感器故障　冷却液温度传感器在不同温度下的电阻值大于标准值，会使ECU误认为发动机处于低温状态，从而进行冷车加浓控制，使油耗增加。应在不同温度下检测冷却液温度传感器的电阻值，并与标准值进行比较；也可以用ECU解码器来检测，它能在发动机运转中显示冷却液温度传感器传给ECU的信号值；将这一数值与发动机实际冷却液温度相比较，就能直观地反映出冷却液温度传感器是否工作正常。对于有故障的冷却液温度传感器，应更换新件。

（2）空气流量传感器或进气压力传感器故障　空气流量传感器或进气压力传感器的误差会直接影响喷油量。应检测空气流量传感器或进气压力传感器，其数值应符合标准。检测结果如有异常，应更换空气流量传感器或进气压力传感器。

（3）燃油压力过高　应测量燃油压力。怠速时的燃油压力应为250kPa左右，随着节气门的开启，燃油压力应逐渐上升。节气门全开时的燃油压力为300kPa左右。若燃油压力能随节气门开度变化而改变，但压力始终偏高，则说明油压调节器有故障，应更换。若燃油压力不能随节气门开度变化而改变，则说明油压调节器的真空软管破裂或脱落，或燃油压力调节控制电磁阀有故障，使进气管真空度没有作用在油压调节器的真空膜片上，导致油压过高。对此，应更换软管或电磁阀。

（4）冷起动喷油器工作失常　有些车型的电喷发动机设有冷起动喷油器，应检查冷起动喷油控制是否正常。用电压表或试灯接在冷起动喷油器线束插头上，检查发动机起动时冷起动喷油器工作的持续时间是否符合标准值。若工作时间过长或起动后一直工作，则说明冷起动喷油控制失常，应检查冷起动温度开关及控制电路。

（5）喷油器漏油或卡滞　应拆卸喷油器，检查各喷油器有无漏油或卡滞。如有异常，应清洗或更换喷油器。

（6）氧传感器故障　氧传感器的信号电压失常，会影响发动机ECU的喷油量反馈控制（即闭环控制）过程。当氧传感器信号电压偏低时，会使发动机ECU误认为混合气过稀，从而增加喷油量，导致混合气过浓。有些车型的发动机ECU对氧传感器的工作状况十分敏感，氧传感器的信号稍有不正常时就会使故障指示灯亮起，此时可根据故障码的指示很快地查找到故障原因。但也有一些车型的发动机ECU对氧传感器的工作状况不太敏感，在氧传感器的信号电压失常时故障指示灯没有亮，此时可试着拔下氧传感器的线束插头，切断氧传感器和ECU的连接线路，此时ECU会因氧传感器的线路断路而使故障指示灯亮起，同时停止闭环控制，改为按开环控制的方式控制喷油量。如果在拔下氧传感器的线束插头后，发动机排气冒黑烟的故障消失，则说明氧传感器有故障，应更换。

2. 发动机尾气冒蓝烟的维修

（1）故障现象　蓝色烟雾是机油窜入发动机燃烧室后燃烧而生成的，往往同时可发现曲轴箱中的机油容量不足，拆下火花塞发现已形成积炭而短路缺火，致使发动机动力性和经

71

济性变坏。

（2）故障分析思路

1）检查发动机曲轴箱油面是否过高，机油过多易造成机油上窜而燃烧。

2）因气缸和活塞环的磨损，缸壁和活塞间隙加大，漏气增加，机油上窜而燃烧。

3）配气机构的进、排气门的油封老化、失效导致密封不严，使气门室中的机油从气门和气门导管间隙中流入燃烧室，也是造成机油燃烧的途径。

4）由于空气滤清器的堵塞，使进气行程阻力增加，造成进气不畅，气缸内形成负压，一部分机油被吸入燃烧室。

（3）维修方法

1）检查发动机曲轴箱油面，过多时应放掉一些。

2）检查空气滤清器被灰尘污染的情况，必要时，加以清洗。

3）如果气缸、活塞环已严重磨损，气门油封已不密封，则必须进行拆解检修。

◆ **电喷发动机排气冒蓝烟的原因及诊断排除**

发动机排气冒蓝烟的原因，是发动机的机油进入气缸或排气管燃烧所致。其**原因之一**是发动机气缸磨损，致使活塞和气缸的配合间隙过大，或是由于活塞环磨损过大、弹性下降而失去密封性，使油底壳内的机油穿过活塞环窜入燃烧室，和混合气一起燃烧。机油进入发动机燃烧的**原因之二**是气门导管油封失去密封性，致使气门室内的机油经进气门导管进入燃烧室燃烧，或经排气门导管进入排气管，在废气的高温作用下燃烧。

如果在发动机出现排气冒蓝烟的故障时，同时还伴有发动机动力不足、加速无力、气缸压缩压力明显低于标准等现象，则说明该发动机的气缸或活塞环过度磨损，应检查气缸和活塞环的技术状况，根据其磨损的具体情况，采取更换活塞环或对发动机进行大修。如果在排气冒蓝烟的同时发动机动力性良好、气缸压缩压力正常，则为气门导管油封漏油，只要拆下气缸盖，更换气门导管油封即可，无需更换活塞环或对发动机进行大修。

3. 发动机尾气冒白烟的维修

（1）故障现象　燃油中含有水分或冷却液漏入气缸，表现为排气管冒白烟。寒冷天气初次起动时，排气管冒白烟是由于消声器内积水被废气加热形成的，发动机运转正常后症状消失，属正常状况。

（2）故障分析思路

1）发动机气缸套有砂眼、裂纹。

2）气缸衬垫损坏，使气缸体水套中的冷却液流入燃烧室。

3）汽油中有水，造成排气冒白烟。

（3）维修方法

1）若气缸体有砂眼、裂纹和气缸衬垫损坏，需使用必要的检测设备，且检修工作量大，应及时送维修厂检修。

2）汽油中有水应及时更换。

◆ **电喷发动机排气冒白烟的原因及诊断排除**

发动机排气冒白烟的原因有以下几种：

1）轿车的电喷发动机由于在排气管中安装有一个三元催化转化器，在发动机的控制系统工作正常的情况下，混合气的浓度接近理论空燃比，排气中的一氧化碳、碳氢化合物、氮氧化合物在经过排气管中的三元催化转化器时产生一定的化学反应,生成二氧化碳、氧气、氮气和水蒸气,因此其排气中的白烟是水雾,此现象在发动机冷车运转或气温较低时特别明显。检查时,可将手掌靠近排气管口,如果排气中的水雾会在手掌上结出一层水膜,或在排气管口有少许水滴滴出,说明发动机工作正常,无需修理。

2)发动机在冷车运转时冒白烟,待热车后变为冒黑烟,此现象表明发动机的控制系统或燃油系统工作不正常,导致混合气过浓。对此,应按混合气过浓故障进行检修。

3)发动机在运转中排气管有大量的水雾和水滴排出,同时还伴有发动机运转不稳、冷却液消耗过大、发动机冷却液温度过高等现象,则为发动机气缸盖变形或气缸衬垫密封不严,使冷却液进入发动机气缸,从排气管排出。此时应拆卸气缸盖,检查气缸盖下平面有无变形,如有变形,应进行修整或更换气缸盖,同时应更换新的气缸衬垫。

4. 排气管烧红故障检修

排气管烧红的最常见原因,是发动机的个别气缸没有点火或点火不良。因此,在诊断排气管烧红的故障时,首先应判别发动机在运转中是否有个别气缸不工作或工作不良的现象(如怠速发抖等),如是,则应先采用断缸检查等方法,找出不工作或工作不良的气缸,检查该缸的火花塞、高压线、点火线圈等有无故障。

如果在怠速工况下各缸工作正常,还应检查在发动机高速运转时有无个别气缸不点火的现象(如高速运转中发抖等),此时应采用示波器检查高速时各缸的点火电压,如有高速不点火现象,其原因通常是点火线圈的问题,应更换新的点火线圈。

如果在怠速和高速时都没有个别气缸工作不良或不工作的现象,应检查点火提前角是否过小,如是,应予以调整。

如果点火系统工作正常,则应检查发动机有无混合气过稀的现象(如动力不足、高速时进气管回火等),若混合气过稀,应检查燃油压力是否过低、电动燃油泵的工作是否正常及喷油器有无堵塞等。

如果燃油系统工作正常,应进一步拆检排气管,检查排气管有无堵塞,特别要注意检查三元催化转化器有无堵塞现象,如有堵塞应更换。

第四章

润 滑 系 统

第一节 润滑形式与系统原理

1. 润滑形式

发动机的润滑形式主要有压力润滑(图 4-1a)、飞溅润滑(图 4-1b)和润滑脂润滑(图 4-1c)。

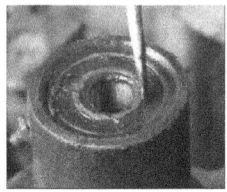

a) 压力润滑　　　　　　　　　　b) 飞溅润滑　　　　　　　　　c) 润滑脂润滑

压力润滑：以一定的压力把机油供入摩擦表面的润滑方式。这种方式主要用于主轴承、连杆轴承及凸轮轴轴承等负荷较大的摩擦表面的润滑

飞溅润滑：利用发动机工作时运动件溅泼起来的油滴或油雾润滑摩擦表面的润滑方式。该方式主要用来润滑负荷较轻的气缸壁面和配气机构的凸轮、挺柱、气门杆以及摇臂等零件的工作表面

润滑脂润滑：通过润滑脂嘴定期加注润滑脂来润滑零件的工作表面，如水泵及发电机轴承等

图 4-1 发动机润滑形式

2. 润滑系统的组成及油路

润滑系统由机油泵、机油滤清器、机油冷却器、集滤器等组成。此外，润滑系统还包括机油压力表、机油温度表和机油管道等。

润滑系统的组成及油路如图 4-2 所示。

3. 润滑系统的维修

润滑系统技术状况变差，将引起发动机拉缸、抱轴等致命故障，使发动机丧失工作能力。其主要标志是主油道油压过低和机油变质。

油压过低会破坏发动机的润滑条件，造成润滑、冷却和清洁不良，将引起零件的黏着磨损，甚至黏着咬死。机油泵零件磨损超限，润滑系统各密封面、阀门泄漏，调压阀调整不当或失效，曲轴轴承间隙过大，机油黏度过低和滤芯破裂等都会造成油压过低。

第四章 润滑系统

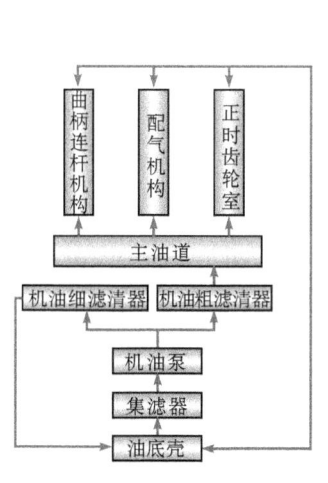
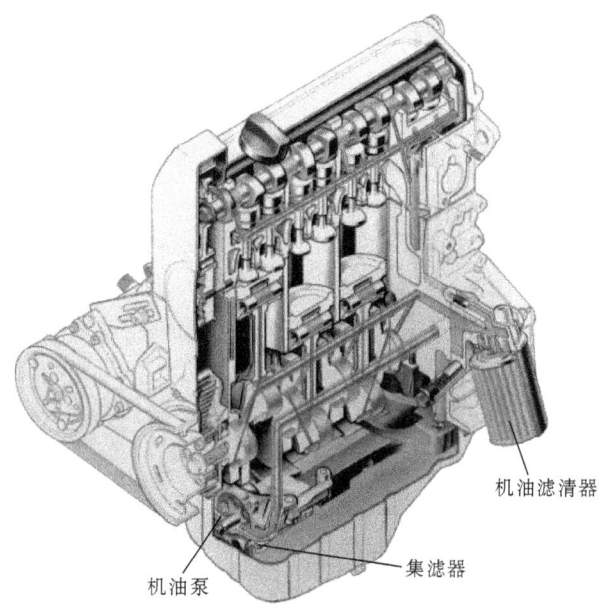

润滑系统的组成

图4-2 润滑系统的组成及油路

第二节 润滑剂与机油泵

一、润滑剂与机油泵的功用

1. 润滑剂（机油、润滑脂）

汽车发动机润滑剂包括机油和润滑脂两种，如图4-3所示。

合成机油是利用化学合成方法制成的润滑剂。其主要特点是有良好的黏-温特性，可以满足大温差的使用要求；有优良的热氧化安定性，其更换周期更长。

◆ 机油的功用

1）润滑。机油在运动零件的所有摩擦表面之间形成连续的油膜，以减小零件之间的摩擦。

2）冷却。机油在循环过程中流过零件工作表面，可以降低零件的温度。

 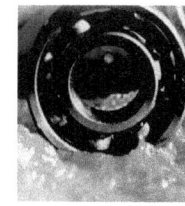

a) 机油　　　　　b) 润滑脂

图4-3 发动机润滑剂

3）清洗。机油可以带走摩擦表面产生的金属碎屑及冲洗掉沉积在气缸、活塞、活塞环及其他零件上的积炭。

4）密封。附着在气缸壁、活塞及活塞环上的油膜，可起到密封防漏的作用。

5）防锈。机油有防止零件发生锈蚀的作用。

润滑脂是将稠化剂掺入液体润滑剂中所制成的一种稳定的固体或半固体产品，其中可以加入改善润滑脂某种特性的添加剂。

润滑脂常温下可附着于垂直表面而不流淌，并能在敞开或密封不良的摩擦部位工作。

2. 机油泵

机油泵的功用是保证机油在润滑系统内循环流动，并在发动机任何转速下都能以足够高的压力向润滑部位输送足够数量的机油。

机油泵按结构形式可分为齿轮式和转子式两类。齿轮式机油泵又分内啮合齿轮式和外啮合齿轮式，后者才是一般通称的齿轮式机油泵。

内、外啮合齿轮式及转子式机油泵实物与示意图如图4-4所示。

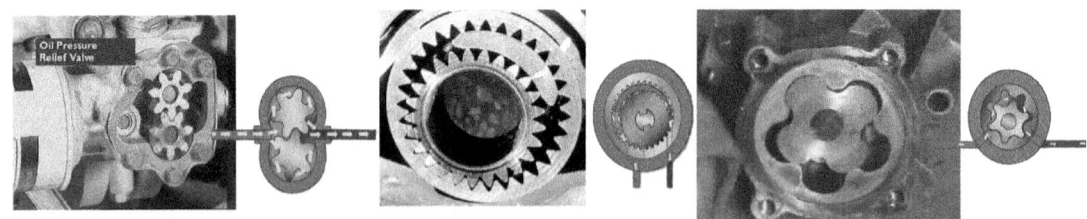

a) 齿轮式机油泵(外啮合)   b) 齿轮式机油泵(内啮合)   c) 转子式机油泵

齿轮式机油泵由曲轴或凸轮轴经中间传动机构驱动。国产桑塔纳、捷达和奥迪等轿车都采用齿轮式机油泵

内啮合齿轮式机油泵也称内接齿轮泵，因为内接齿轮泵由曲轴直接驱动，无需中间传动机构，所以零件数量少

内转子固定在机油泵传动轴上，外转子自由地安装在泵体内，并与内转子啮合转动

图4-4 机油泵形式

机油泵的使用性能取决于齿轮与泵体的配合间隙。齿轮与泵体的径向间隙一般不超过0.20mm，齿轮端面间隙不超过0.05~0.20mm。间隙过大，机油压力降低，泵油量减少。

机油泵的供油量与其转速有关，而机油泵的转速又与发动机转速成正比。

为了防止油压过高，在润滑油路中设置了安全阀或阻压阀。一般安全阀装在机油泵或机体的主油道上。

二、机油的选用与机油泵的检修

1. 机油的选用

我国机油分类采用国际上通用的美国 SAE 黏度分类法和 API 使用分类法。SAE 黏度分类法将内燃机机油分为两组黏度等级系列：**W 组黏度等级系列有 0W、5W、10W、15W、20W 和 25W 六个低温黏度等级**；非 **W 组黏度等级系列有：20、30、40、50 和 60 五个高温黏度等级**。如15W级油，在-15℃时，其动力黏度不大于3.5Pa·s，这是保证一般发动机在低温下顺利起动所要求的黏度界限，或者说低于-15℃时，黏度就可能太大。15W级机油的边界泵送温度为不高于-20℃，或者说低于这个温度时，将不能保证在起动初始阶段提供足够的油压。如油黏度等级号为40，100℃时运动黏度值为 12.5~16.3mm^2/s，这是热负荷较高的发动机，在一般地区夏季使用时适当的黏度范围。

内燃机机油按黏度等级划分，有单级油和双级油，仅标有一个黏度级号的机油为单级油，仅符合一个级号的黏度要求，在冬夏温差较大的地区，不能冬夏通用。多级油可在一定地区冬夏通用。

API 使用分类法将内燃机机油分为两个系列：Q 系列(汽油机机油)，迄今有 QA、QB、QC、QD、QE、QF、QG 和 QH 七个级别；C 系列(柴油机机油)，有 CA、CB、CC、CD、CD Ⅱ 和 CE 等。它们按字母序号排列，序号越后，机油的性能越好，适用的机型越新，工作条件越苛刻。汽油机机油和柴油机机油一般不能通用，但由于最近几年来添加剂及其配方的不断改进，发展了一些汽油机和柴油机通用机油，如 QE、CC、QF、CD 等，它们可在标明的级别范围内通用。

使用时，应根据汽车说明书的要求，全面对照机油的名称，既看品种，又看牌号，合理选择使用。其原则是：

1) 根据工作条件的苛刻程度选用适当的品种(使用级)。

2) 根据地区季节气温，结合发动机的热负荷，选用适当的牌号。

应按汽车生产厂要求的行驶里程适时换油，换油一定要在热车时进行。油温高，不仅容易排出，并且油中的杂质也能一起排出。加入新油后应发动车数分钟，停机 3min 后，应检查油面高度。

2. 机油泵的检修

1) 齿轮的检查与修理：检查主、从动齿轮啮合间隙(图 4-5a)，可用塞尺在互成 120°处分三点测量，啮合间隙一般为 0.05~0.25mm，各点测量误差不应超过 0.1mm，不符合规定应修复或予以更换。

2) 泵轴的检查与修理：用千分表检查泵轴是否弯曲，指针摆差不应超过规定值，否则应进行校正。主动轴与轴套孔的配合间隙一般为 0.03~0.08mm，最大不得超过 0.16mm。从动齿轮的轴向间隙一般为 0.02~0.05mm，超过 0.15mm 时，应修复或更换。

机油泵主动轴与轴孔的间隙一般应为0.03~0.07mm，最大不得超过 0.15mm。如间隙超过规定，或晃动机油泵轴有明显的松旷感觉，应将主动轴涂镀加粗或用镶套法修复。

机油泵的试验方法一般有试验台上试验和经验检查法。经验检查法为用手转动机油泵传动齿轮轴，应转动自如、无卡滞现象；给机油泵注满干净的机油，堵住出油口，用手转动机油泵主动轴时，应有明显的油压感觉。

a) 检查主、从动齿轮啮合间隙

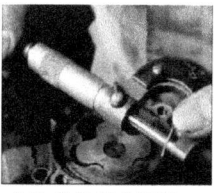

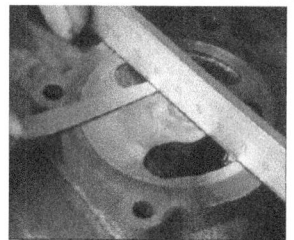
b) 检查泵盖与齿轮间隙

图 4-5 机油泵的检修

3) 泵壳的检查与修理：泵盖与齿轮的间隙(图 4-5b)，不得超过规定值(一般为 0.05~0.25mm)，如果间隙不符合要求，可增减垫片或磨削泵壳与盖接合面。

机油泵装到车上后，通过机油压力表再检查一次机油压力。当发动机温度正常时，发动机怠速和高速机油压力应符合规定，如油压低，则应对限压阀进行调整，在限压阀弹簧一端增加垫片，以增加弹簧的张力使油压升高。

4) 泵盖检修：泵盖平面上有轻微的拉毛时，可在平板上磨光；有明显台阶时，应测量其平面度误差，当误差超过时，应修复。

第三节　主要零件及检修

一、机油滤清器和机油冷却器

1. 机油滤清器

（1）分类　机油滤清器按其材料可分为纸质式与金属片式，如图4-6所示。

（2）功用　机油滤清器的功用是滤除机油中的金属磨屑、机械杂质和机油氧化物。

（3）机油滤清的方式　机油滤清的方式有两种：全流式和分流式，如图4-7所示。

全流式机油滤清器串联于机油泵和主油道之间，因此全部机油都经过它滤清（图4-7a）。目前在轿车上普遍采用全流式机油滤清器。在货车特别是重型货车上一般采用粗、细双级滤清器。

分流式机油细滤清器则与主油道并联，经过粗滤清器的机油进入主油道，而流过细滤清器的机油直接返回油底壳（图4-7b）。粗滤清器滤除机油中粒径为0.05mm以上的杂质，细滤清器则用来滤除粒径为0.001~0.050mm的细小杂质。

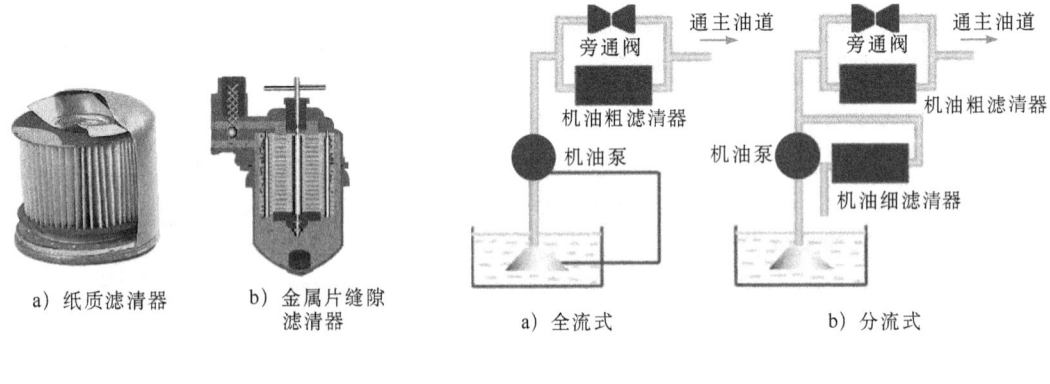

图4-6　机油滤清器　　　　　图4-7　机油滤清方式

（4）机油滤清器的更换　油浸可分解式机油滤清器根据实际情况需要定期检查清洗，而整体式机油滤清器应随机油的更换一起更换，即每行驶5000~7500km更换一次。

2. 机油冷却器

发动机机油冷却器分为风冷式和水冷式（图4-8）两类。风冷式机油冷却器很像一个小型散热器，利用汽车行驶时的迎面风对机油进行冷却。这种机油冷却器散热能力强，多用于赛车及热负荷大的增压汽车上。

水冷式机油冷却器外形尺寸小、布置方便，且不会使机油冷却过度，机油温度稳定，因而在轿车上应用较广。

二、润滑系统的检修

1. 机油散热器的检修

常见的故障是管道阻塞不通、管道破裂、散热片重叠变形、限压阀调整不当等。机油散热器拆下后,用煤油灌入散热管道进行清理,并用压缩空气吹通。散热管道如有损坏,可参照冷却系统散热器修理方法进行修理。散热片重叠变形应予以拨正,并用压缩空气吹净片间积垢。

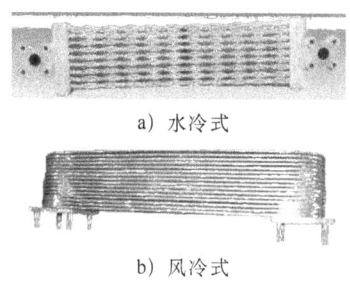

a) 水冷式

b) 风冷式

图 4-8 机油冷却器形式

2. 散热器的清洗

拆下散热器,将散热器置于质量分数为 10%~15% 氢氧化钠水溶液内,加热,浸煮 0.5h 左右,取出散热器用清水冲洗,将出水管内的水垢冲掉。水管内的水垢严重时也可拆去上、下水室后,用通条逐个捅除水管内的水垢,然后焊好上、下水室。

修理:散热器表面有裂纹可用锡焊焊补。散热器个别水管有裂纹不便焊补时,可拆下上、下水室,焊堵漏水水管的两端。散热器水管也可采用下列方法修理:接管法、换管法、拼修法。

3. 机油压力表及传感器的检查

若主油道中的实际机油压力正常,而机油压力表指示的机油压力不正常,或油压警告灯点亮,则为油压报警开关短路损坏或其导线搭铁;若油压过低时,油压警告灯不亮,则为油压报警开关断路损坏或其导线断路、警告灯烧坏等。断路故障可用万用表逐点检查,搭铁故障可用逐点拆线法检查。

三、润滑系统的故障排除

1. 机油压力过低故障

(1) 故障现象

1) 发动机起动后,机油压力迅速降低。

2) 发动机在运转过程中,机油压力低于规定值。

(2) 故障分析思路

1) 曲轴箱机油黏度低或机油不足。

2) 限压阀弹簧过软或折断。

3) 机油滤清器旁通阀弹簧过软或折断。

4) 机油进油管接头松动或油管破裂。

5) 机油泵工作不良,机油油路严重泄漏。

6) 燃油泵膜片破裂,汽油漏入曲轴箱稀释机油。

7) 气缸衬垫损坏,冷却液漏入曲轴箱,使机油变质,黏度下降。

8) 曲轴主轴承、连杆轴承及凸轮轴轴承配合间隙过大而泄漏。

9) 机油滤清器堵塞,使旁通阀开启压力过高或卡住,机油不能进入主油道。

10) 机油集滤器堵塞。

(3) 维修方法

1)首先拔出机油尺,检查曲轴箱内机油油面。若机油油量正常,应检查机油压力表、传感器;若机油严重不足,能听到曲轴轴承和连杆轴承异响,应及时补充机油。

2)检查机油传感器,接通点火开关,将其导线拆下,使端头与缸体接触,查看机油压力表指针,若能迅速上升到最大刻度,说明机油压力表良好,故障在传感器;若表针不动或上升不多,表明机油压力表失效或导线接地不良。

国产桑塔纳轿车的发动机润滑系统内,设置了两个机油压力开关。一个为30kPa的压力开关,位于发动机缸盖上;另一个为180kPa的压力开关,位于机油滤清器支架上。

当接通点火开关时,机油压力指示灯即点亮,起动发动机,当机油压力高于30kPa时,指示灯应熄灭。在低速运转时,如机油压力低于30kPa,则30kPa的压力开关触点闭合,油压指示灯亮。当转速大于2150r/min时,如机油压力达不到180kPa时,则180kPa的压力开关断开,油压指示灯亮,同时蜂鸣器报警。

若机油足够,则应检查压力开关。若油压低于30kPa,指示灯不闪烁,说明低压开关触点烧蚀或接触不良;若低于180kPa时,指示灯不闪烁,说明高压开关触点断不开。

3)发动机运转时,机油压力突然降低,应及时停车熄火,检查有无机油泄漏,如机油滤清器衬垫损坏、油管断裂等。

4)拆下传感器(或压力开关)做短暂发动,若机油喷出无力,应检查机油滤清器、集滤器及机油泵等。

2. 机油变质故障

(1)故障现象

1)机油变黑并有杂质。

2)油滴外缘呈黄色,而核心呈黑色。

3)机油严重稀释,出现燃油气味,机油高温氧化并有刺激的气味。

(2)故障分析思路

1)机油高温氧化,含有酸性物质、胶质、铁屑、沥青等杂质。

2)外部灰尘渗入曲轴箱,与机油搅动形成油泥。

3)燃烧室废气和未燃混合气漏入曲轴箱,使机油稀释。

4)机油滤清器性能不佳。

5)选用的机油品质不佳或牌号不符。

(3)维修方法

1)防止脏物、杂质侵入润滑系统,在保管和加注时,应注意保洁,加注机油口的盖要严密。

2)定期更换机油和机油滤清器,必要时清洗油道。

3)曲轴箱通风装置要完好有效,要定期检查并清洗通风阀、通风管,防止机油过热和汽油污染机油。

4)正确诊断机油变质情况:查看机油黏度、颜色;有无汽油、水分和杂质渗入。可用手捻油,检视机油是否变黑,或同时滴一滴机油在滤纸上,视其扩散情况,中心为粗粒杂质沉淀区,若机油受到严重污染,应呈黑色,并有金属粒或沙粒。若机油没有被污染,其扩散越宽,油质越好。若机油中有水,会出现明显的水痕。

5)正确选择机油,重视其品质和黏度要求。

3. 机油消耗多故障

（1）故障现象

发动机各密封处有机油渗漏现象，行驶中排气管冒蓝烟。

（2）故障分析思路

1）机油渗漏，气缸衬垫和各部油封损坏。

2）机油是否进入燃烧室燃烧，判定如下：

① 气缸磨损严重，活塞和气缸配合间隙过大，活塞环失去了弹性或断裂、开口间隙重合等，机油窜入燃烧室。

② 气门油封老化、失效，或气门杆磨损间隙增大，致使机油通过气门导管和气门之间流入燃烧室。

③ 曲轴箱通风阀粘结失效，失去通风量的控制作用，致使曲轴箱中过多的机油蒸气通过曲轴箱通风管进入进气管和燃烧室。

（3）维修方法

1）若发现机油外部渗漏，确定其部位并更换渗漏处的衬垫或油封。

2）测量气缸压缩压力，诊断机油进入燃烧室的具体部位，如果压缩压力正常，说明是气门油封或气门的导管间隙过大所致，应更换气门油封，必要时更换气门和导管。若气缸压缩压力不足，排气管冒蓝烟，应及时解体检修，必要时送维修厂。

4. 机油泄漏和压力不正常故障

油压过低或过高的诊断与维修见表4-1与表4-2，外部机油泄漏和机油消耗过大的诊断与维修见表4-3。

表4-1 发动机机油压力低的诊断与维修

故障	诊断	维修
机油压力低	1）机油油位低 2）油压表、警告灯或传感器不准确 3）由于稀释、质量差或等级不对而导致机油过稀 4）机油温度过高 5）机油卸压阀弹簧软或卡在打开位置 6）机油进口管和滤网总成堵塞或泄漏 7）机油泵间隙过大 8）主轴承、连杆轴承或凸轮轴承间隙过大	1）将机油添加到正确油位 2）检查和按需要更换 3）排干并用推荐的机油加注曲轴箱 4）修复发动机过热问题 5）拆下并检查机油卸压阀总成 6）拆下并检查机油进口管和滤网总成（向进口管中注入稀释剂来找到泄漏处） 7）检查并按需要更换 8）测量轴承间隙，按需要进行修理

表4-2 发动机机油压力高的诊断与维修

故障	机油压力高
诊断	1）机油黏度不对 2）机油压力表或传感器不正确 3）机油卸压阀卡在关闭位置
维修	1）排干机油，重新充入正确黏度的机油 2）检查并按需要更换 3）拆下并检查机油卸压阀总成

表4-3 外部机油泄漏和机油消耗过大的诊断与维修

故障	诊断	维修
外部机油泄漏	1）燃油泵衬垫断裂或安装不到位 2）缸盖罩RTV密封条断裂 3）机油滤清器盖泄漏或脱落 4）机油滤清器衬垫断裂或安装不到位 5）油底壳侧衬垫断裂、安装不到位或RTV密封胶裂开	1）更换衬垫 2）更换密封条；检查缸盖罩密封条凸缘和缸盖密封表面是否变形或破裂 3）更换机油滤清器盖 4）更换机油滤清器 5）更换衬垫或修理密封条的开裂；检查油底壳衬垫凸缘是否变形

(续)

故障	诊　　断	维　　修
外部机油泄漏	6）油底壳前油封断裂或安装不到位 7）油底壳后油封断裂或安装不到位 8）正时齿轮室盖油封断裂或安装不到位 9）由于 PCV 阀阻塞导致曲轴箱压力过大 10）油底壳放油塞松动或螺纹刮伤 11）后油道塞松动 12）后凸轮轴塞松动或安装不到位 13）分电器底座衬垫损坏	6）更换油封；检查正时齿轮室盖和油底壳衬垫凸缘是否变形 7）更换油封；检查油底壳后油封凸缘；检查后主轴承盖是否破裂、机油返回通道是否堵塞或油封槽是否变形 8）更换油封 9）更换 PCV 阀 10）根据需要进行修理并拧紧或更换 11）在油道塞上涂上适当的密封胶并拧紧 12）按需要将凸轮轴塞安装到位或更换 13）更换衬垫
机油消耗过大	1）机油油位太高。检查是否污染了（燃油、冷却液） 2）使用的机油黏度不对 3）PCV 阀卡在关闭位置 4）气门杆导油器（或油封）损坏、丢失或型号不对 5）气门杆或气门导管磨损 6）气门室盖挡板安装不当或脱落 7）活塞环断裂或脱落 8）活塞磨损 9）活塞环隙不正确 10）活塞环在槽中卡住或过松 11）压缩环安装颠倒 12）气缸壁磨损、刮伤或磨光 13）活塞环隙交错不正确 14）主轴承或连杆轴承间隙过大	1）将机油排放到规定的油位 2）更换为规定的机油 3）更换 PCV 阀 4）更换气门杆导油器 5）测量气门杆与气门导管之间的间隙，按需要进行修理 6）更换气门室盖 7）更换断裂或脱落的活塞环 8）更换活塞 9）测量活塞环隙，按需要进行修理 10）测量活塞环侧隙，按需要进行修理 11）按需要进行修理 12）按需要进行修理 13）按需要进行修理 14）测量轴承间隙，按需要进行修理

5. 如何测量机油压力

机油压力可以用专用的机油压力表来测量，也可以用普通的油压表（量程为 1MPa 左右）配上相应的高压软管和接头来测量。测量机油压力的方法如下。

1）拔下机油压力传感器的线束插头，拆下机油压力传感器。

2）将机油压力表的软管接头拧入安装机油压力传感器的螺纹孔内，并拧紧接头（图 4-9）。

3）将机油压力表放置在不会接触到发动机旋转部件及高温部件的地方。

4）起动发动机，检查机油压力表接头处有无漏油，如有漏油，应熄火后重新拧紧接头。

5）运转发动机使之达到正常的工作温度，分别在怠速和 2000r/min 时检查油压表的读数，并与标准压力值进行比较。

各种车型发动机的机油压力值标准都不完全相同，一般在怠速时应大于 0.05MPa，在 2000r/min 时应大于 0.2MPa。

在测量完机油压力后，应拆下机油压力表，装上机油压力传感器并按规定力矩拧紧，接上线束插头。起动发动机，确认机油压力传感器没有漏油。

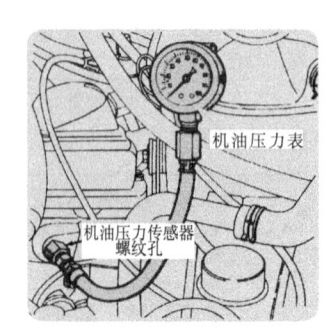

图 4-9　机油压力的测量

第五章

冷 却 系 统

第一节 冷却形式与系统原理

按发动机冷却所用的介质分类,发动机冷却系统可分为风冷型和水冷型,如图 5-1 所示。

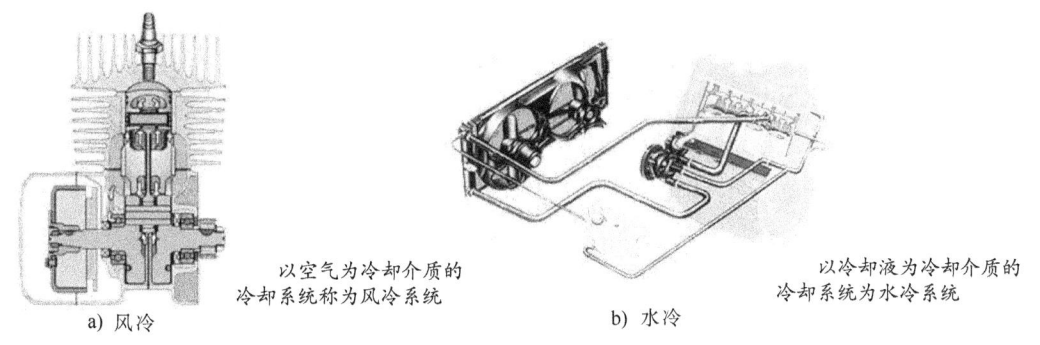

a) 风冷　　　　　　　　　　b) 水冷

以空气为冷却介质的冷却系统称为风冷系统

以冷却液为冷却介质的冷却系统为水冷系统

图 5-1　发动机冷却形式

汽车发动机,尤其是轿车发动机大多采用水冷系统,只有少数汽车发动机采用风冷系统。

汽车发动机的水冷系统均为强制循环水冷系统,即利用水泵提高冷却液的压力,强制冷却液在发动机中循环流动。这种系统的组成包括水泵、散热器、冷却风扇、节温器、补偿水箱、发动机机体和气缸盖中的水套以及其他附加装置等。

◆ 冷却液在发动机中的循环方式及工作原理

冷却液在冷却系统中的循环路径如图 5-2a 所示。冷却液在水泵中增压后,经分水管进入发动机的机体水套。冷却液从水套壁周围流过并从水套壁吸热而升温。然后向上流入气缸盖水套,从气缸盖水套壁吸热之后经节温器及散热器进水软管流入散热器。在散热器中冷却液向流过散热器周围的空气散热而降温,最后冷却液经散热器出水软管返回水泵,如此循环不止。

在汽车行驶或冷却风扇工作时,空气从散热器周围高速流过以增强对冷却液的冷却。铜制或不锈钢制的分水管或直接铸在机体上的分水道,沿其纵向开有出水孔,并与机体水套相通,离水泵越远出水孔越大,其数目通常与气缸数相同。分水管或分水道的作用是使多缸发动机各气缸的冷却强度均匀一致。

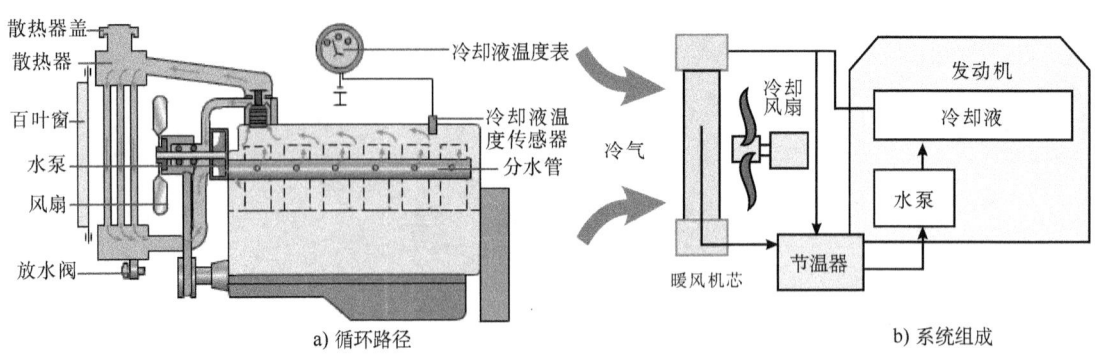

图 5-2 发动机强制循环式水冷系统图

有些发动机的水冷系统,其冷却液的循环流动方向与上述相反,可称其为逆流式水冷系统。在这种水冷系统中,温度较低的冷却液首先被引入气缸盖水套,然后才流过机体水套。由于它改善了燃烧室的冷却而允许发动机有较高的压缩比,从而可以提高发动机的热效率和功率。

大多数汽车装有暖风系统。暖风机是一个热交换器,也可称为第二散热器。在装有暖风机的水冷系统中,热的冷却液从气缸盖或机体水套经暖风机进水软管流入暖风机芯,然后经暖风机出水软管流回水泵(图 5-2b)。吹过暖风机芯的空气被冷却液加热之后,一部分送到风窗玻璃除霜器,另一部分送入驾驶室或车厢。

第二节 冷却液与水泵

一、冷却液的性质

冷却液(图 5-3)是水与防冻剂的混合物。冷却液用水最好是软水。

为了适应冬季行车的需要,在水中加入防冻剂制成冷却液以防止循环冷却液的冻结。最常用的防冻剂是乙二醇。冷却液中水与乙二醇的比例不同,其冰点也不同(表 5-1)。50%(质量分数)的水与 50%(质量分数)的乙二醇混合而成的冷却液,其冰点约为 -35℃。

表 5-1 冷却液的冰点与乙二醇质量分数的关系

冷却液冰点/℃	乙二醇的质量分数(%)	水的质量分数(%)	密度/(g/cm^3)
-10	26.4	73.6	1.0340
-20	36.4	63.8	1.0506
-30	45.6	54.5	1.0627
-40	52.6	47.7	1.0713
-50	58.0	42.0	1.0780
-60	63.1	36.9	1.0833

在水中加入防冻剂还同时提高了冷却液的沸点。因此,防冻剂有防止冷却液过早沸腾的作用。

防冻剂中通常含有防锈剂和泡沫抑制剂。在使用过程中,防锈剂和泡沫抑制剂会逐渐消耗殆尽,因此,定期更换冷却液是十分必要的。

第五章 冷却系统

在防冻剂中一般还要加入着色剂，使冷却液呈蓝绿色或黄色以便识别。

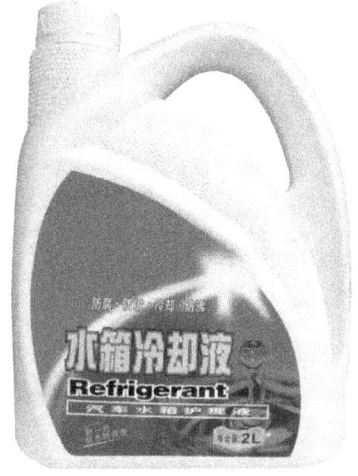

图 5-3 冷却液

二、水泵

汽车发动机广泛采用离心式水泵，如图 5-4 所示。其基本结构由水泵壳体，水泵轴，叶轮及进、出水管等组成，如图 5-4 所示。当水泵叶轮按图示方向旋转时，水泵中的冷却液被叶轮带动一起旋转，并在离心力的作用下被甩向水泵壳体的边缘，同时产生一定的压力，然后从出水管流出。

水泵一般由曲轴通过 V 带驱动。

有些发动机的水泵由凸轮轴直接驱动。

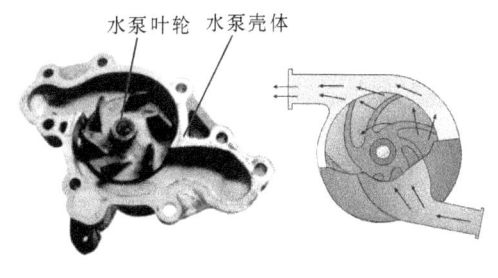

图 5-4 离心式水泵

装有自动变速器的汽车必须装备自动变速器油冷却器。自动变速器油冷却器通常就是一根冷却管，置于散热器的出水室内，由冷却液对流过冷却管的自动变速器油进行冷却。

三、风冷发动机的特点

风冷发动机利用大流量风扇使高速空气流直接吹过气缸盖和气缸体的外表面。

风冷发动机特别适于在沙漠或高原等缺水的地区工作。风冷发动机对气温的变化不敏感。由于风冷发动机在冷起动后气缸温度上升很快，在短时间内即可进入大负荷工作状态。

风冷发动机由于省去了散热器和许多管道而减少了维修点。

多缸风冷发动机采用轴流式冷却风扇。

四、水泵的检修

水泵的检修：水泵在使用时常见的故障是：带轮与泵轴配合松旷、水封损坏漏水、泵壳

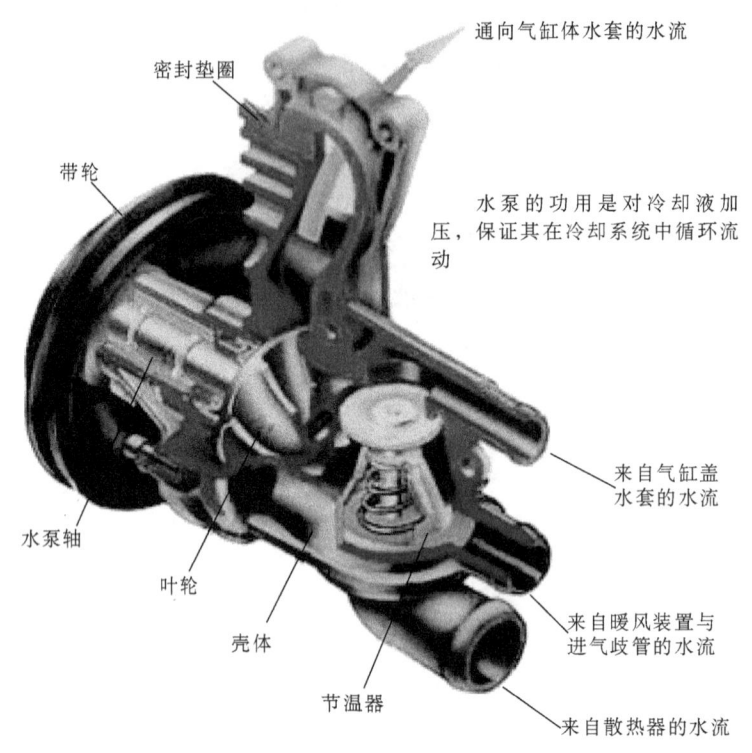

图 5-5 水泵结构图

或叶轮破裂等。

水泵主要零件的修理：水泵泵体破裂可用铸铁焊丝气焊。焊前应将整个水泵体预热，焊后缓慢冷却。

螺纹孔螺纹的修理：可扩大孔径，另攻螺纹，或焊补后再钻孔攻螺纹。

水泵的水封损坏，可更换水封。通常水泵轴径向松旷或壳体破裂时应更换水泵。

水泵装复后检验：用手转动带轮，应无卡阻现象。

水泵总成的外部检查包括 ①检查有无渗漏。②检查带轮的转动和轴向、径向窜动量。

若水泵壳体与水泵盖接合面变形大于 0.05mm，应予修平；水泵壳体裂纹应更换或焊修；若轴承座孔磨损，应予报废。V 带轮的带槽底部如发现被 V 带磨亮，应更换。

水泵轴直线度误差大于 0.05mm 时，应冷压校直；若水泵轴与轴承配合处轴颈磨损，应予报废。若轴端螺纹损坏，应予修复或换新。

若轴承滚道出现麻坑或轴承的轴向间隙大于 0.03mm、径向间隙大于 0.15mm，应予更换。

水封是水泵中的易损件，一般在拆修水泵总成时，都应更换新水封。

1. 冷却系统泄漏的检修

在检查冷却系统有无泄漏之前，应先加足冷却液，然后运转发动机，在发动机冷车、热车、怠速、中速、高速等状态下，以目视的方法检查发动机外部是否漏水。要特别注意检查散热器盖、缸体上的水堵、接至车厢内的空调暖风的软管，以及车厢内的加热器芯等处有无漏水。此外，还应拔出发动机的机油尺检查机油中有无冷却液，以检查冷却系统有无内部泄漏。

冷却系统的泄漏检查，还可以借助一种专用工具（冷却系统压力试验器）来进行。**其方法是：**在发动机冷车时拆下散热器盖，在散热器的加水口上装上冷却系统压力试验器（图5-6)，用压力试验器上的手动压气泵向冷却系统内加压，直至压力试验器上的压力表读数达到汽车制造厂规定的散热器盖的标定压力为止（通常为105～120kPa）。保持施压15min后，检查试验器上压力表的读数。如果在此时间内压力表的读数没有下降，说明冷却系统没有泄漏。反之，如果在此时间内压力表的读数有下降，则说明冷却系统有泄漏，可在保持施压的状态下检查冷却系统外部有无泄漏，并应注意检查车厢前部底板上有无经加热器芯等处泄漏出的冷却液。如果没有发现外部泄漏，可以拆下发动机的火花塞以检查有无冷却液漏入气缸。在拆下火花塞后，拔下点火控制器和各缸喷油器上的线束插头，使喷油及点火系统不能工作，同时起动发动机。此时如有冷却液从火花塞孔中排出，则说明气缸盖或气缸垫有泄漏或裂纹，应拆卸气缸盖进行检修。

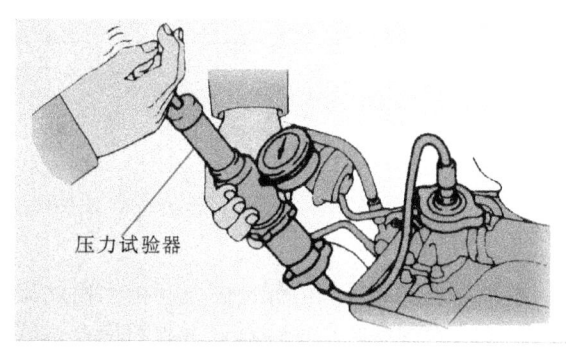

图5-6 冷却系统压力试验器的使用

2. 冷却液充足但发动机温度很高的检修

若冷却液充足但发动机温度很高，而且经检查并未发现有燃气窜入水道，则故障原因只可能是散热器风扇传动带松弛打滑、硅油风扇离合器失效、电动风扇的电动机或冷却液温度开关或其电路有故障、散热器堵塞、节温器损坏、水泵工作不正常等原因。对于此类故障，**首先应检查散热器风扇传动带有无松弛打滑、硅油风扇离合器有无失效。若检查正常，可在冷车状态下开始运转发动机，在发动机升温的过程中，注意检查散热器上、下水管的升温情况及冷却风扇的运转情况，并由此来判断故障的原因。**

在正常情况下，在发动机的温度尚未达到80℃时，手握水管会感觉到温度有所升高，但下水管的温度却几乎不变；在发动机温度达到80℃以后，会感觉到下水管的温度逐渐升高，直至接近上水管的温度，手握水管有烫手的感觉。采用电动风扇的发动机，在冷却液温度达到90℃以上后，电动风扇开始运转，冷却液温度略有下降，约30s风扇停转。

如果在发动机运转中上、下水管的冷却液温度上升很慢，同时仪表板上的冷却液温度表指示的温度却较高，说明节温器有故障，其阀门打不开，也可能是节温器已被人为拆除。此时冷却液直接经小水管流回水泵，没有经过散热器散热。应更换或安装新的节温器。节温器的测试如图5-7所示。

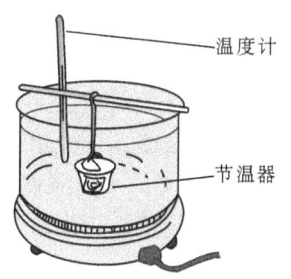

图5-7 节温器的测试

如果发动机已达到正常工作温度后，散热器下水管的温度仍明显低于上水管，则可能是节温器的阀门开启太小，或散热器有堵塞，也可能是水泵工作不良。此时应先检查散热器的散热管是否在上、下水室之间均匀地降温,如果温度分布不均匀,则为散热器堵塞,应清洗或更换新的散热器。否则应拆检节温器,如果散热器和节温器均正常,则为水泵故障,其叶片已严重腐蚀,应拆检更换水泵。

第三节　节温器与散热器

一、节温器

一般水冷系统的冷却液都是由发动机的机体流进,从气缸盖流出。因此大多数节温器布置在气缸盖出水管路中。这种布置方式的优点是结构简单,容易排除冷却系统中的气泡;缺点是节温器在工作时会产生振荡现象。

节温器在短时间内反复开闭的现象称为节温器振荡。当出现这种现象时,将增加汽车的燃油消耗量。

节温器也可以布置在散热器的出水管路中。这种布置方式可以减轻或消除节温器振荡现象,并能精确地控制冷却液温度,但其结构复杂,成本较高。

蜡式节温器如图5-8所示。

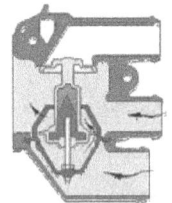

a) 实物　　b) 节温器阀关闭　　c) 节温器阀打开

节温器是控制冷却液流动路径的阀门。蜡式节温器有单阀型及双阀型,图中是单阀型蜡式节温器

图5-8　蜡式节温器

维修：蜡式节温器的安全寿命一般为50000km汽车行驶里程。因此要求按照其安全寿命定期更换。

用温度可调式恒温加热设备检查节温器主阀门的开启温度、全开温度及升程,其中有一项不符合规定值,则应更换节温器。例如：桑塔纳JV发动机的节温器,其主阀门的开启温度为(87±2)℃,全开温度为(102±3)℃,全开升程>7mm。

水冷系统的故障现象主要表现在冷却液温度不正常(过低或过高)和冷却液泄漏(内漏或外漏)等两个方面。

水冷系统分为大循环和小循环两种循环方式,如图5-9所示。

二、散热器

散热器按其中冷却液流动的方向不同,分为纵流式、横流式两类,如图5-10所示。
大多数新型轿车均采用横流式散热器。
散热器由进水室、出水室和散热器芯等部分组成。

第五章 冷却系统

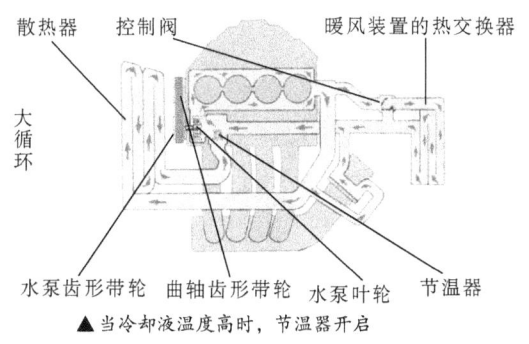
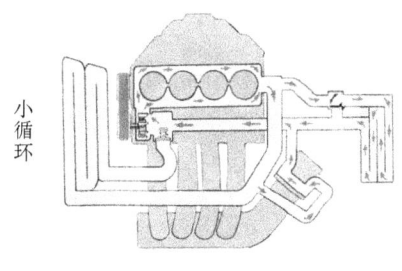

▲当冷却液温度高时，节温器开启　　　　　▲当冷却液温度低时，节温器关闭

图5-9　水冷系统大、小循环示意图

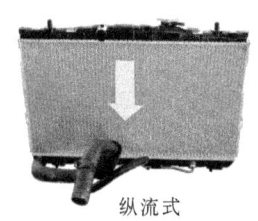

纵流式　　　　　　　横流式

图5-10　散热器按冷却液流动方向分类

散热器芯　有管带式、管片式、板式三种结构形式，如图5-11所示。

1）管片式散热器芯由散热管和散热片组成。

2）管带式散热器芯由散热管及波形散热带组成。散热管为扁管的并与波形散热带相间地焊在一起。

3）板式散热器芯的冷却液通道由成对的金属薄板焊合而成。

管片式及管带式散热器芯有单列、双列及三列散热管之分。双列散热管散热器能在有限的空间内获得最好的散热效果，因此在轿车上获得了广泛的应用。

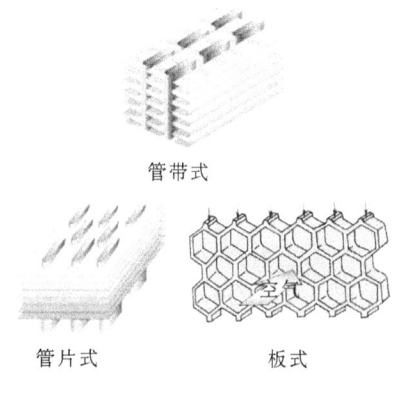

图5-11　散热器芯不同结构形式

如图5-12所示，补偿水箱由塑料制造并用软管与散热器加冷却液口上的溢流管连接。当冷却液受热膨胀时，部分冷却液流入补偿水桶；而当冷却液降温时，部分冷却液又被吸回散热器，所以冷却液不会溢失。

在补偿水箱的外表面上刻有两条标记线："低"线和"高"线，补偿水箱内的液面应位于两条标记线之间。若液面低于"低"线时，应向补偿水箱内补充冷却液。在向补偿水箱内添加冷却液时，液面不应超过"高"线。

散热器盖如图5-13a所示，其作用是密封水冷系统并调节系统的工作压力。

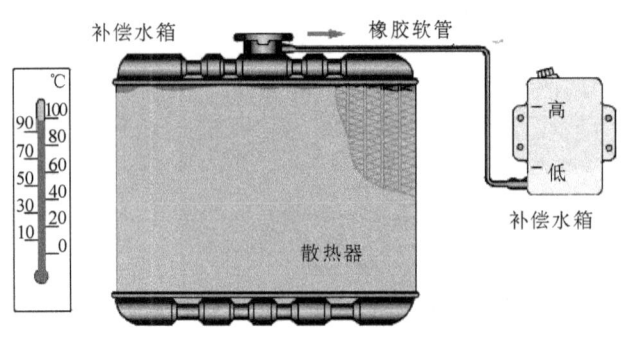

图5-12 补偿水箱

将散热器盖拧在测试器上,用手推测试器,直至水蒸气阀打开为止。水蒸气阀应在压力为 0.026~0.037MPa 时打开,若压力低于 0.026MPa,应更换散热器盖。

有些货车和大客车发动机在散热器前面装有百叶窗,其作用是通过改变吹过散热器的空气流量来调节发动机的冷却强度,以保证发动机经常在适当的温度范围内工作。

a) 散热器盖　　b) 百叶窗

图5-13 散热器盖和百叶窗

百叶窗如图5-13b所示,可由驾驶人通过驾驶室内的手柄来操纵其开闭,也可用感温器自动控制。

三、维修

1. 节温器修理

将节温器浸入水容器中,并逐步加热提高冷却液温度,检查阀门的开启温度和阀门的提升情况。节温器有低温型和高温型两种。低温型在 80~84℃ 时,阀门开始开启,在 95℃ 时提升升程应大于 8mm。高温型在 86~90℃ 时,阀门开始开启,阀门 100℃ 时提升升程应大于 8mm。当升程在 8mm 以下时就不能继续使用,应更换。

2. 散热器有堵塞或破裂

早期的散热器上、下水室及散热管均为铜质,这种散热器如有堵塞,可将上、下水室和散热器芯接合处的焊锡熔化后拆下上、下水室,把堵塞的散热器芯浸在水中,用长条形薄钢片或长钢丝对堵塞的散热管进行疏通,然后将上、下水室重新焊回。上、下水室如有破漏,可用锡焊修复,破漏处较大时,可用铜皮搪锡后,对破漏处进行锡焊修补。散热管如有破漏,可将散热片剪开后用烙铁直接焊修。如果个别散热管破损严重,可裁去后焊上新管,或将损坏的散热管压扁焊死,但这样会降低散热器的散热效率,因此堵掉的散热管应不多于三根。

现代汽车散热器的上、下水室均由工程塑料制成,其和散热器芯的接合处为铆合结构,并靠橡胶密封垫保持密封。这种散热器如有堵塞,可将铆合在散热器芯上的上、下水室拆下，对散热器芯进行疏通，更换新的橡胶密封垫后，将上、下水室重新铆合在散热器芯上。散热器的上、下水室如有破漏，可用塑料焊枪焊修或用环氧树脂胶修补。这种散热器的芯管通常为铝质，不易焊修，如有破漏，应更换散热器总成。

散热器的主要维修内容是：清堵、焊漏和整形，以及水冷却系统的密封检查。散热器外部一般采用机械疏通或用压缩空气、高压水流冲洗的方法清理。

散热器内部水垢堵塞的清理，可利用酸类物质与水垢的化学反应，使水垢变成可溶于水的物质而清除掉。清洗时，最好采用循环法，即先用酸性溶液洗涤，然后用碱性溶液冲洗中和。清洗时，清洗液以一定的压力（一般为 10kPa）在水套和散热器内循环，时间一般为 3~5min。

第四节　冷　却　风　扇

冷却风扇如图 5-14 所示，其置于散热器后面。

冷却风扇的功用：当风扇旋转时吸进空气使其通过散热器，以增强散热器的散热能力，加快冷却液的冷却速度。

水冷系统只有 25% 的时间需要风扇工作，所以根据发动机的热状况随时对其冷却强度加以调节就显得十分必要了。在风扇带轮与冷却风扇之间安装硅油风扇离合器是实现这种调节的方法之一。

很多轿车发动机的水冷系统采用

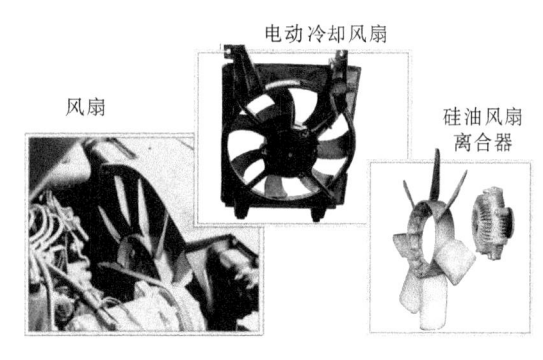

图 5-14　冷却风扇

电动风扇，尤其横置发动机前轮驱动的汽车更是如此。电动风扇由风扇电动机驱动并由蓄电池供电，所以风扇转速与发动机转速无关。

在有些电控系统中，电动风扇由计算机控制。冷却液温度传感器向计算机传输冷却液温度的信号。当冷却液温度达到规定值时，计算机使风扇继电器接地，继电器触点闭合并向风扇电动机供电，风扇进入工作。

1. 硅油风扇离合器的检查

在发动机过热的情况下，可通过观察双金属感温片的外末端处，先从固定槽内把离合器的盘簧撬出，然后逆时针方向转动盘簧，直到感觉被卡住为止，不得使盘簧外端转过止动处。然后测量盘簧外末端与固定槽之间的距离应为 13mm。如果轴不随盘簧的转动而转动，即阀片不能打开从动板上的进油孔，则表明该离合器已损坏，应解体、清洁润滑阀片轴或更换新的硅油风扇离合器。检查后，将盘簧的外末端压入固定槽内。

2. 电动冷却风扇不转的原因及排除

如果电动冷却风扇在发动机冷却液温度升高到规定温度后没有及时运转，会导致发动机冷却液温度过高，甚至出现冷却液沸腾的现象。对于不同牌号的汽车或同一牌号不同年份生产的汽车，其电动冷却风扇的控制电路都不完全相同，因此在检修电动冷却风扇不转的故障时，应参照该车型维修手册中的内容和诊断程序。一般车型的电动冷却风扇控制电路的原理如图5-15所示。安装在发动机水道或散热器上的冷却液温度开关和汽车空调开关，通过继电器共同控制冷却风扇电动机，在发动机冷却液温度达到规定数值时或开启汽车空调时，电动冷却风扇电动机都会运转。若发动机冷却液温度升高后，电动冷却风扇没有运转，其原因可能是风扇电动机的故障，也可能是继电器、冷却液温度开关或电路方面的故障，可按下述步骤进行诊断：

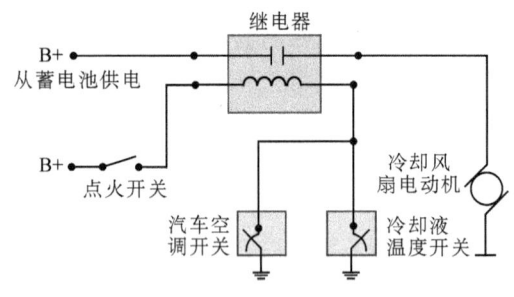

图5-15　由冷却液温度开关控制的电动冷却风扇

1）找到电动冷却风扇继电器，将继电器拔下，用试灯检查继电器插座上触点电源的插孔上有无12V电压。如果没有电压，应检查电源熔丝或检修电源线路。若有电压，可用一条电线将继电器插座上触点的两个插孔短接，同时察看电动冷却风扇有无运转，如果没有运转，则可能是风扇电动机有故障，也可能是继电器到风扇电动机的线路或风扇电动机的搭铁线有故障。

2）打开点火开关后，用试灯检查继电器插座上接继电器线圈的插孔上有无电流，如没有电流，应检查点火开关到继电器插座的线路。

3）安装好电动冷却风扇继电器，将冷却液温度开关上的线束插头拔下，打开点火开关后将冷却液温度开关的接线接地（如果插头内只有一个插孔）或将线束插头内的两个插孔短接，如果此时风扇运转，说明继电器及风扇电动机是正常的，冷却液温度升高后，电动冷却风扇没有运转的原因是冷却液温度开关有故障，应更换冷却液温度开关。

4）如果在步骤3）中风扇没有运转，应检查继电器，如果继电器是正常的，则是继电器到冷却液温度开关的线路有断路，应检修。

第六章

供 给 系 统

第一节 汽车燃料简介

1. 汽油

汽油是现在汽车广泛使用的一种燃料,从石油中提炼而成,是一种碳氢化合物的复杂混合物。汽油的牌号通过辛烷值来区分,辛烷值越高,抗爆燃性就越高。普通汽油的标准辛烷值范围是85~90,高级汽油的辛烷值范围是90~95。

2. 柴油

柴油也是一种碳氢化合物的混合物,从石油中提炼而成。

柴油有三个重要的特性:十六烷值、终馏点及含硫量。十六烷值是柴油发火性指标。十六烷值越高,柴油的发火性越好。

柴油分为1-D号和2-D号两类,1-D号柴油具有最低的挥发性,这些柴油的始凝点和凝点也最低。2-D号柴油比1-D号柴油拥有较高的挥发性,常用于高速柴油发动机。

3. CNG

CNG是压缩天然气(Compressed Natural Gas)的缩写,它的主要成分是甲烷。它是把天然气加压后装在高压气瓶中放在车上,相当于普通汽车的燃油箱,气瓶中的气体压力一般为21MPa。

天然气的热值和辛烷值均较高,它作为发动机的燃料,除能保持原发动机的功率外,还有利于提高发动机的压缩比。以天然气和柴油作燃料的双燃料发动机,一般以柴油机作为基础,当用气体燃料时,柴油就起引燃作用。天然气是一种比较洁净的能源,排放低,输送和使用比较方便。

4. LPG

LPG是液化石油气(Liquefied Petroleum Gas)的缩写,是从石油提炼汽油这一生产过程中得到的产品。它是由丙烷或者丁烷或者两种气体混合而成的,在加压下以液态储存。目前国内所使用的液化石油气除含丙烷和丁烷外,还含有丙烯和丁烯等。液化石油气本身是无色无味的,但是因为它一旦泄漏可能会造成事故,所以一般在液化石油气中都要添加臭味剂,使人容易觉察而提高警觉。液化石油气(LPG)比空气重,不像压缩天然气(CNG)比空气轻。

5. 其他

汽车燃料除以上产品外,还有几种被看好的产品:

乙醇汽油(E10):如图6-1所示,乙醇汽油是按90%汽油和10%乙醇混合而成的一种发动机燃料。

含氧燃料:含氧燃料就是在汽油中添加一定数量的含氧添加剂,如乙醇、甲醇、MTBE 或 ETBE 等。提高汽油中氧的含量,可减少汽油燃烧时产生的一氧化碳排放物。

乙醇:俗称酒精燃料,它是一种非常环保和清洁的燃料,燃烧时产生的污染排放物很少。

图 6-1 乙醇汽油

第二节 燃油输送系统

一、燃油输送系统的构造

1. 燃油箱/燃油箱盖

燃油箱(图6-2)用来储备汽车运行所需的额外燃油。燃油箱通常位于汽车后底部,在后置发动机的汽车上,它位于汽车前部。燃油箱必须装在车架旁边并且要避免受到撞击。

燃油箱由薄钢板或塑料制成。薄钢板上镀有铅锌合金,用来防止汽油腐蚀燃油箱或使燃油箱生锈。燃油箱内有几处隔板,这些隔板的作用是防止燃油在燃油箱内四处晃动和飞溅。在汽车进行快速起步、停车以及转弯等操作时,隔板有助于限制燃油的流动。

图 6-2 燃油箱

燃油箱盖的作用:①它可以防止燃油从燃油箱中溢出;②它可以释放燃油被发动机吸走时所产生的真空;③它可以在防止燃油蒸气直接进入大气的同时,释放压力。

2. 燃油滤清器

1)**功用**:燃油滤清器安装在燃油箱与燃油泵之间,用以滤除燃油中的水分和杂质。

2)它主要有两种,分别是用在货车和客车上的**可拆式燃油滤清器**和用在轿车上的**不可拆式燃油滤清器**。

燃油滤清器(图6-3)的滤芯形式除纸质滤芯外,还有金属片缝隙式滤芯和多孔陶瓷滤芯。

3. 燃油泵

燃油泵(图6-4)的作用是将燃油从燃油箱内输送给喷油器。汽油机燃油泵有机械式和电动式的。柴油机采用的是复杂的高压燃油泵。

1)机械式燃油泵:由凸轮轴上特殊形状的凸轮凸角驱动。随着凸轮轴转动,凸轮上下推动摇杆,形成一个泵动作用。真空将燃油从燃油箱中吸出,然后送往燃油系统。

2）膜片式燃油泵：其内部使用膜片来产生移动燃油所需的吸力或压力。单向阀的作用是保持燃油按正确的方向流动。

一些机械燃油泵上有一根小的连接管，称为蒸气返回管。这根管的作用是将泵内形成的燃油蒸气送回燃油箱。

3）电动燃油泵与机械燃油泵相比：①通电后，电动燃油泵可以独立地运转，而机械式燃油泵在输送燃油前，发动机必须发动或运转；②电动燃油泵的安装位置可以距离发动机更远，可以减少气阻的风险；③电动燃油泵消耗更小的摩擦功率；④电动燃油泵能比机械式燃油泵产生更高的压力。

图 6-3 燃油滤清器

常见的电动燃油泵有波纹管式和叶轮叶片式。后者在现代汽车上应用最多。叶片式电动燃油泵根据泵体结构不同可分为滚柱泵、齿轮泵和涡轮泵等。滚柱泵是电动燃油泵中最常用的结构形式。

4. 燃油压力调节器

燃油压力调节器(图 6-5)安装在燃油分配总管的一端，其作用是保证喷油器喷油压力与进气管压力之差为恒定值。这样，喷油器的喷油量就只与喷油时间有关，ECU 通过控制喷油时间来控制喷油量。

图 6-4 燃油泵

脉动阻尼器：由于燃油泵输出压力周期性变化和喷油器喷油是脉冲式的，使燃油总管内的压力出现脉动。燃油压力脉动阻尼器的作用是减小燃油管路中油压的波动，降低噪声。

燃油输送系统包括燃油箱、燃油管、燃油泵、燃油滤清器、燃油分配器、燃油压力调节器和喷油器，如图 6-6 所示。

燃油系统将燃油储存在燃油箱中并准备输送给发动机。燃油储存在燃油箱中，供发动机在需要时使用。燃油泵有电动和机械两种类型，可将燃油从燃油箱中吸出，然后送到燃油分配器，最后经喷油器喷射至进气室/歧管或气缸中。

图 6-5 燃油压力调节器

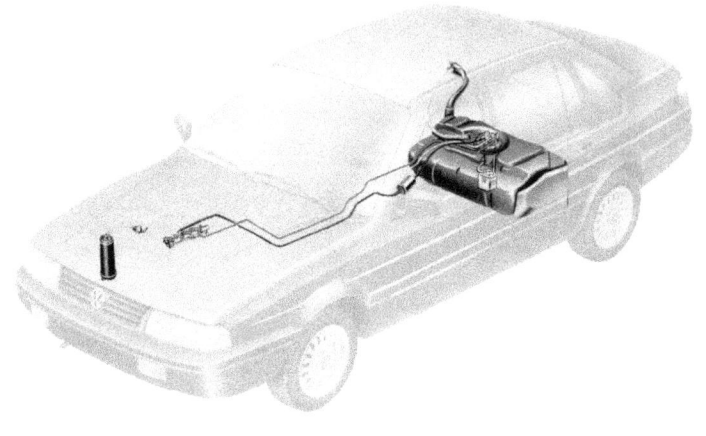

图 6-6 燃油输送系统

5. 喷油器

电磁喷油器(图6-7)是电控燃油喷射系统的一个重要的执行器,将在发动机电控系统的执行器中详细介绍它。它根据ECU发来的喷油脉冲信号,精确地计量燃油喷射量。

二、燃油泵主要零件的拆检与修理

燃油泵最常见的故障是供油压力不足或不供油,这可能是由于摇臂磨损严重,进、出油阀关闭不严,接合面不平整,泵膜及泵膜弹簧有问题。有故障的燃油泵应全部拆散、彻底清洗,然后对各零件进行检验并修复。

图6-7 电磁喷油器

1. 就车检查电动燃油泵是否工作的方法

1)打开燃油箱盖,然后打开点火开关(不要起动发动机),在燃油箱口处仔细听有无电动燃油泵运转的声音。如在打开点火开关后,能听到电动燃油泵运转3~5s后又停止,说明电动燃油泵工作正常。

2)若在燃油箱口处听不清电动燃油泵运转的声音,可以在打开点火开关或起动发动机后,在发动机上方仔细听有无"嘶嘶"的燃油流动声,也可以用手检查进油软管有无压力(图6-8)。如有"嘶嘶"的燃油流动声,或进油软管有压力,说明电动燃油泵工作正常。

3)拆下发动机进油管,打开点火开关或起动发动机,此时若油管内有大量汽油流出,说明电动燃油泵工作正常。

电动燃油泵能运转,并不能说明其工作完全正常,还应通过测量电动燃油泵的最大供油压力和保持压力来判断其有无泵油压力过低、出油单向阀泄漏等故障。

2. 就车测量电动燃油泵最大压力和保持压力的方法

1)释放燃油系统的油压。

2)拆下蓄电池负极电缆。

3)将油压表接在燃油管路上,并将出油口塞住(图6-9)。

图6-8 电动燃油泵的检查　　　　图6-9 电动燃油泵最大供油压力的测量

4)接上蓄电池负极电缆。

5)用一根导线将电动燃油泵的两个检测插孔短接。

6)打开点火开关,持续10s左右(不要起动发动机),使电动燃油泵工作,同时读出油压表的压力，该压力称为电动燃油泵的最大供油压力。它应当比发动机运转时的燃油压力高200~300kPa，通常可达490~640kPa。如不符合标准值，说明电动燃油泵性能不良，有可能导致电喷发动机动力不足等故障，应更换电动燃油泵。

7）关闭点火开关，5min后再观察油压表压力，此时的压力称为电动燃油泵的保持压力。其值应大于340kPa。如不符合标准值，说明电动燃油泵出油口处的单向阀有泄漏，此故障有可能导致电喷发动机起动困难，应更换电动燃油泵。

8）释放燃油系统的油压。

9）拆下蓄电池负极电缆。

10）拆下油压表。

11）接好燃油管道。

12）接上蓄电池负极电缆。

13）预置燃油系统的油压。

3. 电动燃油泵拆下后的检查方法

1）用万用表测量电动燃油泵两接线柱之间的电阻。如正常应能导通，其电阻值应为2~3Ω。

2）用蓄电池电源短时间加在电动燃油泵两接线柱上，如正常应能听到电动燃油泵转子高速转动的声音。

3）将电动燃油泵浸在汽油桶内，用专用导线连接蓄电池和电动燃油泵；接通电源后，电动燃油泵出油口应有大量高压汽油泵出。进行此项检验时要注意安全，应在通风良好处进行；电动燃油泵接线要牢固；蓄电池要远离电动燃油泵；最好使用非可燃性的专用喷油嘴检验液代替汽油。

以上检验如有异常，应更换电动燃油泵。电动燃油泵总成的分解如图6-10所示。

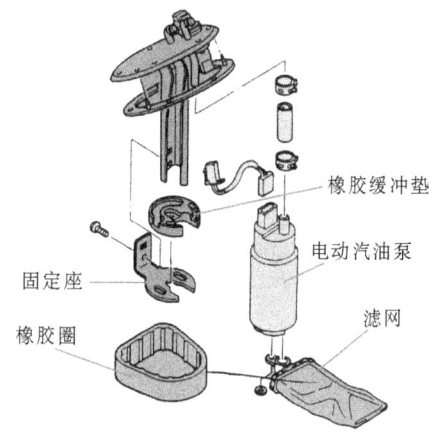

图6-10 电动燃油泵总成的分解

三、燃油压力调节器的检修

燃油压力调节器的故障主要有：油压调节不当、阀门关闭不严、真空膜片破裂等。

1）油压调节不当会导致油压过高或过低，油压过高可能造成发动机油耗增加、怠速不稳、排气冒黑烟等故障；油压过低可能造成发动机动力不足，起动困难等故障。

2）油压调节器阀门关闭不严会造成燃油管路中的保持压力过低，影响发动机的起动性能。

3）油压调节器的真空膜片破裂会使燃油经真空软管漏至进气管，造成油耗过高、排气冒黑烟、发动机起动困难等故障。

四、喷油器的检修

1. 喷油器工作声音的测听

1）发动机热车后使其怠速运转。

2）用旋具或听诊器测听各缸喷油器工作的声音。

① 在发动机运转时，应能听到喷油器有节奏的"嗒嗒"声，这是喷油器正常工作声（可用拔掉喷油器线束插头后测听响声是否消失的方法，来确认是否为喷油器工作的声音）。若各缸喷油器工作声音清脆均匀，则说明各喷油器工作正常。

② 若某缸喷油器的工作声音很小，则说明该喷油器工作不正常，可能是针阀卡滞，应做进一步的检查。

③ 若听不见某缸喷油器的工作声音，说明该喷油器不工作。对此，应检查喷油器控制线路或测量喷油器电磁线圈电阻。若控制线路及电磁线圈正常，则说明喷油器针阀完全卡死，应更换喷油器。

2. 断缸检查

1）发动机热车后使其怠速运转。

2）依次拔下各缸喷油器的线束插头，使喷油器停止喷油，进行断缸检查。

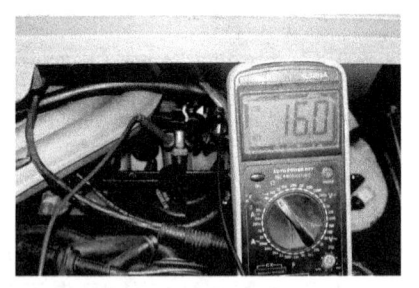

① 若拔下某缸喷油器线束插头后，发动机转速有明显下降，则说明该喷油器工作正常。

② 若拔下某缸喷油器线束插头后，发动机转速无明显下降，则说明该缸不工作或工作不良，应做进一步的检查。

3. 喷油器电磁线圈电阻的测量

1）拔下喷油器线束插头。

图 6-11 喷油器电阻的测量

2）用万用表测量喷油器两接线柱间的电阻（图 6-11）。如正常，应能导通，其电阻应为 12~16Ω（高阻抗型）或 3~5Ω（低阻抗型）。

3）测量结束后，插好喷油器线束插头。

第三节 汽油燃烧与空燃比

一、汽油燃烧过程与爆燃的产生

正常燃烧大约分为两个阶段：第一阶段是**发火期**（图 6-12a），即从火花塞产生火花，促使火花附近的混合气急剧氧化，温度升高到出现第一个火焰；第二阶段是**火焰推进期**（图 6-12b），此时活塞在上止点附近，火焰前锋以 30~70m/s 的速度逐渐向四周推进，直到最远处，气缸内的压力和温度很快升高，直到可燃混合气烧完为止。

在火焰推进中，由于气缸温度、压力的影响，在未燃部分的混合气中生成大量不稳定的过氧化合物，在火焰前锋尚未到达时自燃，形成许多新的燃烧中心，同时放出大量热量，其火焰传播速度可达 800~1000m/s，产生强烈的压力波，冲击气缸产生金属敲击声，这种不正常燃烧称为爆燃。爆燃将导致发动机功率下降、油耗增加、发动机过热、排气管冒黑烟，甚至造成零件损坏。车用汽油应有抵抗爆燃发生的能力，这就称为汽油的抗爆燃性。

我国和大多数国家用研究法辛烷值（RON）划分车用汽油牌号，主要有90、93和97三个牌号。牌号越大，抗爆燃性越好。

二、空燃比

汽油经过雾化、蒸发与空气按一定比例混合的混合气称为可燃混合气。可燃混合气中汽油含量称为可燃混合气浓度。混合气浓度用空燃比"R"和过量空气系数"α"表示。

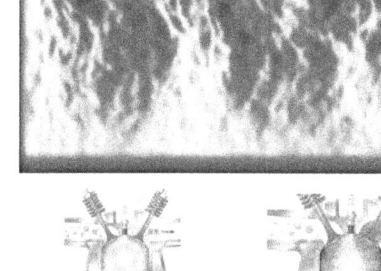

a) 发火期　　　b) 火焰推进期

图6-12　汽油燃烧过程

$$R = \frac{空气质量(kg)}{燃油质量(kg)}$$

$$\alpha = \frac{燃烧过程中实际供给的空气质量(kg)}{理论上完全燃烧时所需要的空气质量(kg)} = \frac{实际空燃比}{理论空燃比}$$

理论上1kg汽油完全燃烧需要14.7kg空气。空燃比$R=14.7$（$\alpha=1$）的混合气称为标准混合气（也称理论混合气）；$R<14.7$（$\alpha<1$）的混合气称为浓混合气；$R>14.7$（$\alpha>1$）的混合气称为稀混合气。

不同的可燃混合气浓度对发动机动力性和经济性的影响如下：

1）标准混合气（$R\approx15$）：这是理论上推算的完全燃烧的混合比，实际上由于气缸中混合气的成分（浓度）不可能均匀分布和气缸中有残留废气阻碍汽油分子与空气分子结合，结果动力性与经济性都稍差。

2）浓混合气（$R=13\sim14$）：由于汽油分子较多，可保证汽油分子迅速与空气分子结合而燃烧。燃烧速度快，热损失少，发出功率大，动力性好，称功率混合气。但有多余汽油分子没有燃烧，因而经济性较差。

3）稀混合气（$R=16\sim17$）：由于汽油分子少，燃烧时火焰传播速度慢，热损失大，因此功率小，动力性较差。但是较多的空气分子会使汽油燃烧完全，经济性最好，称经济混合气。

4）过浓混合气（$R=6.5\sim13$）：动力性和经济性都差。因空气严重不足，燃烧速度过低，燃烧很不完全，废气中含有大量CO和游离碳原子，使排气管冒黑烟，甚至没有燃烧的汽油在排气管内燃烧，造成排气管放炮现象。

5）过稀混合气（$R=17\sim20$）：动力性和经济性都差。因汽油严重不足，燃烧速度过低，燃烧时间长，以致燃烧延续到进气门提前开启时，造成回火，并产生爆炸声和发动机过热现象。

6）燃烧极限：$R=6$是燃烧上极限，$R=21$是燃烧下极限。这两种混合气都因浓度过大或过小，使火焰无法传播而不能燃烧。

发动机工况是发动机工作情况的简称。它包括发动机的负荷和转速情况。负荷的大小多用节气门开度的百分数表示，全负荷时节气门全开（100%），半开为中等负荷，其间有许多个工况。发动机有起动、急速、中等负荷、全负荷和加速等工况。

1) 起动：节气门开度稍大，需浓混合气 $R=7\sim9$（$\alpha=0.4\sim0.6$）。

2) 急速：节气门开度很小，发动机以无负荷最低稳定转速运转，需浓混合气 $R=9\sim12$（$\alpha=0.6\sim0.8$）。

3) 中等负荷：节气门开度在25%~85%都是中等负荷，需要由浓到稀的混合气 $R=13.5\sim16.5$（$\alpha=0.9\sim1.1$），发动机大部分时间在中等负荷下工作。

4) 全负荷：节气门开度在85%~100%需要浓混合气 $R=14\sim13$（$\alpha=0.95\sim0.85$）。

5) 加速：节气门突然开大，只有在瞬时加浓混合气，及时供给浓混合气，才能迅速提高发动机转速。

第四节　汽油机电喷系统

一、分类

1. 按控制方式分类

按控制方式，电喷系统可分为机械控制式、机电结合式和电子控制式，如图6-13所示。

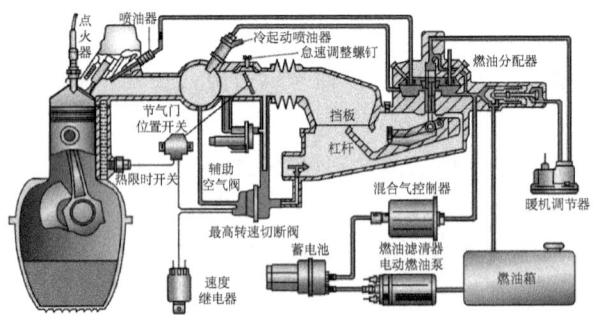

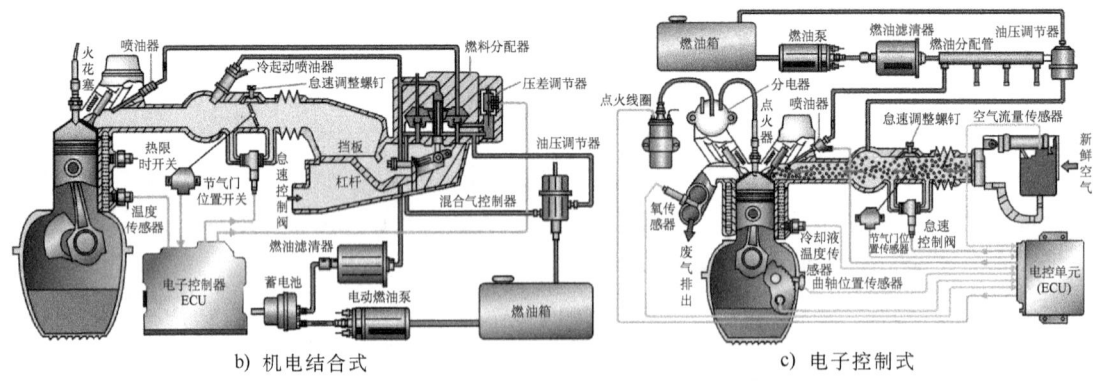

图6-13　不同控制方式的电喷系统

2. 按喷油器布置方式分类

按喷油器布置方式，电喷系统可分为进气管喷射、缸内喷射、单点喷射和多点喷射，如图6-14所示。

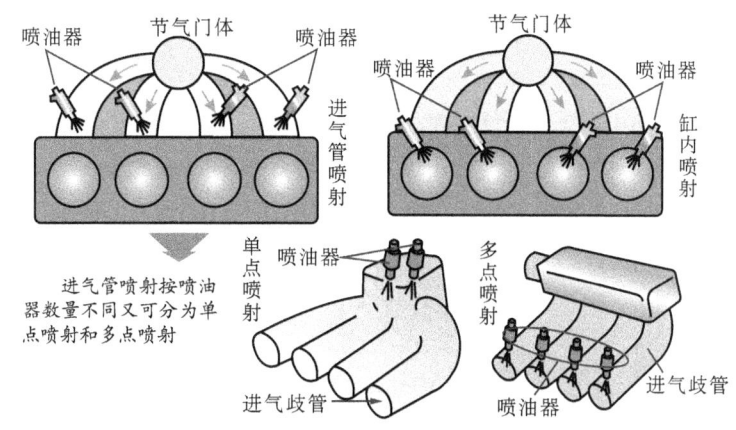

图 6-14 喷油器的几种布置方式

3. 按进气量的计量方式分类

按进气量的计量方式不同,电喷系统可分为 D 型和 L 型,如图 6-15 所示。

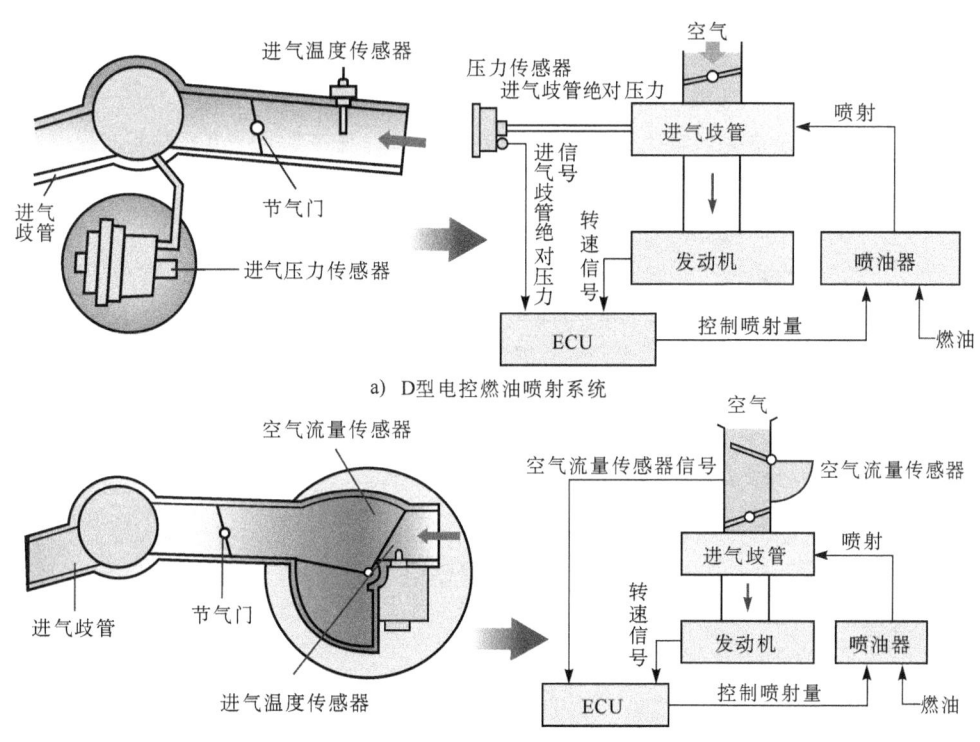

图 6-15 进气量的两种计量方式

4. 按喷射时间分类

同时喷射如图 6-16a 所示,将各缸的喷油器并联,在发动机运转期间,所有喷油器由计算机的同一个喷油指令控制,同时喷油、同时断油。对各缸而言,喷油时刻不可能都是最佳的，其性能较差，一般用在部分缸数较少的汽油发动机上。

分组喷射如图 6-16b 所示，将各缸的喷油器分成几组，同一组的喷油器同时喷油或断油。

顺序喷射如图 6-16c 所示，各喷油器由计算机分别控制，按发动机各缸的工作顺序喷油。多缸发动机电控燃油喷射系统采用分组喷射或顺序喷射方式较多。

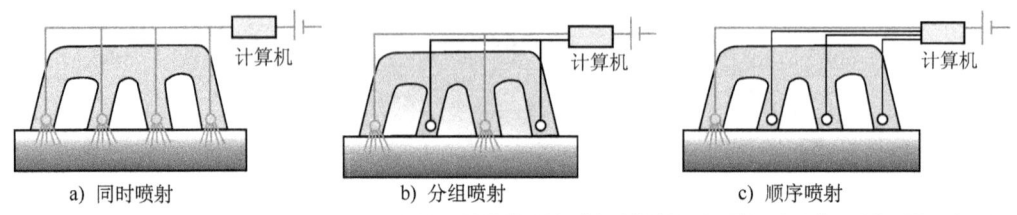

图 6-16 不同喷射时间的电喷系统

5. 按有无反馈信号分类

按有无反馈信号，电喷系统可分为开环、闭环控制，如图 6-17 所示。

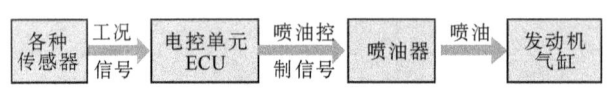

a) 开环控制示意图

工作原理：它是将通过实验确定的发动机各工况的最佳供油参数预先存入计算机，在发动机工作时，计算机根据系统中各传感器的输入信号，判断自身所处的运行工况，并计算出最佳喷油量，通过对喷油器喷射时间的控制，来控制混合气的空燃比，使发动机优化运行。

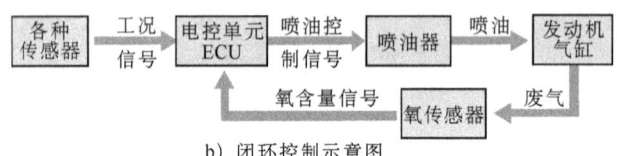

b) 闭环控制示意图

工作原理：在该系统中，发动机排气管上加装了氧传感器，根据排气中氧的质量分数的变化，判断实际进入气缸的混合气空燃比，再通过计算机与设定的目标空燃比值进行比较，并根据误差修正喷油器喷油量，使空燃比保持在设定的目标值附近。

图 6-17 开环控制与闭环控制

二、组成

电喷系统由燃油供给系统、空气供给系统和电子控制系统三大系统组成，如图 6-18 所示。

三、基本原理

电喷系统的工作原理：

1）发动机电控单元接收进气流量或进气歧管绝对压力、发动机转速、冷却液温度、进气温度、节气门位置等传感器输入的信号。

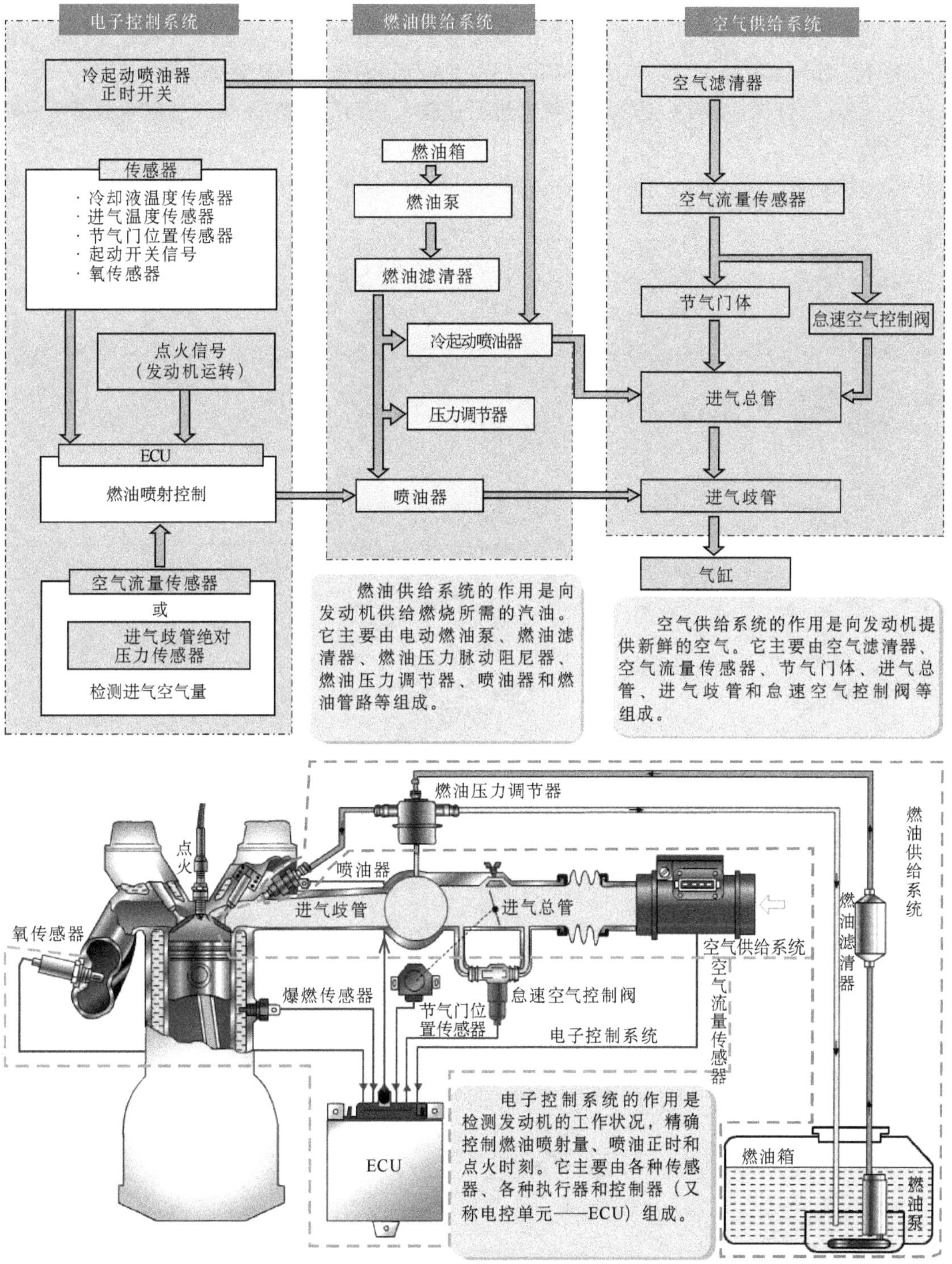
电子控制系统
燃油供给系统
空气供给系统
冷起动喷油器正时开关
传感器
·冷却液温度传感器
·进气温度传感器
·节气门位置传感器
·起动开关信号
·氧传感器
点火信号（发动机运转）
ECU
燃油喷射控制
空气流量传感器
或
进气歧管绝对压力传感器
检测进气空气量
燃油箱
燃油泵
燃油滤清器
冷起动喷油器
压力调节器
喷油器
空气滤清器
空气流量传感器
节气门体
怠速空气控制阀
进气总管
进气歧管
气缸
燃油供给系统的作用是向发动机供给燃烧所需的汽油。它主要由电动燃油泵、燃油滤清器、燃油压力脉动阻尼器、燃油压力调节器、喷油器和燃油管路等组成。
空气供给系统的作用是向发动机提供新鲜的空气。它主要由空气滤清器、空气流量传感器、节气门体、进气总管、进气歧管和怠速空气控制阀等组成。
燃油压力调节器
点火
喷油器
进气歧管
进气总管
氧传感器
爆燃传感器
节气门位置传感器
怠速空气控制阀
电子控制系统
空气供给系统
空气流量传感器
燃油滤清器
燃油供给系统
燃油箱
燃油泵
ECU
电子控制系统的作用是检测发动机的工作状况，精确控制燃油喷射量、喷油正时和点火时刻。它主要由各种传感器、各种执行器和控制器（又称电控单元——ECU）组成。

图 6-18 电喷系统组成图

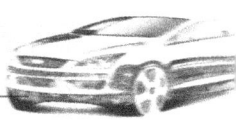

2）进气流量或进气歧管绝对压力信号和转速信号这两个主要参数，决定该工况下的基本燃油供给量和基本的点火提前角。其他各种参数起修正作用，包括冷却液温度、进气温度、大气压力、蓄电池电压、节气门变化速率（加减速）、排气中氧含量等修正参数。

3）ECU 与存储在 ROM 中的参考数据进行比较，从而确定在该状态下发动机所需的喷油量、喷油正时和最佳点火提前角。

电喷系统的输入、处理、输出控制关系如图 6-19 所示。

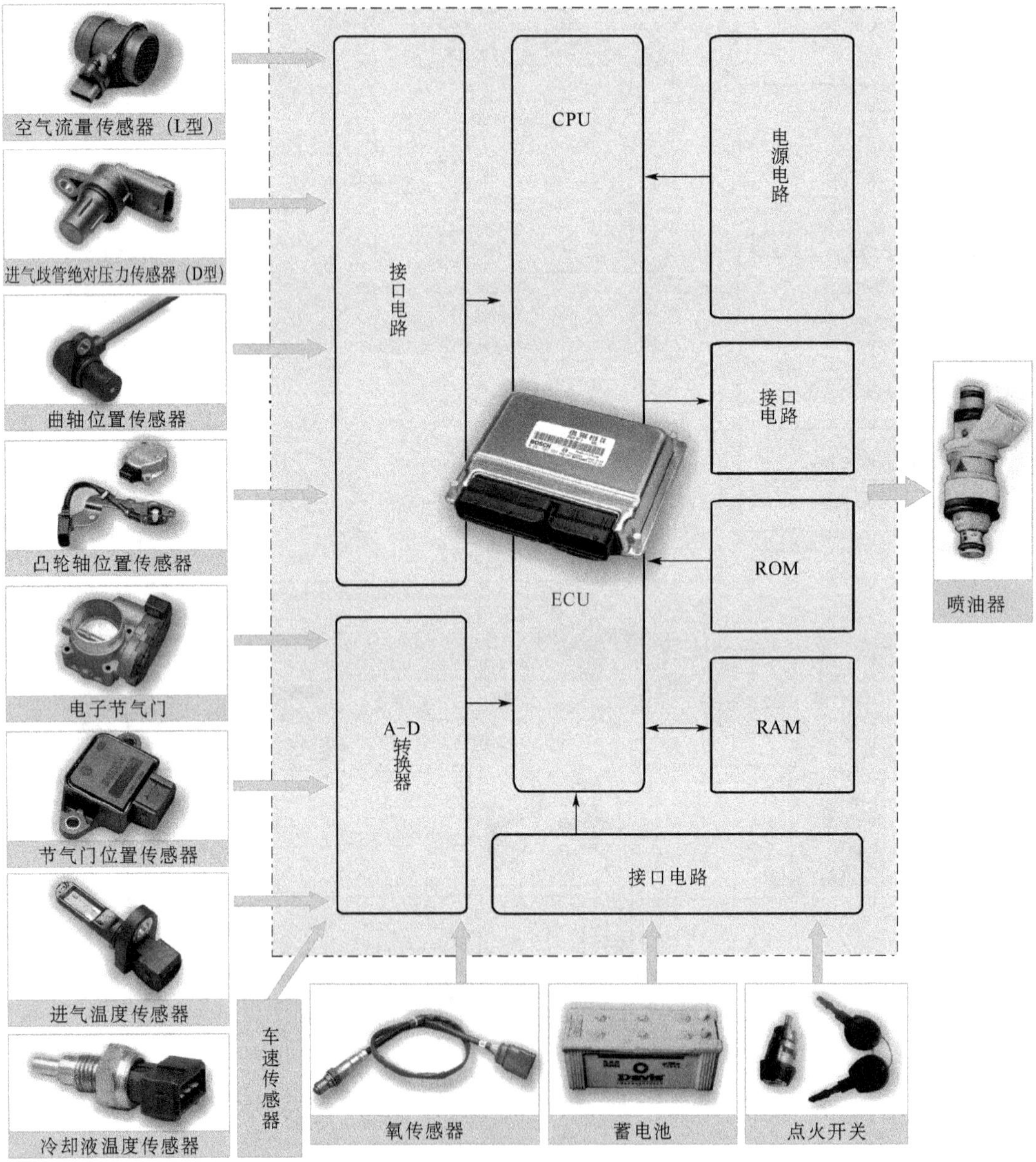

图 6-19　电喷系统的输入、处理、输出控制关系

四、电子控制单元 ECU

（1）汽车电控单元 如图 6-20 所示，电控单元（ECU，Electronic Control Unit）是以微处理器为核心的计算机控制装置。它包括硬件和软件两部分。硬件是计算机系统物理组成的总称，一般由输入接口电路、微处理器和输出接口电路等构成。软件是相对硬件而言的，它主要包括 ECU 运行所需的各种程序、基本数据以及一些工况修正系数的数据存储等。

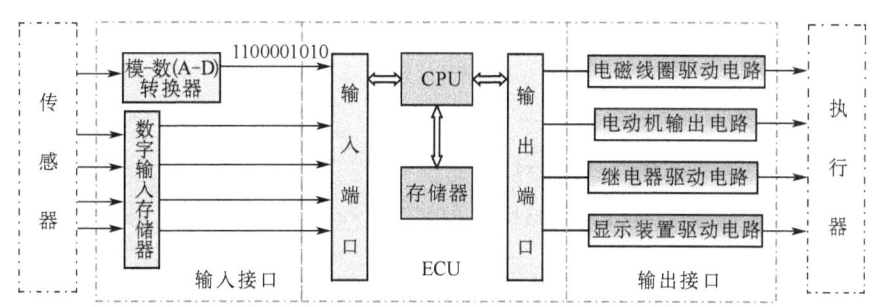

图 6-20 ECU 控制系统基本组成

ECU 实物图如图 6-21 所示。

图 6-21 ECU 实物图

（2）发动机管理系统 发动机管理系统（EMS）是集成燃油喷射、点火提前角和排放控制为一体的发动机控制系统，主要包括控制器、传感器、执行器三大组成部分，如图 6-22 所示。

在以汽油机为动力的现代汽车上，EMS 以其低排放、低油耗、高功率等优点而获得迅速发展，日益普及。

EMS 采用各种传感器，把发动机进气空气量、冷却液温度、发动机转速与加减速等状况转换成电信号，送入控制器。控制器将这些信息与存储信息比较，精确计算后输出控制信

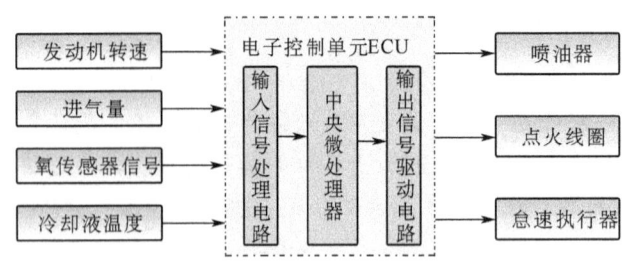

图 6-22　发动机管理系统组成

号。EMS 不仅可以精确控制燃油供给量,以取代传统的化油器,而且可以控制点火提前角和怠速空气流量等,极大地提高了发动机性能。

通过喷油和点火的精确控制,可以降低污染物排放 50%;如果采用氧传感器和三元催化转化器,可以降低排放物 90% 以上。在怠速调节范围内,由于采用了怠速调节器,怠速转速降低 100~150r/min,并使油耗进一步下降 3%~4%。如果采用爆燃控制,在满负荷范围内可提高发动机功率 3%~5%,并可适应不同品质的燃油。

五、发动机电控系统中的传感器

发动机电控系统中的传感器,主要有空气流量传感器(MAF,图 6-23)、进气歧管绝对压力传感器(MAP,图 6-24)、发动机转速/曲轴位置传感器(图 6-25)、节气门位置传感器(TPS,图 6-26)、进气温度传感器(图 6-27)、发动机冷却液温度传感器(图 6-28)、爆燃传感器(图 6-29)、氧传感器(图 6-30)等。

图 6-23　空气流量传感器

图 6-24　进气歧管绝对压力传感器

图 6-25　发动机转速/曲轴位置传感器

概述:传感器也称为转换器,它是一个将物理量转换成电信号的装置。传感器的类型有:开关型传感器、可变电阻型传感器、电位计型传感器、电磁型传感器和电压发生器型传感器等。

1. 空气流量传感器

空气流量传感器主要用来检测发动机的进气量,以使发动机控制单元(ECU)计算并确定喷油量。可分叶片式/翼片式、量心式/卡门旋涡式(按不同检测方式又分为光学检测式与超声波式)、热线式与热膜式,前两者称为体积流量型,后两者称为质量流量型。空气流量传感器一般安装于空气滤清器的后端,节气门体前部。

第六章 供给系统

图 6-26 节气门位置传感器　　图 6-27 进气温度传感器　　图 6-28 发动机冷却液温度传感器

空气流量传感器如图 6-23 所示。

2. 进气歧管绝对压力传感器

在 D 型电控燃油喷射系统中，由进气歧管绝对压力传感器测量进气歧管压力，并将信号输入 ECU，作为燃油喷射和点火控制的主控制信号。按其检测原理可分为压敏电阻式、电容式、膜盒式、表面弹性波式等。在 D 型电控燃油喷射系统中应用最多的是压敏电阻式和电容式两种。

进气歧管绝对压力传感器如图 6-24 所示。

3. 发动机转速/曲轴位置传感器

曲轴位置传感器主要由感应线圈、永久磁铁、软铁心、信号盘、壳体和接线端等组成。信号盘固定于曲轴前端或飞轮盘上，并随曲轴一起转动，每当齿盘转过一个齿时，齿顶切割磁场的磁感线，感应线圈便产生一个脉冲信号，ECU 便按照预定的比率计算出发动机的转速。凸轮轴位置传感器为霍尔效应式传感器，一般安装于凸轮轴附近，与凸轮轴上信号轮共同工作。信号轮对应着发动机活塞上止点位置时，ECU 便通过该传感器测得数字电压信号，以此确定各缸喷油器喷油开始时间。

发动机转速/曲轴位置传感器如图 6-25 所示。

4. 节气门位置传感器

节气门位置传感器（TPS）安装在节气门体上，其输出的模拟电压随节气门的开度而变化。旋转式节气门位置传感器包含一个电位器，其动臂由节气门轴带动旋转，在 ECU 控制的汽油喷射系统中，TPS 安装在节气门体中的节气门轴端。

节气门位置传感器如图 6-26 所示。

5. 进气温度传感器

进气温度传感器是一个 NTC 热敏电阻，该热敏电阻的阻值变化与温度成反比，进气温度低时，电阻值较高；进气温度升高时，电阻值降低。ECU 将 5V 稳压电源通过导线送给热敏电阻，热敏电阻按温度变化送出一个电压信号。

进气温度传感器如图 6-27 所示。

6. 发动机冷却液温度传感器

发动机冷却液温度（ECT）传感器向 ECU 提供一个随冷却液温度变化的模拟信号。这种传感器通常固定在冷却水管上，其下端浸入发动机的冷却液中，其特性与进气温度传感器类似。

发动机冷却液温度传感器如图 6-28 所示。

7. 爆燃传感器

用来控制点火的计算机需要知道发动机点火是否过早,并且是否引起了发动机爆燃。如果发生了轻微爆燃,计算机需要减小点火提前角以消除爆燃。爆燃传感器由压电元件制成,压电元件是一种受到机械挤压时能够产生电信号的晶体。一般安装于发动机气缸盖上。

爆燃传感器如图 6-29 所示。

8. 氧传感器

氧传感器根据排气流中的氧含量向 ECU 输送一个模拟电压信号。浓的混合气使氧传感器产生高电压。氧传感器用螺纹拧在排气歧管中。

氧传感器如图 6-30 所示。

图 6-29 爆燃传感器

图 6-30 氧传感器

除上述八种常见传感器外,还有车速传感器、EGR 传感器、驻车档/空档开关、空调开关、点火信号等传感元件。

六、发动机电控系统中的执行器

发动机电控系统(图 6-31)中,常见执行器有:

1) 空燃比控制(M/C)电磁阀。
2) 冷却风扇继电器。
3) 可变气门正时控制电磁阀。
4) 二次空气喷射泵(AIR)电磁阀。

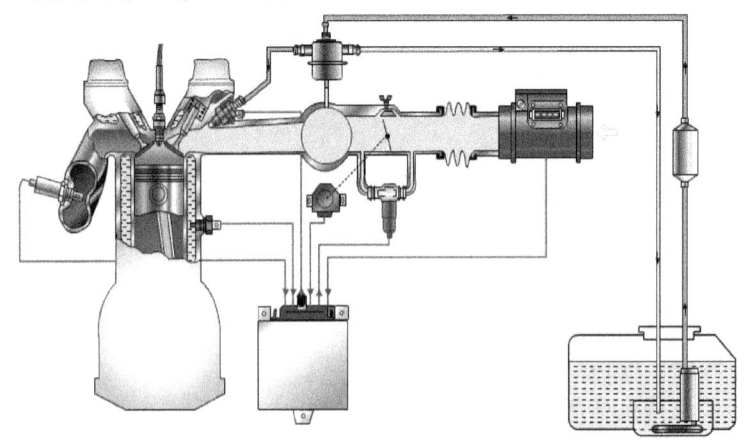
图 6-31 电控系统总图

5) 早期燃油蒸发(EFE)继电器。
6) 废气再循环(ERG)电磁阀。
7) 变矩器离合器(TCC)电磁阀。
8) 怠速控制(ISC)电动机。
9) EVAP 炭罐清污电磁阀。
10) 电控点火正时。
11) 空调压缩机离合器继电器。
12) 怠速负荷调整器。
13) 燃油喷射器电磁阀。

发动机电控系统的主要执行器类型有继电器、电磁阀或电动机。继电器用来控制较大的电流。电磁阀一般用在电流低于 0.75A 的电路中，图 6-32 所示为点火控制电磁阀。电动机通常用来带动如风扇和怠速控制装置等旋转部件的工作，图 6-33 所示为燃油泵电动机。

图 6-32 点火控制电磁阀

图 6-33 燃油泵电动机

1. 进气道喷油器电磁阀

喷油器可以被认为是标准的行程电磁阀，它由电磁阀、针阀和壳体组成。当喷油器工作，PCM 控制的电流流过电磁线圈时，针阀升起，离开阀座，此时具有一定压力的燃油喷入进气歧管。

进气道喷油器电磁阀如图 6-34 所示。

2. 怠速控制电动机

怠速控制(ISC)阀控制怠速时进入发动机的空气量。PCM 控制 ISC 阀的电流，当 ISC 阀工作时，ISC 阀保持一定的开度以维持合适的怠速，在某些 ISC 阀上使用了旋转电动机，这可以使阀的开度控制更精确。

怠速控制(ISC)电动机如图 6-35 所示。

3. 可变气门正时控制电磁阀

可变气门正时系统通常使用两种凸轮轴，一种凸轮的轮廓适用于低速，另一种凸轮的轮廓适用于高速。为了控制不同凸轮轮廓的凸轮轴，从润滑主油道来的压力油被送至凸轮轴。可变正时(VTEC)电磁阀根据凸轮轴的需要控制压力油油路的通断。

4. 冷却风扇继电器

冷却风扇继电器是 PCM 的另一种输出执行器。冷却风扇继电器由计算机控制，继电器控制风扇电动机的工作。电路中有两个继电器，一个控制高速，另一个控制低速。

图 6-34 喷油器电磁阀

图 6-35 怠速控制电动机

七、发动机控制系统主要元件故障对发动机的影响

发动机控制系统主要元件损坏可能引起各种故障现象,现对它们进行总结,见表 6-1。

表 6-1 发动机控制系统主要元件故障对发动机工作的影响

序号	故障元件名称	故障现象
1	ECU	①发动机不能起动;②发动机性能失常
2	点火线圈	①发动机不能起动;②无高压电火花;③次级电压过低
3	点火器(电子开关)	①发动机不能起动;②无高压电火花;③次级电压过低;④怠速时闭合角混乱
4	空气流量传感器(L型)	①发动机起动困难;②发动机性能失常;③怠速不稳;④加速时回火;⑤油耗增大;⑥易爆燃
5	进气歧管绝对压力传感器(D型)	①发动机起动困难;②发动机性能失常;③怠速不稳;④油耗增大
6	大气压力传感器	①发动机性能不佳;②怠速不良
7	节气门	①发动机不能起动或起动困难;②发动机性能不佳
8	节气门位置传感器	①发动机起动困难;②怠速不稳;③发动机性能不佳;④容易熄火
9	进气温度传感器	①发动机性能不佳;②怠速不稳;③容易熄火;④油耗增大;⑤混合气过浓
10	冷却液温度传感器	①发动机起动困难;②发动机性能不佳;③怠速不稳;④容易熄火;⑤油耗增大
11	怠速控制阀	①发动机起动困难;②怠速不稳;③容易熄火
12	怠速步进电动机位置传感器	①发动机怠速不稳;②容易熄火;③加速困难
13	P/N、P/S、A/C 开关	①发动机不能起动;②怠速不稳;③无法实现快怠速;④怠速时易熄火
14	氧传感器	①发动机性能不佳;②怠速不稳;③发动机油耗增大;④排放增大;⑤空燃比不正确
15	曲轴箱通风阀	①发动机不能起动或起动困难;②怠速不稳或无怠速;③加速困难;④油耗增大
16	EGR 阀	①发动机温度过高;②发动机不能起动或起动困难;③发动机无力;④减速熄火;⑤爆燃;⑥油耗增大;⑦发动机过热
17	EGR 阀位置传感器	①发动机性能不良;②怠速不稳;③容易熄火;④排放增大
18	炭罐电磁阀	①发动机性能不佳;②怠速不稳;③空燃比不正确
19	爆燃传感器	①发动机工作不稳;②加速时产生爆燃;③点火提前角不佳
20	磁感应式点火信号发生器 霍尔式点火信号发生器	①发动机无法起动;②发动机工作不良;③怠速不稳;④间歇性熄火
21	光电式点火信号发生器	①发动机无法起动;②发动机工作不良;③怠速不稳;④容易熄火
22	曲轴位置传感器	①发动机无法起动;②加速不良;③怠速不稳;④间歇性熄火
23	可变凸轮轴电磁阀	①发动机抖动;②产生爆燃;③怠速不稳;④三元催化转化器损坏;⑤发动机动力性下降、性能变坏

第六章 供给系统

(续)

序号	故障元件名称	故 障 现 象
24	电动燃油泵	①发动机不能起动;②运转中熄火
25	燃油滤清器	①发动机不能起动;②发动机运转不稳、动力不足;③喷油器堵塞
26	燃油压力调节器	①发动机起动困难;②发动机性能变坏、动力不足;③急速不稳;④容易熄火;⑤油耗增大
27	喷油器	①发动机起动困难;②发动机工作不稳、动力不足;③容易熄火;④急速不稳;⑤油耗增大;⑥排放污染严重
28	温度时间开关(温控开关)	①发动机冷起动困难;②混合气过浓;③急速不稳
29	冷起动喷油器	①冷起动困难;②混合气过浓

八、燃油喷射控制

1. 喷油时刻的控制

ECU 以曲轴位置传感器的信号为依据进行喷油时刻的控制，使各缸喷油器能在设定的时刻喷油。喷油时刻控制方式有同时喷射、分组喷射和顺序喷射三种，分别如图 6-36 所示。

2. 喷油量的控制

ECU 根据各种传感器测得的发动机进气量、发动机转速、节气门开度、冷却液温度与进气温度等多项运行参数，按设定的算法进行计算，并按计算结果向喷油器发出电脉冲，通过改变每个电脉冲的宽度来控制各喷油器每次喷油的持续时间，从而达到控制喷油量的目的。电脉冲的宽度越大，喷油持续时间越长，喷油量也越大。

起动时、起动后喷油量控制示意图分别如图 6-37、图 6-38 所示。

九、电喷发动机故障诊断与维修

与化油器式的发动机相比，带有电喷系统的发动机油、电路的故障大为减少，可是一旦出现故障，又很不容易排除。

在维修电喷发动机的工作中，主要注意以下三点：

1) 电喷发动机各系统的部件一般不容易出故障。电喷发动机的故障，大多数情况下都是小毛病引起的，不要把问题想得太复杂，要根据故障现象仔细分析故障原因。

2) 电喷发动机油路故障较多，一些排除传统化油器式发动机的故障分析思路同样适用，这一点不容忽视。

3) 除人为误操作因素外，计算机很少发生故障，切勿轻易怀疑计算机故障(除非汽车涉过深水、检查时在计算机通电的情况下随意用试灯或导线跨接与计算机相连的线路等)。

a) 同时喷射

这种喷射方式将各缸喷油器的控制电路连接在一起，通过一条共同的控制电路与ECU连接。在发动机每个工作循环中（四冲程内燃机曲轴转两转），各缸喷油器同时喷油一次或两次。这种方式的缺点是各缸喷油时刻距进气行程开始的时间间隔差别大，喷入的燃油在进气道内停留的时间不同，导致各缸混合气品质不一，影响了各缸工作的均匀性。

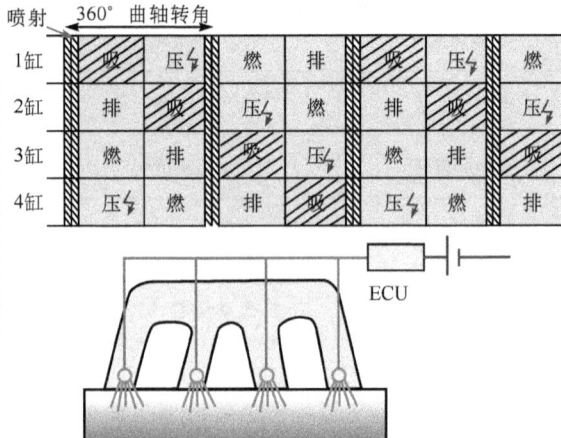

b) 分组喷射

这种喷射方式是将多缸发动机的喷油器分成2~3组，每组2~4个喷油器，分别通过控制电路与ECU连接。在发动机每个工作循环中，各组喷油器各自同时喷油一次。在每组的几个喷油器中，有一个喷油器是在该气缸正好处于排气行程上止点时喷油，其余喷油器是在各自的气缸接近进气行程开始的时刻喷油。这样既可简化控制电路，又可提高各缸混合气品质。

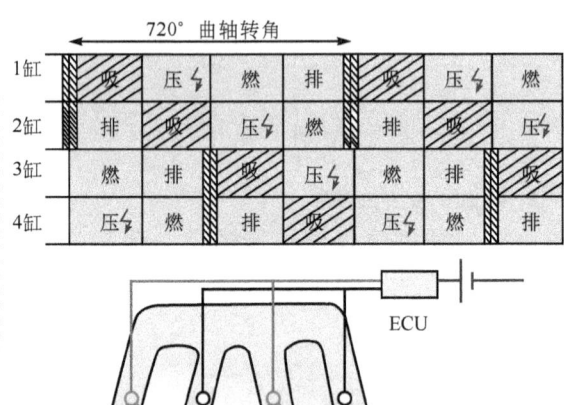

c) 顺序喷射

这种喷射方式的各缸喷油器分别由各自的控制电路与ECU连接，ECU分别控制各喷油器在各自的气缸接近进气行程开始的时刻喷油。由于每增加一个喷油器，在ECU内部就要相应增加一套喷油器控制线路。因此，顺序喷射方式的控制电路最为复杂，但各缸混合气品质最均匀。目前，这种喷射方式的应用越来越广泛。

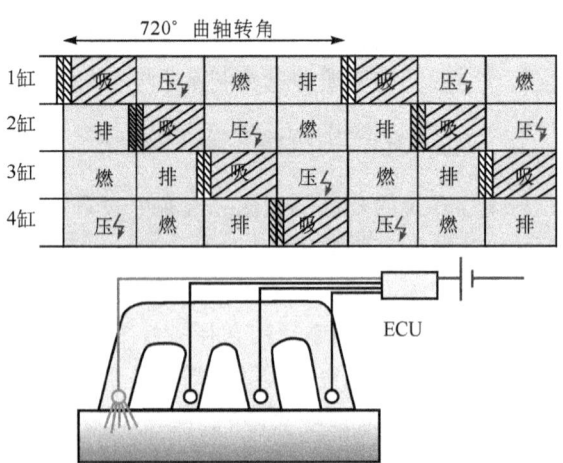

图 6-36 燃油喷射的三种方式

第六章 供给系统

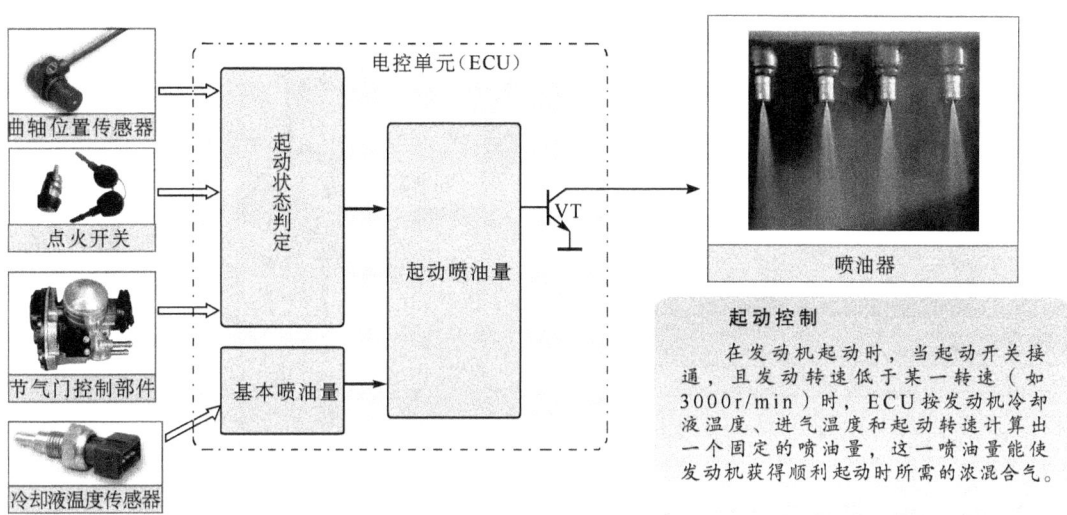

图 6-37 起动时喷油量控制示意图

起动控制

在发动机起动时，当起动开关接通，且发动转速低于某一转速（如 3000r/min）时，ECU 按发动机冷却液温度、进气温度和起动转速计算出一个固定的喷油量，这一喷油量能使发动机获得顺利起动时所需的浓混合气。

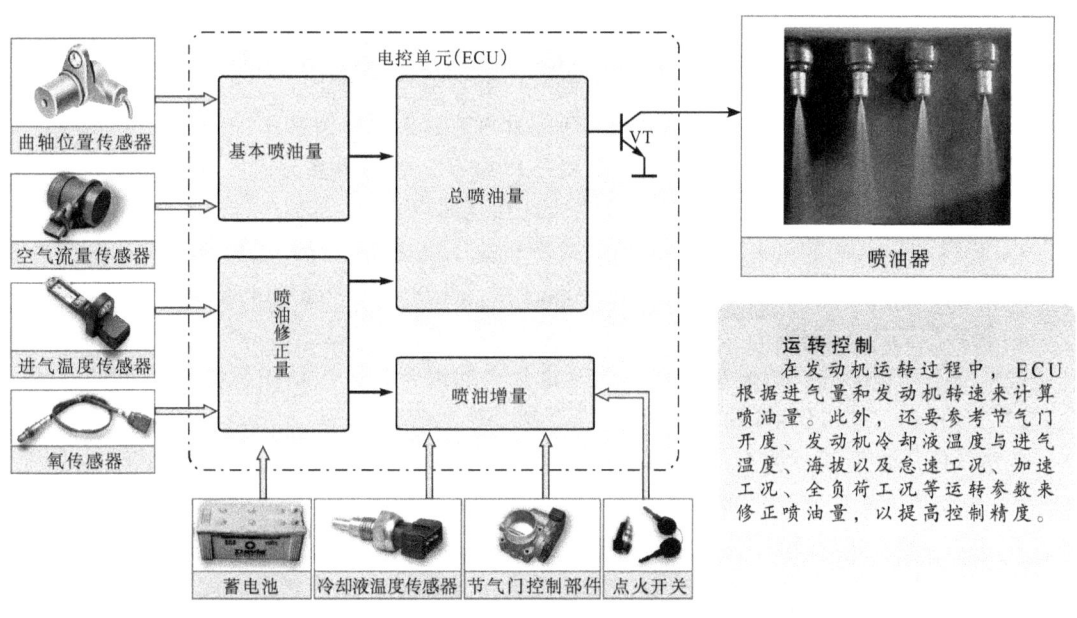

图 6-38 起动后喷油量控制示意图

运转控制

在发动机运转过程中，ECU 根据进气量和发动机转速来计算喷油量。此外，还要参考节气门开度、发动机冷却液温度与进气温度、海拔以及怠速工况、加速工况、全负荷工况等运转参数来修正喷油量，以提高控制精度。

第五节　柴油机供给系统

一、概述

1. 功用

按柴油机各种不同工况的要求，定时、定量、定压地将柴油喷入燃烧室，使其与气缸内

113

的高压空气迅速混合和燃烧,并排出废气。

2. 组成

燃油供给部分由燃油箱、输油泵、低压油管、燃油滤清器、喷油泵、高压油管、喷油器和回油管等组成,如图6-39所示。

空气供给部分由空气滤清器、进气管和进气道等组成。

混合气形成部分是燃烧室。

废气排出部分由排气管、排气道和排气消声器等组成。

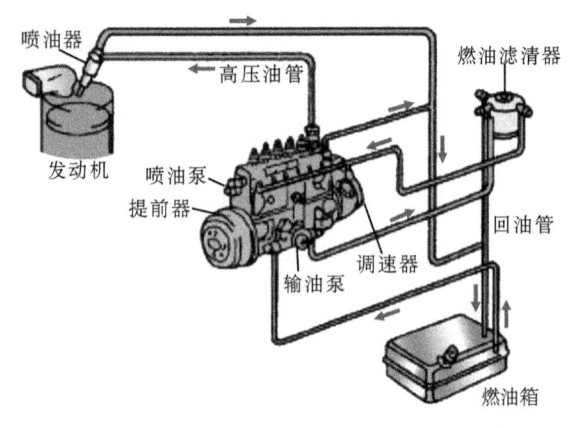

图6-39 柴油机供给系统组成

柴油从燃油箱被输油泵吸出,并产生一定的压力,经燃油滤清器滤去杂质后进入喷油泵,喷油泵将低压油油压提高,经高压油管和喷油器将高压油喷入燃烧室,由于输油泵的供油量较大,多余的燃油经限压阀和回油管流回输油泵。

3. 燃烧过程

1)备燃期:从开始喷油起到气缸内出现第一个火焰中心为止。

2)速燃期:从出现第一个火焰中心起到气缸内达到最高压力为止。

3)缓燃期:从气缸内达到最高压力起到气缸内出现最高温度为止。这时,喷油可能已经停止,但燃烧仍在继续。也可能出现边喷油边燃烧的现象。

4)后燃期:从气缸内出现最高温度起到燃料基本烧完为止所转过的曲轴转角。这时期应尽可能短,否则将使排气温度升高,发动机过热,使动力性和经济性降低。

4. 轻柴油的主要性能

轻柴油是高速柴油机的燃料。它是碳氢化合物的混合物,包括质量分数为87%的碳元素、12.6%的氢元素和0.4%的氧元素。

柴油的使用性能指标如下:

1)发火性:发火性指自燃能力。发火性用十六烷值评定。十六烷值高的柴油,发火性好。车用柴油的十六烷值在45左右。

2)蒸发性:用馏程和闪点来表示。50%馏出温度越低,说明轻馏分越多,柴油机越容易起动。90%和95%馏出温度越低,说明重馏分越少,燃烧越完全、闪点低、蒸发性好。

3)低温流动性:指标有凝点、浊点和冷滤点。柴油达浊点时虽未失去流动性,但容易造成油路堵塞,使供油量减少,以致供油中断。冷滤点是介于凝点和浊点之间的温度。国产0号以下各号柴油的冷滤点比凝点高4~6℃,而柴油的牌号是按凝点划分的,如根据凝点选油,所选油的凝点要比当月最低气温低4~6℃。

5. 混合气形成与燃烧室

(1)可燃混合气的形成 柴油的黏度大、蒸发性差、不容易雾化,不宜在气缸外部形成可燃混合气。为了改善柴油机混合气的形成。采取以下措施:

1)采用高压缩比。

2) 采用高压喷射，使柴油呈雾状均匀分布。

3) 采用螺旋进气道等，促使柴油与空气更均匀地混合。

可燃混合气形成的方法：空间雾化混合、油膜蒸发混合和同时使用以上两种混合方法的复合混合。

（2）燃烧室

1) 直喷式燃烧室：ω形燃烧室和球形燃烧室，分别如图 6-40 所示。

2) 分开式燃烧室：涡流室式和预燃室式。

涡流室式如图 6-41 所示，其主、副燃烧室之间的连接通道与副燃烧室切向连接，在压缩行程中，空气从主燃烧室经连接通道进入副燃烧室，在其中形成强烈的有组织的压缩涡流，因此称副燃烧室为涡流室。多用于轿车和轻型汽车的柴油机上。

预燃室式如图 6-42 所示，其主、副燃烧室之间的连接通道不与副燃烧室切向连接，且截面面积较小。在压缩行程中，空气在副燃烧室内形成强烈的无组织的湍流。燃油迎着气流方向喷射，并在副燃烧室顶部预先发火燃烧，故称副燃烧室为预燃室。

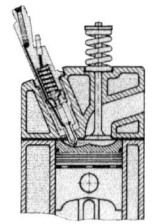
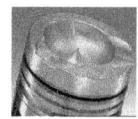

a) 直喷式构造　　b) ω形燃烧室　　c) 球形燃烧室

图 6-40　直喷式燃烧室

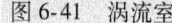
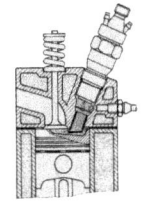

图 6-41　涡流室　　　　图 6-42　预燃室

二、喷油器

1. 功用

喷油器的功用是将一定量的柴油以雾状喷入燃烧室中。

2. 分类

常用喷油器为闭式喷油器，即在不喷油时，针阀将喷孔关闭。按结构不同，喷油器分为孔式和轴针式两种。

孔式、轴针式喷油器如图 6-43 所示。

3. 构造

（1）孔式喷油器　主要由壳体、喷油嘴和调压装置组成。主要用于直接喷射式燃烧室的柴油机上，喷孔为 2~7 个，喷孔直径为 0.25~0.50mm。喷孔多，孔径小，雾化好，但需较高的喷油压力且喷孔容易被积炭堵塞。

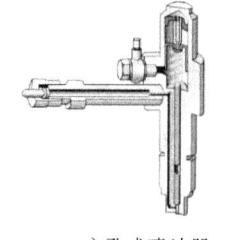
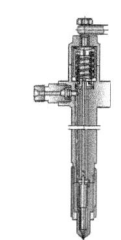

a) 孔式喷油器　　b) 轴针式喷油器

图 6-43　柴油机喷油器分类

（2）轴针式喷油器　喷油结构与孔式不同，其喷孔是单孔式，孔径为 1~3mm，轴针插入喷孔中并伸出外面,与喷孔有0.02~0.06mm的间隙。轴针有圆柱形和圆锥形两种,当轴针受到油压刚升起时,由于轴针仍在喷孔中,喷出的油量较少且呈环状。当轴针完全离开喷孔时,喷油量达到最大。当喷油将结束时,喷油量又减少,圆锥形轴针式喷油器在开始的喷油量要比圆柱形轴针式明显减少。由于轴针在喷孔中运动,喷孔不易堵塞。由于喷孔直径大,喷油压力较低,因此,适用于分开式燃烧室和U形燃烧室。

4. 工作原理

喷油时,油压作用在承压锥面上,针阀上移,喷孔打开,高压柴油喷出,当喷油泵停止供油时,高压油室中油压下降,针阀在调压弹簧作用下迅速回位,密封锥面关闭喷孔,喷油停止。

三、喷油泵

1. 功用

喷油泵(图6-44)又称高压油泵,它的作用是根据发动机的不同工况,将一定量的柴油提高油压,并按规定的时间喷油和停止喷油。

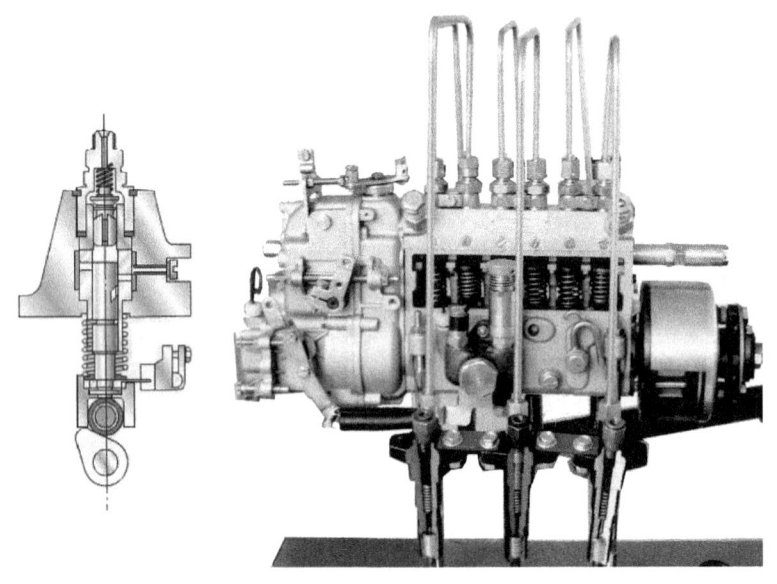

图6-44 喷油泵

2. 分类

按作用原理不同,喷油泵可分为柱塞式和分配式等多种形式,其中柱塞式喷油泵应用最为广泛。

3. 构造

喷油泵由分泵、油量调节机构、传动机构和喷油泵泵体组成。

1) 喷油泵上有数量与气缸数相等且结构和尺寸相同的分泵。

2) 油量调节机构的作用是根据发动机工况的变化,转动柱塞,改变柱塞的有效行程,即改变分泵供油量,并保证各缸供油量一致。油量调节机构有拨叉式和齿杆式两种,如图

6-45所示。

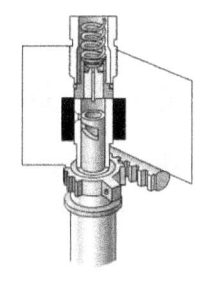
a) 齿杆式

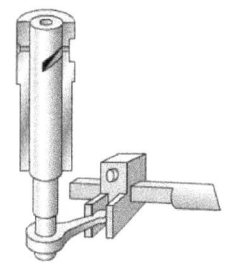
b) 拨叉式

图6-45 油量调节机构的分类

3) 传动机构由凸轮轴和滚轮体等组成。当凸轮轴转动时，凸轮轴上的凸轮推动滚轮体，克服柱塞弹簧的张力，推动柱塞向上运动，起压油作用。

4. 泵油原理

柱塞式喷油泵泵油件由柱塞和柱塞套筒组成（图6-46）。两者是经研磨选配，不能互换的精密偶件，其配合间隙为 0.001~0.003mm。柱塞是一个圆柱体，在其上部铣有螺旋槽（或斜槽），并有直切槽（或轴向和径向的中心孔）与柱塞上端的泵油室相通。柱塞套筒上有油孔与喷油泵低压油室相通。套筒用定位螺钉固定在壳体上，柱塞在套筒内上下移动和转动。

1) 进油过程：柱塞下移到油孔以下的下止点时，柴油在真空吸力和输油泵压力的作用下，经油孔充满柱塞上方的泵油室。

2) 压油过程：当柱塞向上移到将油孔关闭时，泵油室内的油压升高，推开出油阀，将高压油送到喷油器。

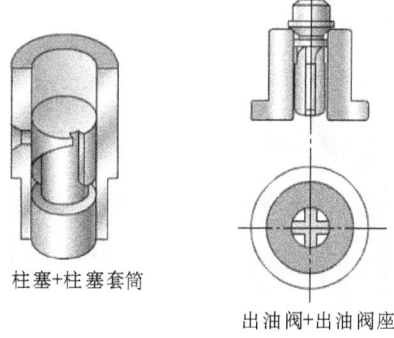

图6-46 泵油原理

3) 回油过程：当柱塞上移到螺旋槽（或斜槽）上线高出油孔下沿时，低压油室相通，喷油压下降，喷油泵不泵油。柱塞继续上行，但不再向喷油器供油。

柱塞每循环供油量的大小决定于柱塞有效行程，即柱塞顶面至回油孔所对的螺旋槽上线的距离。转动柱塞可以改变柱塞的有效行程，就能改变供油量。有效行程越大，供油量越大。

四、调速器

1. 作用

调速器的作用是使柴油机在其工作转速范围内稳定地工作。

2. 分类

目前应用最广泛的调速器是离心式调速器，它有两种形式：两速调速器和全速调速器。

3. 构造

离心式调速器一般都由离心元件、调速弹簧和传动调整机构三部分组成。

4. 原理

（1）两速调速器　发动机在怠速工况时，将操纵臂移到与下面的低速限位螺钉接触，滑销处于最高位置，供油齿杆右移到怠速供油位置。此时，供油量最少，转速低，飞块离心力小。在离心力作用下，飞块向外移动，与怠速弹簧平衡，使飞块处在套筒和高速弹簧座之间游动，维持发动机在怠速工况下运转。如因某一原因转速下降，离心力减小，怠速弹簧的张力使飞块向内收拢，通过双臂杠杆等部件使供油齿杆向加油方向移动，增大了供油量，使发动机转速回升。若转速升高，则飞块离心力增大，使供油齿杆向减油方向移动，减小了供油量，转速下降，直到飞块的离心力与怠速弹簧重新平衡。

在中等转速范围内，由于飞块离心力不能克服怠速和高速弹簧总的张力，飞块只是靠在高速弹簧座上，调速器不起调速作用。由驾驶人直接控制供油齿杆来改变供油量。

在全负荷工况时，操纵臂靠在上面的高速限位螺钉上，滑销处在调速杠杆的最低位置。此时供油量为额定供油量。当发动机负荷减小时，转速超过额定转速，飞块的离心力克服了调速弹簧的张力向外张开，使供油齿杆向减油方向移动，减小供给量，使转速降低，防止了超速。当转速超过额定转速8%时，供油齿杆移到断油位置，防止了飞车事故。

在起动工况时，操纵臂处在全负荷位置，供油齿杆的连接板上的凸块推动限位器压缩限位器弹簧，直到限位器弹簧座与壳体相抵为止，此时供油齿杆达到起动加浓供油量。

离心式两速调速器的调速原理，如图6-47所示。

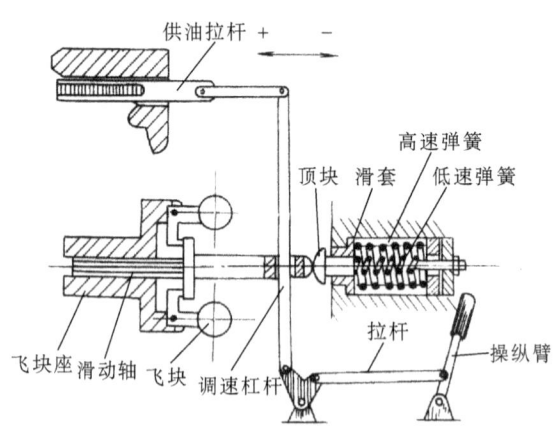

图6-47　离心式两速调速器的调速原理示意图

（2）全速调速器　发动机工作时，喷油泵凸轮轴带动飞球组转动，在离心力作用下，飞球组向外移动，给传动板作用一个轴向力F_A，F_A使供油拉杆向减油方向移动；

另一个作用在传动板上的调速弹簧的张力 F_B 使供油拉杆向加油方向移动。当操纵臂转到一定位置不动时,调速叉压缩调速弹簧,使调速弹簧的张力 F_B 一定。当外界阻力矩一定时,发动机维持在某一转速,使飞球离心力的分力 F_A 一定,且与调速弹簧张力 F_A 平衡。此时,供油拉杆的位置不变,即供油量不变,发动机以此转速稳定运转。当外界阻力矩减小,发动机转速升高时,$F_A>F_B$,F_A 使推力锥盘、传动板和供油拉杆一起往右移,使供油量减小,转速随即降低,直到 F_A 与 F_B 再次平衡为止,此时发动机转速低于原来的转速。同样,当外界阻力矩增大,发动机转速降低时,$F_A<F_B$,F_B 使供油拉杆往左移,使供油量增加,转速升高,直到 F_A 与 F_B 重新平衡为止,此时柴油机转速高于原来的转速。

操纵臂有高速限位螺钉和低速限位螺钉限位,可调节,支承轴位置也是能调整的。

全速调速器的调速原理如图 6-48 所示。

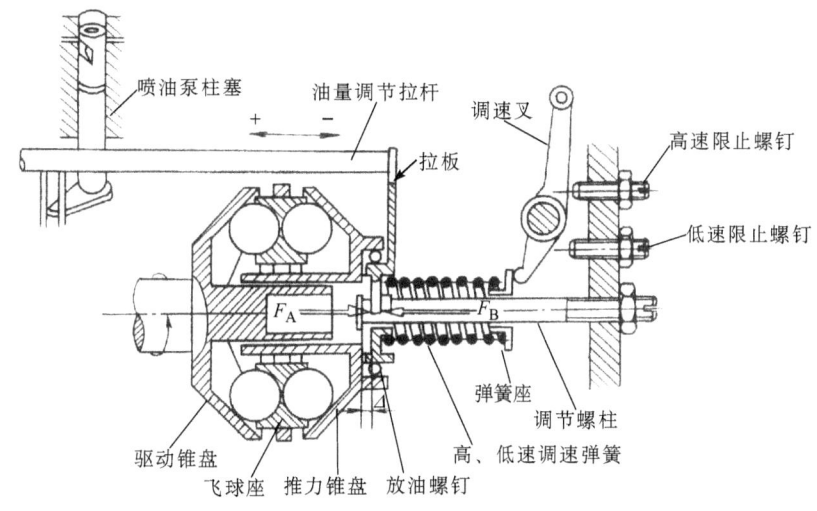

图 6-48 全速调速器的调速原理示意图

第七章

点 火 系 统

第一节 传统点火系统

一、传统点火系统的组成与工作原理

图 7-1 所示为点火系统的组成图，图中用文字描述了主要元件的作用和特点。

点火系统内有两个相互独立的电路：初级电路和次级电路。初级电路也称为低压电路，所谓的低压指的是蓄电池电压，即大约 12V。次级电路也称为高压电路，高压电路中部件的工作电压在 5000~50000V。

闭合角被定义为触点保持闭合时间的长短。随着分电器凸轮的旋转，触点打开或闭合。在闭合角期间，初级线圈中正在建立磁场。随着闭合角时间的增加，所建立的磁场也会增强，因此会产生更大的次级电压。

闭合角表示的示意、位置如图 7-2 所示。

1. 分电器

图 7-3 所示为分电器，用于驱动分电器凸轮转动，此外分电器还用于安装触点、电容器和点火提前装置，支承分火头和分电器盖。

分电器的分火头和分电器盖用于将次级电压分配给各个火花塞。

当触点打开时所产生的高电压从点火线圈的高压接线柱被送往分电器盖的中心插孔（也称为点火线圈塔状接线柱），然后在分电器盖内被送给分火头。随着分火头在分电器盖内的转动，分火头将高压电按发动机的工作顺序分配给每个气缸。

2. 点火正时

图 7-4 所示为在怠速期间用曲轴转角度数表示的点火时刻。这个点火时刻称为基本点火正时或初始点火正时。

发动机转速决定了所需的点火正时的大小。发动机加速时，需要有更大的点火提前角，以便及时完成燃烧。如果负荷增加，就必须有更多的空气和燃料进入燃烧室。这样，燃烧就会占用更长的时间，点火时刻就应提前。

3. 火花塞

功用：产生足够强的火花来点燃燃烧室内的可燃混合气。

火花塞（图 7-5）的中心电极是一根穿过火花塞中心的粗金属线，它通常由铜铂合金制成。火花塞的作用是将点火能量从高压线传到燃烧室。

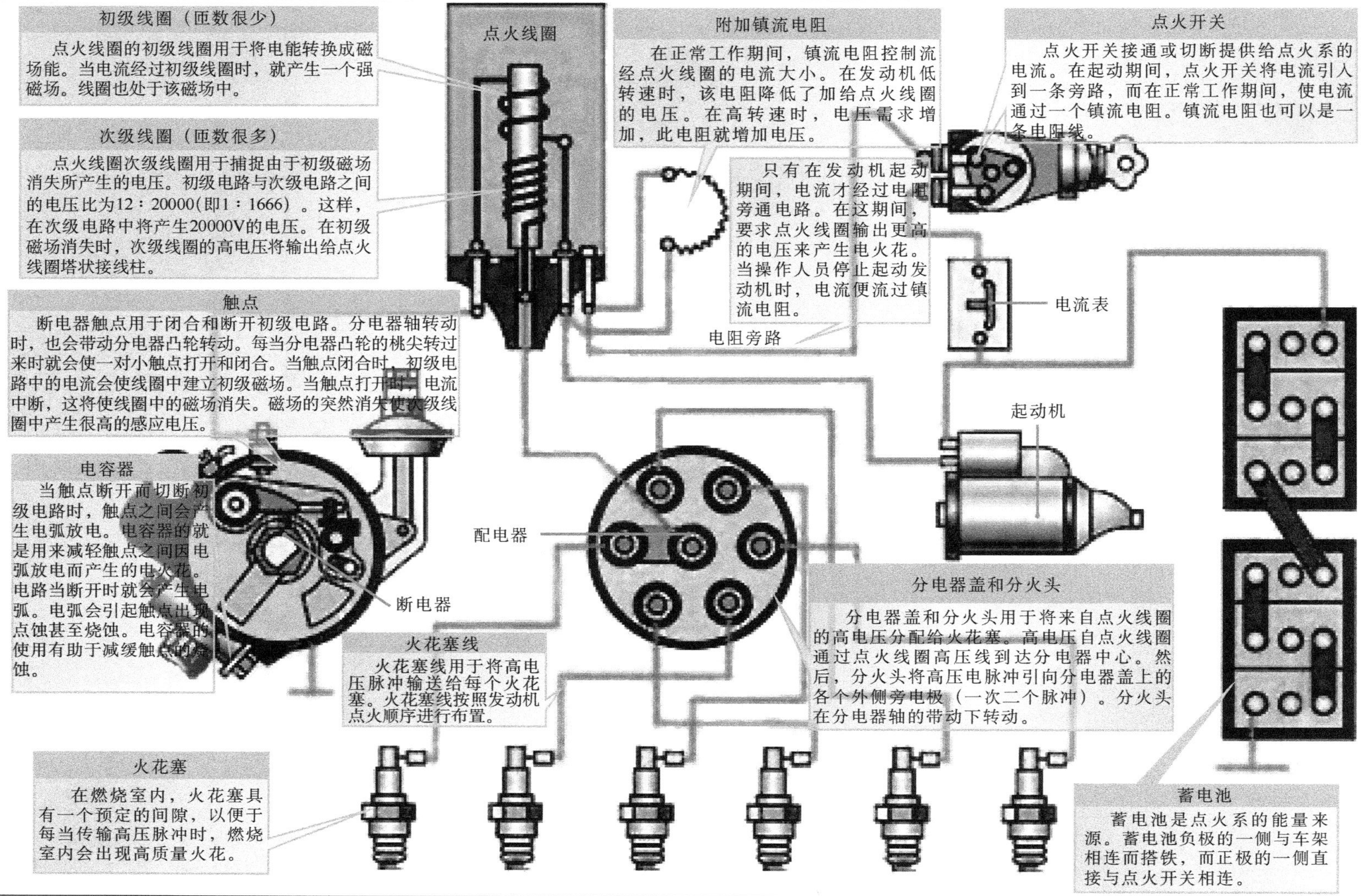
初级线圈（匝数很少）
点火线圈的初级线圈用于将电能转换成磁场能。当电流经过初级线圈时，就产生一个强磁场。线圈也处于该磁场中。
次级线圈（匝数很多）
点火线圈次级线圈用于捕捉由于初级磁场消失所产生的电压。初级电路与次级电路之间的电压比为12：20000(即1：1666）。这样，在次级电路中将产生20000V的电压。在初级磁场消失时，次级线圈的高电压将输出给点火线圈塔状接线柱。
点火线圈
附加镇流电阻
在正常工作期间，镇流电阻控制流经点火线圈的电流大小。在发动机低转速时，该电阻降低了加给点火线圈的电压。在高转速时，电压需求增加，此电阻就增加电压。
点火开关
点火开关接通或切断提供给点火系的电流。在起动期间，点火开关将电流引入到一条旁路，而在正常工作期间，使电流通过一个镇流电阻。镇流电阻也可以是一条电阻线。
只有在发动机起动期间，电流才经过电阻旁通电路。在这期间，要求点火线圈输出更高的电压来产生电火花。当操作人员停止起动发动机时，电流便流过镇流电阻。
电阻旁路
电流表
触点
断电器触点用于闭合和断开初级电路。分电器轴转动时，也会带动分电器凸轮转动。每当分电器凸轮的桃尖转过来时就会使一对小触点打开和闭合。当触点闭合时，初级电路中的电流会使线圈中建立初级磁场。当触点打开时，电流中断，这将使线圈中的磁场消失。磁场的突然消失使次级线圈中产生很高的感应电压。
起动机
电容器
当触点断开而切断初级电路时，触点之间会产生电弧放电。电容器的就是用来减轻触点之间因电弧放电而产生的电火花。电路当断开时就会产生电弧。电弧会引起触点出现点蚀甚至烧蚀。电容器的使用有助于减缓触点的烧蚀。
配电器
断电器
火花塞线
火花塞线用于将高电压脉冲输送给每个火花塞。火花塞线按照发动机点火顺序进行布置。
分电器盖和分火头
分电器盖和分火头用于将来自点火线圈的高电压分配给火花塞。高电压自点火线圈通过点火线圈高压线到达分电器中心。然后，分火头将高压电脉冲引向分电器盖上的各个外侧旁电极（一次二个脉冲）。分火头在分电器轴的带动下转动。
火花塞
在燃烧室内，火花塞具有一个预定的间隙，以便于每当传输高压脉冲时，燃烧室内会出现高质量火花。
蓄电池
蓄电池是点火系的能量来源。蓄电池负极的一侧与车架相连而搭铁，而正极的一侧直接与点火开关相连。

图 7-1　点火系统的组成

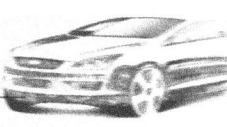

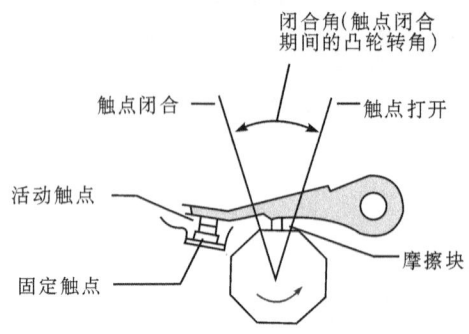

图 7-2　触点闭合时间的长短用闭合角来表示

图 7-3　分电器的组成　　　图 7-4　点火正时的标记　　　图 7-5　火花塞的外观图

火花塞的侧电极是一根由镍合金制成的短而粗的金属线。侧电极距离中心电极 0.020~0.080mm。这个距离构成了火花塞跳火间隙。火花塞间隙一般为 0.6~1.0mm。

火花塞由中心电极、陶瓷绝缘体、金属壳和侧电极组成。

火花塞热值是指火花塞的热特性。火花塞的热特性根据火花塞将燃烧热从点火端传给发动机的气缸盖的速度快慢来度量。火花塞有冷型和热型两种。当使用太冷的火花塞时，怠速时易发生积炭。当火花塞太热时，在全负荷时，会出现电极烧蚀和早燃。

通过改变绝缘体伸出部分的长度，就可改变火花塞的热值。热型火花塞的绝缘体伸出部分比较长，热量传至气缸盖的路径长。冷型则相反。

影响火花塞温度的因素有许多。这些因素有点火提前角、冷却液温度、爆燃、火花塞状况和空燃比。

使用冷型火花塞时，所需电压更高。因此可能会出现缺火。

许多因素会影响到火花塞所需的跳火电压。这些因素有压缩压力、火花塞间隙、转速/负荷和点火正时。

图 7-6 列出了火花塞正常点火和不正常点火的八种情况，以及火花塞受损时可能出现的故障现象。

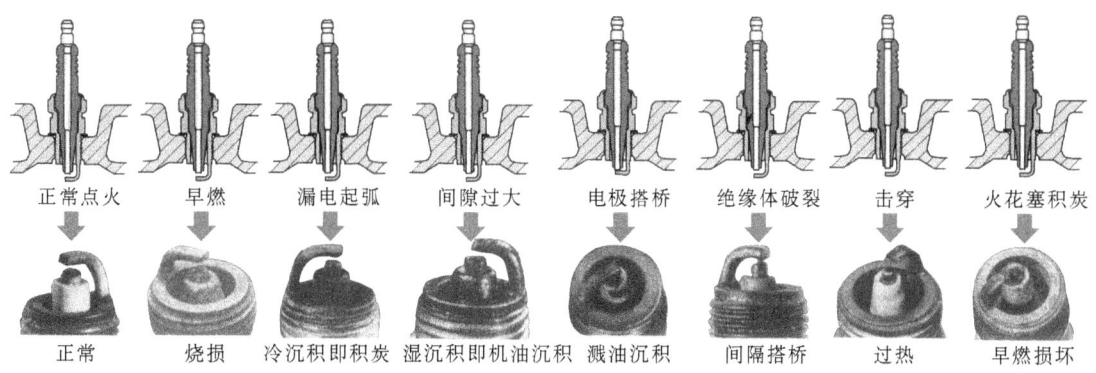

图7-6 火花塞受损现象判断

二、传统点火系统常见故障的诊断方法

1. 发动机不能起动

1）检查蓄电池电压是否正常，一般可按喇叭或打开汽车前照灯。若喇叭不响或响声不大，或前照灯亮度不够，应对蓄电池电压进行检测。

2）判断故障在低压电路还是在高压电路。一般是将中央高压线从分电器上拔下，使其端头距离发动机5~7mm，点火开关置于"ON"位置，摇转发动机或用起动机带动发动机运转，若高压线跳火，表明点火系统低压电路正常，故障在高压电路；若不跳火或火花较弱，表明故障在点火系统的低压电路。正常的火花应是白色或浅蓝色，若火花发红，说明火花较弱。

① 低压电路故障诊断：点火开关置于"ON"位置，摇转曲轴并同时观察电流表指针动作。电流表指针有三种状态：若电流表指针指在"0"位不动，说明低压电路断路，即蓄电池至断电器之间有断路故障。此时，在点火开关打开的情况下，用电压表在该段线路上逐点进行检查；若电流表指示放电3~5A，但指针不回零位，当踩下加速踏板时（附加电阻被短路），电流表读数略增，则说明初级线圈到断电器触点臂之间有搭铁故障或电容器短路，或断电器触点不能打开；若电流表指示10A以上不动，说明低压电路有搭铁故障。当踩下加速踏板时，若电流表指示大电流放电，则说明点火开关、点火线圈电源接线柱间搭铁，或点火开关至仪表板之间导线有搭铁故障。

② 高压电路的故障诊断：将中央高压线装回分电器，再从火花塞上拆下分缸高压线，摇转曲轴，使分缸线对机体试火，若火花正常，说明配电器和分缸线正常，故障在火花塞或点火正时不对。若无火花，表示故障在配电器或分缸线。

判断分火头是否良好的方法是：拔下分电器上的中央高压线，打开分电器盖，使中央高压线端头距分火头2~3mm，并用手分开断电器触点。若无火花，表明分火头良好；若有火花，表明分火头绝缘损坏。

2. 发动机个别缸不点火

若发动机个别缸不点火，会引起发动机运转不稳，排气管冒黑烟并放炮。

1）不点火缸的判断：在发动机运转过程中，用螺钉旋具将火花塞接线螺母逐个搭铁，如果发现某缸被搭铁后发动机运转平稳性没有变化，则说明该缸没有正常点火，然后对该缸高压线路重点检查。

2）不点火缸的诊断：拆下不点火缸的分缸线，使其端头距火花塞接线螺母3~4mm，起动发动机后，若有连续火花，且该缸开始正常工作，表明该缸火花塞有积炭故障。若附加火花间隙后，发动机工作无变化，则应拆下火花塞进行检查。若火花塞正常，则表明分缸线或配电器有故障。

3. 其他故障的诊断

若发动机起动，反转或加速时出现爆燃现象，应检查点火时间是否过早，以及触点间隙是否过大。若出现发动机动力不足、行驶和加速无力及发动机过热等现象，应检查点火时间是否过迟、触点间隙是否过小及分电器壳体是否松动等。

4. 点火正时调整

基本步骤如下：

1）检查断电器的触点间隙，将其调整到标准值(0.35~0.45mm)。

2）摇转发动机曲轴，使第一缸活塞上升到压缩行程上止点的位置。同时观察飞轮壳与飞轮的上止点标记是否对准(有的汽车的上止点标记刻在正时齿轮盖和曲轴带轮上)。

3）旋松断电器上的夹板固定螺钉，拔下配电器盖上的总高压线，使其端头距缸体3~4mm。接通点火开关，将断电器壳沿其轴的旋转方向转动，使触点闭合。接着反转断电器外壳，使触点打开，直至高压线的端头出现火花时为止。

4）拧紧断电器的夹板固定螺钉，装回分火头和配电器盖。

5）将第一缸的分高压线插入分火头对准的电极插孔。再顺着分火头的旋转方向，按点火顺序插入其他各缸的分高压线。

6）点火正时检查：起动发动机，使冷却液温度上升至70~80℃，在发动机怠速状态下，突然加速，将加速踏板踩到底，如果转速上升迟缓，有发闷的感觉，同时在排气管内出现"突突"声，冒黑烟，说明点火提前角偏小，应松开夹板固定螺钉；将断电器壳逆着凸轮的旋转方向略微转动一个角度，将点火提前角适当增大些后再行检查。如果将加速踏板突然踩到底时，发动机发出爆燃声，则表明点火过早，应将断电器外壳顺着凸轮的旋转方向略微转过一个适当的角度，减小点火提前角后，再行检查。

7）汽车在行驶中检查点火正时：将发动机升温到80~85℃，在平直的道路上先以直接档的最低稳定车速运行，接着将加速踏板突然踩到底，如果车速迅速提高，且在开始阶段伴有轻微的爆燃声，又很快消失，说明点火正时合适，否则应予以调整。

5. 点火敲击声

（1）故障现象

1）发动机负荷增大时(如爬坡、陷入泥坑、在高速档下踩下加速踏板)，可听到尖锐、清脆的"嘎嘎嘎"声，有些像气门脚间隙过大的响声，但响声坚实得多。

2）在发动机空转急加速时，听到"嘎啦啦"的尖锐响声，好像几个钢球相碰的声音，此响声随着发动机转速的升高逐渐消失。

（2）故障分析思路

1）点火时间过早。

2）发动机温度过高。

3）燃烧室积炭过多。

4) 压缩比过大。

5) 使用了低辛烷值的汽油等。

(3) 检查与判断

1) 车辆行驶中听到上述响声，一般是在加大节气门、发动机负荷较大时出现的。此时可收加速踏板，如声音消失，而且每次加大节气门时，响声又都出现，则可判断为点火敲击声。可首先调整点火正时。

2) 如调整点火正时无效，响声又较严重，应查找其他原因。如温度过高、使用了低辛烷值汽油、燃烧室积炭等。

第二节 电子点火系统

一、电子点火系统

目前，在汽车上采用的电子点火系统种类很多，电路各不相同，但从其工作原理的角度看，按储能方式的不同分为电感储能和电容储能两大类；按照点火信号的触发方式不同又可分为无触点式电子点火系统(图7-7)和有触点式电子点火系统(图7-8)。

1. 无触点式电子点火系统

如图7-7所示，无触点式电子点火系统主要由点火信号发生器(传感器)、点火控制器、点火线圈、分电器、火花塞等组成。其中分电器主要包括配电器和离心提前装置、真空提前装置，它们的作用、结构和工作原理与传统点火系统对应部分完全相同。

2. 有触点式电子点火系统

如图7-8所示，有触点式电子点火系统是用晶体管取代了断电器触点，信号发生器采用触点，用与发动机气缸数相同的凸轮控制。但这种点火系统还未完全摆脱触点的影响，点火性能还有待提高。

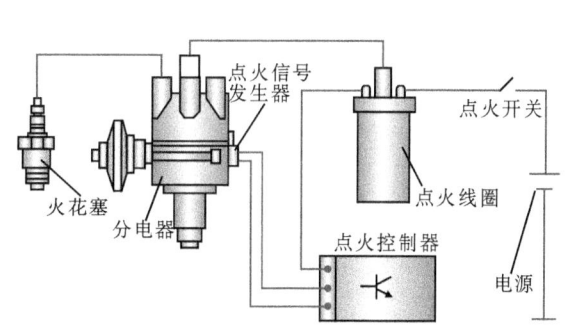

图7-7 无触点式电子点火系统

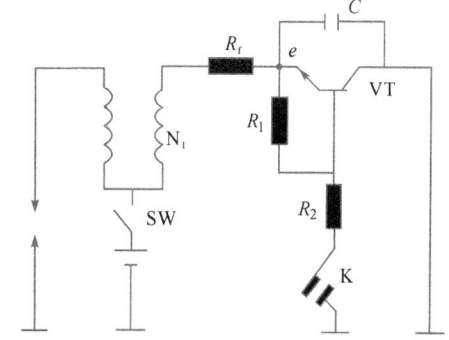

图7-8 有触点式电子点火系统

3. 与传统点火系统的不同

(1) 点火信号发生器 点火信号发生器取代了传统点火系统断电器中的凸轮，用来判定活塞在气缸中所处的位置，并将非电量的活塞位置信号转变成为脉冲电信号输送到点火控制器，从而保证火花塞在恰当的时刻点火。它的类型很多，目前应用较多的主要有磁脉冲式、霍尔效应式和光电效应式，如图7-9所示。

（2）点火控制器　点火控制器取代了传统点火系统中断电器的触点，将点火信号发生器输出的点火信号整形、放大，转变为点火控制信号，控制点火线圈初级绕组中电流的通断，以便在次级线圈的绕组中产生高压电，供火花塞点火。

（3）分电器　电子点火系统的分电器与传统点火系统的分电器不同，主要区别在于电子点火系统取消了断电器（触点和凸轮）和电容器，增加了点火信号发生器（信号转子和传感部分）。

（4）点火线圈　电子点火系统所采用的点火线圈是用点火控制器控制其初级电路通断的，所以其初级电流可以增大，点火线圈的电感和电阻一般较小。电子点火系统多采用闭磁路点火线圈。

（5）火花塞　由于普通电子点火系统的点火能量提高，火花塞电极间隙比传统点火系统的火花塞电极间隙增大，一般为0.8~1.0mm；为了适应稀薄混合气燃烧，有的甚至达到1.0~1.2mm。

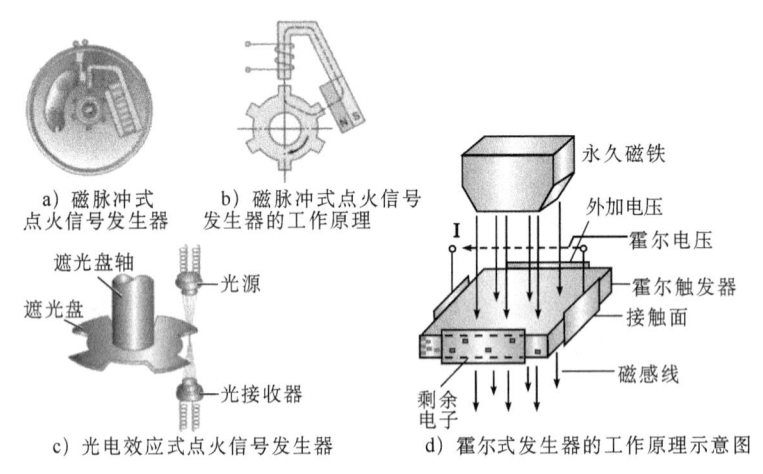

图7-9　点火信号发生器的三种类型及工作原理示意图

二、电子点火系统常见故障的诊断方法

（1）电子点火系统常见故障　电子点火系统常见故障现象与传统点火系统常见故障现象基本相同，但两者由于结构及控制原理方面的不同，故障的分析却相差甚远。电子点火系统常见故障现象及故障原因见表7-1。

（2）故障诊断中的注意事项　当电子点火系统出现故障后，需要进行故障诊断和排除。在诊断和排除电子点火系统故障时，由于系统中包含各种电子控制器件，因此要特别注意以下事项：

1）装蓄电池时，应注意正负极不可接反。

第七章 点火系统

表 7-1 电子点火系统常见故障的现象及原因

故障现象	故障原因	故障现象	故障原因
发动机不能起动	电源电压不足 低压线路断路、短路、搭铁或接触不良 点火线圈故障 分电器盖或分火头漏电 分电器轴松旷 点火器损坏 信号发生器损坏 高压导线接触不良或漏电 火花塞故障 点火正时不对 传感器故障 计算机故障	个别缸不工作(运转不稳,排气管冒黑烟)	火花塞积炭、脏污或损坏 配电器漏电 分缸高压线漏电或接触不良 点火调节装置工作不良
		功率不足(行驶加速无力、回火、发动机过热)	火花塞故障 高压导线漏电或接触不良 分电器壳体松动 配电器盖漏电 分火头漏电或接触不良 点火线圈故障点火过迟 点火器损坏 传感器故障 计算机故障

2)要拆下蓄电池搭铁线时,应先读出控制计算机存储的故障码,否则故障码在搭铁线被拆下后将被清除。带安全气囊的汽车,应在拆下搭铁线 120s 或更长一段时间后,才能进行诊断工作。

3)在插、拔线路插接件时,应先关闭点火开关。

4)不能采用搭铁试火的方法检查线路是否带电。

5)充电时,要拆下蓄电池导线,不允许在车上充电。

6)检测电路时,不能像检测货车那样用试灯检测,可以用发光二极管(LED 灯)串联一个电阻或者用高阻抗的万用表进行检测。

7)在利用起动机带动发动机运转而又不使发动机起动的情况下,应先拆下分电器上的中央高压线并将其搭铁。

8)如使用带快速充电设备的起动辅助装置,最高使用电压在 16.5V 以内,且使用时间最多为 1min。

第三节 微机控制点火系统

微机控制点火系统是在计算机技术迅速发展的基础上产生的,它是在普通电子点火系统的基础上结合计算机技术发展而来的。

它按是否配有分电器分为有分电器微机控制点火系统和无分电器微机控制点火系统两种。

一、有分电器微机控制点火系统

有分电器微机控制点火系统一般由传感器、微机控制器、点火执行器等组成,如图 7-10 所示。

(1)传感器 在微机控制点火系统中,传感器用来在发动机工作时不断地检测反映发动机工况的信息,并输入控制器,作为控制系统进行运算和控制的依据或基准。具体

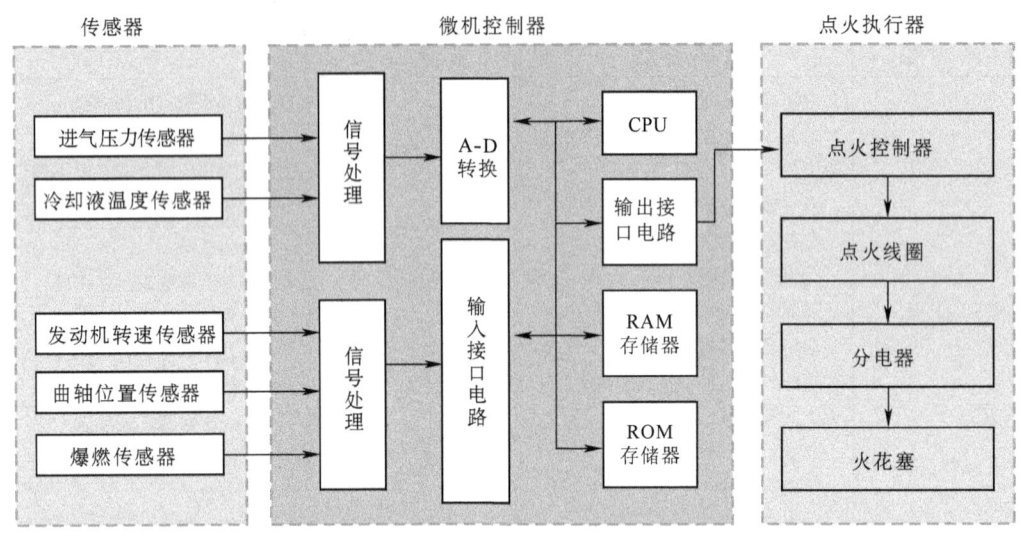

图 7-10 有分电器微机点火系统组成框图

包括:

发动机转速传感器、点火基准传感器、霍尔传感器、进气压力传感器、冷却液温度传感器、爆燃传感器、怠速及超速燃油阻断开关、全负荷节气门开关。

（2）微机控制器　微机控制器(图 7-11)主要功能是接收来自各种传感器的信号,加以综合分析,计算出一个正确的点火时间。

图 7-11　微机控制器

二、无分电器式微机控制点火系统

（1）二极管分配式　利用二极管的单向导电性,将点火线圈产生的高压电分配给需点火的气缸。

如图 7-12 所示,二极管分配式同时点火方式的特点：曲轴转角、转速及点火基准传感器为光电式；点火线圈为四缸专用电子配电式；火花塞采用铂电极以延长使用寿命。

第七章 点火系统

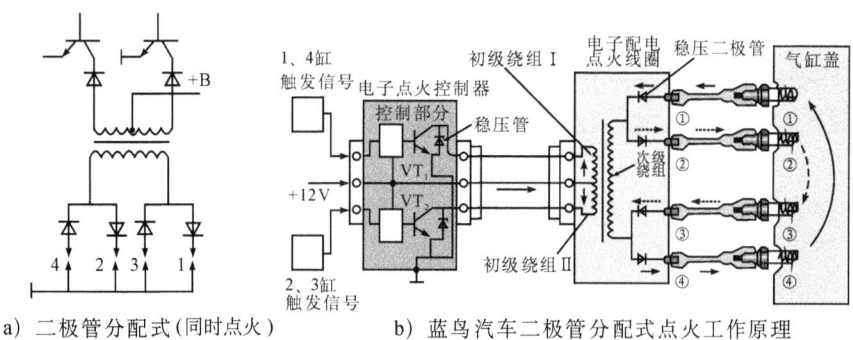

a) 二极管分配式(同时点火)　　b) 蓝鸟汽车二极管分配式点火工作原理

图 7-12　二极管分配式点火原理

ECU 交替地向 1、4 缸和 2、3 缸点火器触发电路发出点火指令,使 VT_1、VT_2 交替通断,以切断初级绕组Ⅰ、Ⅱ的电路,使次级绕组感应出高压电,并对 1、4 缸或 2、3 缸同时施行点火。

(2) 点火线圈分配式　将点火线圈产生的高压电直接加到各缸火花塞上。

1) 点火线圈分配式单独点火方式如图 7-13 所示。发动机点火线圈分配式单独点火方式的特点是采用三个互相独立的双点火线圈,每个点火线圈都有两个高压线插孔,分别接同时到达压缩和排气上止点的两个气缸的火花塞。

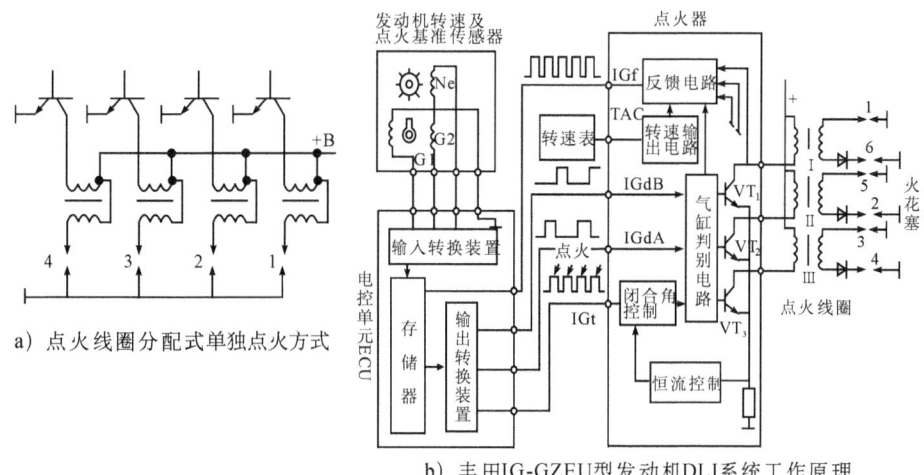

a) 点火线圈分配式单独点火方式　　b) 丰田IG-GZEU型发动机DLI系统工作原理

图 7-13　单独点火原理

发动机工作时,ECU 不断接收各种传感器输入的发动机工况信息,经内部运算处理后,向点火器发出触发点火信号 IGt 和气缸判别信号 IGdA、IGdB。IGt 用于点火提前角及初级电路闭合角控制;IGdA、IGdB 通过点火器气缸判别电路,确定 VT_1、VT_2、VT_3 的通断次序即点火次序。

系统工作时产生的反馈信号(即 VT_1、VT_2、VT_3 的通断信号)经点火器反馈电路,一方面通过转速信号电路输出转速信号 TAC 到仪表板上的电子式转速表,以显示发动机工作转速;另一方面向 ECU 反馈点火确认信号 IGf。ECU 连续 3~5 次收不到 IGf 信号时,则判定点火系统有故障，除将故障码存储于 ECU 的随机存储器 RAM 外，还同时控制仪表板上"发动机故障警告灯"闪烁报警。

2）点火线圈分配式同时点火方式如图 7-14 所示。奥迪 2.6L V6 发动机工作时，1 缸和 6 缸、2 缸和 4 缸、3 缸和 5 缸同时处于上止点，每一对气缸共用一个双点火线圈，终端能量输出级（点火器）交替地控制三个点火线圈产生高压电使火花塞跳火。一个火花塞点燃被压缩的可燃混合气，另一个火花塞虽也跳火，但所处气缸为排气行程，不着火。

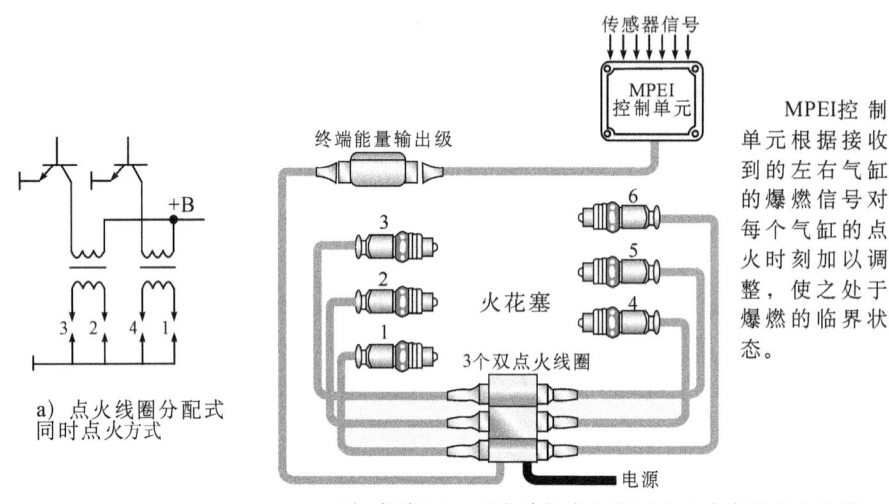

图 7-14 同时点火原理

三、微机点火系统检修程序

微机点火系统具有故障自诊断功能，即在发动机工作时，控制单元除实现点火控制和完成其他控制功能之外，还监视各传感器的工作。如果某传感器发生短路、断路或其他故障，输入错误信号或无信号输入，则判断为传感器故障，控制单元发出信号接通故障指示灯，并将该传感器的故障码存入存储器。当进行故障诊断时，可按规定的方法调出故障码并排除故障。

自诊断系统只能诊断某些传感器或控制单元自身的故障，对诊断功能之外的传感器故障或执行机构的故障则不能诊断。因此，在利用自诊断系统进行故障诊断之前，应首先排除与点火系统有关的电路故障、机械故障和其他故障，仔细检查连接导线是否破损、连接点是否牢固、接触是否良好、节气门开关有无卡滞、空气和真空管道有无漏气等。

（1）利用自诊断系统进行故障检查程序　以奥迪 200 型轿车五缸涡轮增压发动机点火控制系统为例（其他车型的检修思路和顺序与此基本相同），介绍利用自诊断系统进行故障检查的程序。

奥迪 200 型轿车故障自诊断系统的故障码是利用踩制动踏板的方法，由制动灯开关调出并由故障指示灯的状态和速度表的速度值显示的。每踩一次制动踏板调出一种故障码，所存储的故障码由小到大依次调出。

表 7-2 列出了该发动机各种速度表和故障指示灯状态所对应的故障。

表 7-2 速度表、故障指示灯与存储故障对照

速度表指示转速/(r/min)	故障指示灯状态	故障部位	故障
1000	灭	发动机转速传感器	无信号
1000	亮	爆燃控制	回路封闭
2000	灭	点火基准传感器	无信号
2000	亮	爆燃传感器	无爆燃信号
3000	灭	霍尔传感器	无信号
3000	亮	进气温度传感器	检测范围
4000 或 6000	灭	怠速开关真空管路	堵:增压值低于 0.09MPa 转速低于 1000r/min
4000	亮	冷却液温度传感器	检测超范围
5000	灭	增压传感器	增压传感器故障
7000	亮	诊断功能	故障存储起始
7000	灭	诊断功能	无故障存储

利用自诊断系统进行故障诊断的步骤如下:

1) 接通点火开关,起动发动机,使发动机预热到冷却液温度达到 50℃ 以上,发动机速度达到 3000r/min 以上,增压值达到 0.1MPa 以上。

若发动机不能起动,应接通起动开关,用起动机转动发动机约 5s。

2) 用手将节气门全负荷开关接通约 3s。

3) 当速度表指示 7000r/min 时,开始调出故障码(故障指示灯处于点亮状态)。

踩下制动踏板,记录速度表的读数和故障指示灯的状态,然后与表 7-2 进行对照,以此来确定故障的部位;再踏下制动踏板,根据速度表的读数和故障指示灯的状态,确定下一个故障的部位。如此反复进行,直到速度表指示 7000r/min、故障指示灯熄灭,表明存储的故障码已全部调出,自诊断过程结束。

4) 按诊断结果排除故障,经路试证明故障全部排除后,关断点火开关清除故障码,自诊断结束。

① 若在路试时故障指示灯又点亮,应重复上述过程再查找故障码,并排除故障。

② 若故障指示灯不再点亮,但发动机仍不能正常运行,则说明该车仍存在自诊断功能之外的故障。对于自诊断功能之外的故障可利用普通点火系统故障的诊断方法进行诊断。

利用自诊断系统进行故障检修的流程如图 7-15 所示。

(2) 常规方法检查微机点火系统故障程序　图 7-16 所示是丰田雷克萨斯 LS400 型轿车使用的 1UZ-FE 型发动机点火系统电路,以该电路为例,采用常规方法检查微机点火系统故障的流程如图 7-17 所示,其他车型的微机点火系统均可参考该流程图。

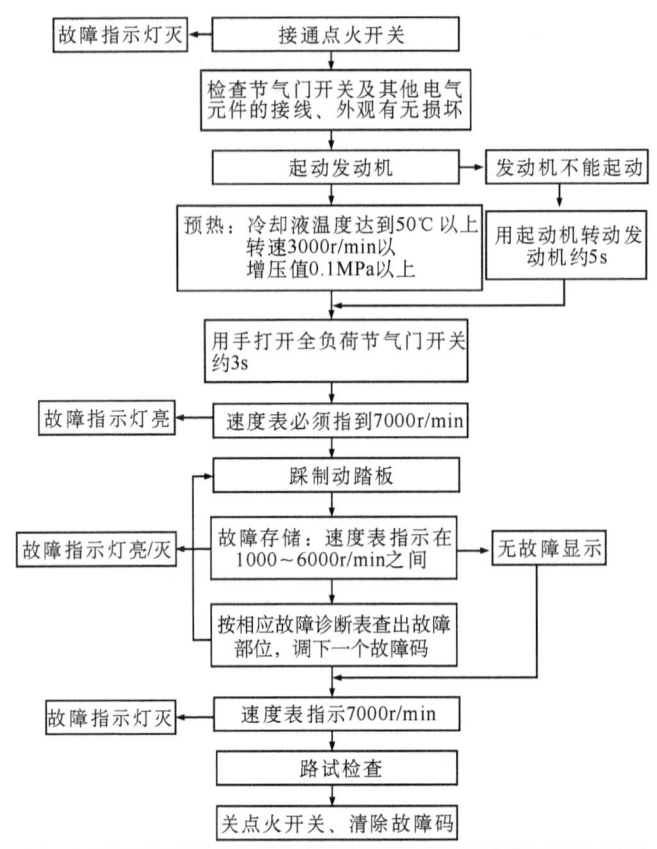

图 7-15 利用自诊断系统进行故障检修流程

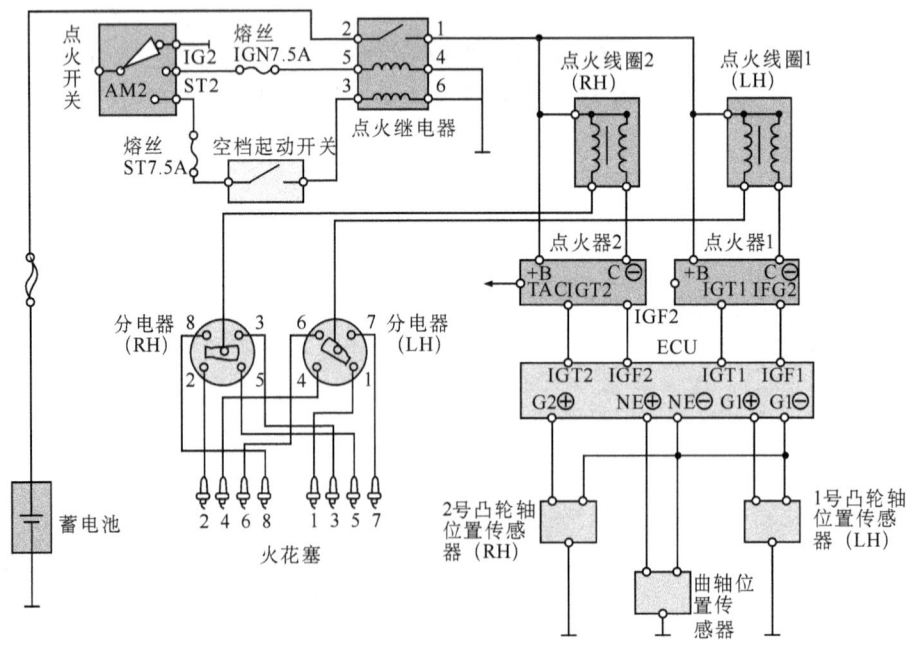

图 7-16 丰田雷克萨斯 LS400 型轿车使用的 1UZ-FE 发动机点火系统电路

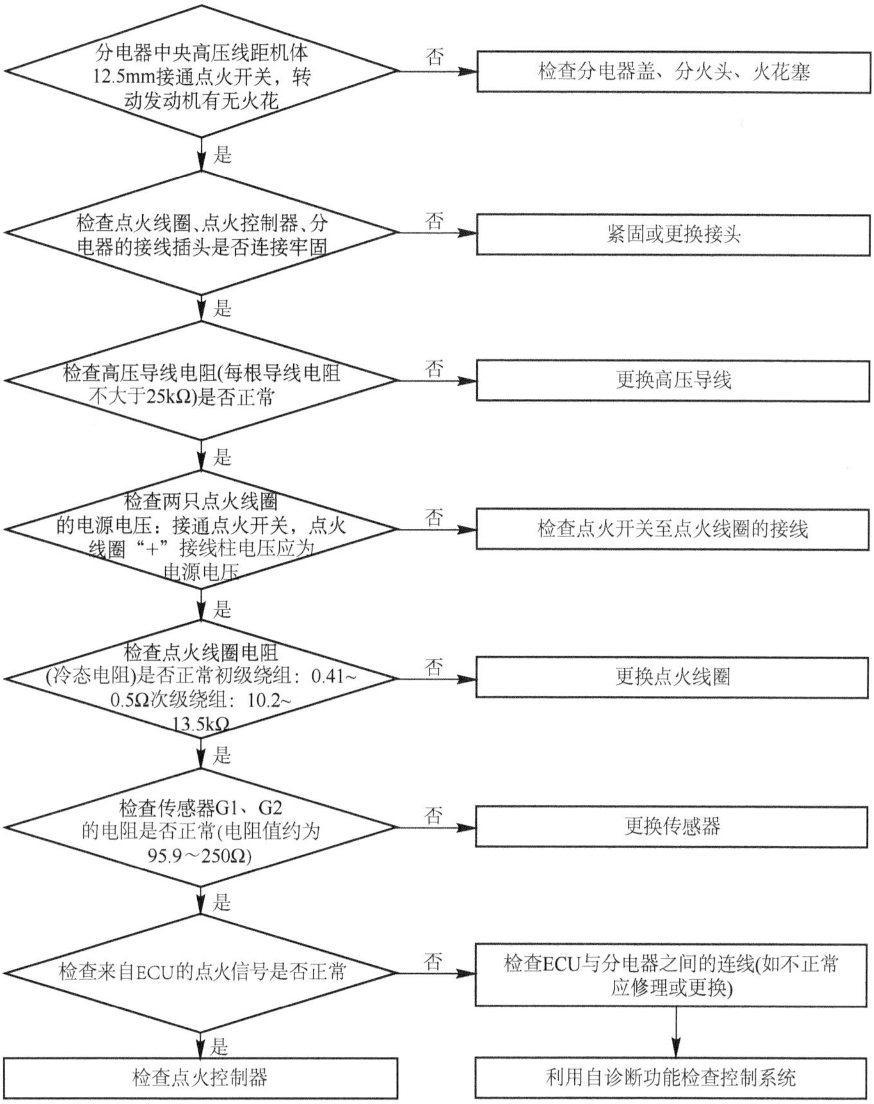

第七章 点火系统

图 7-17 常规方法检查微机点火系统故障的流程

第四节 电源与充电装置

一、蓄电池

蓄电池和发电机是汽车上的两大电源。发电机是主要电源，在正常工作时，对除起动机以外的所有用电器供电，并向蓄电池充电。现代汽车上普遍使用三相交流发电机，利用二极管组成的整流器，把定子绕组产生的三相交流电整流成直流电。为使发电机在转速变化时输出稳定的电压，必须使用电压调节器。

蓄电池的构成如图 7-18 所示。

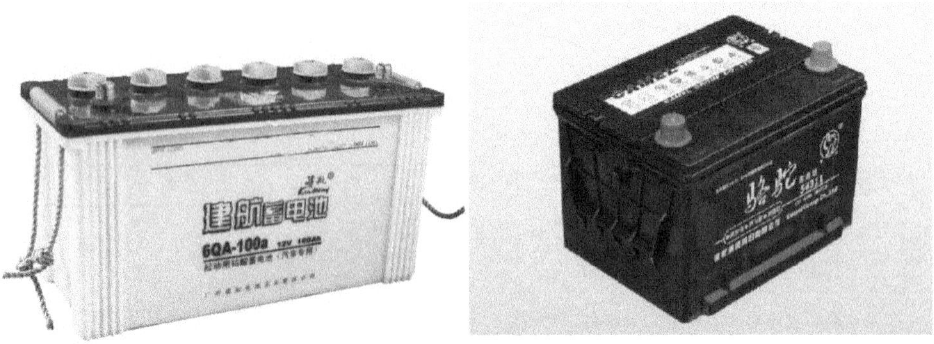

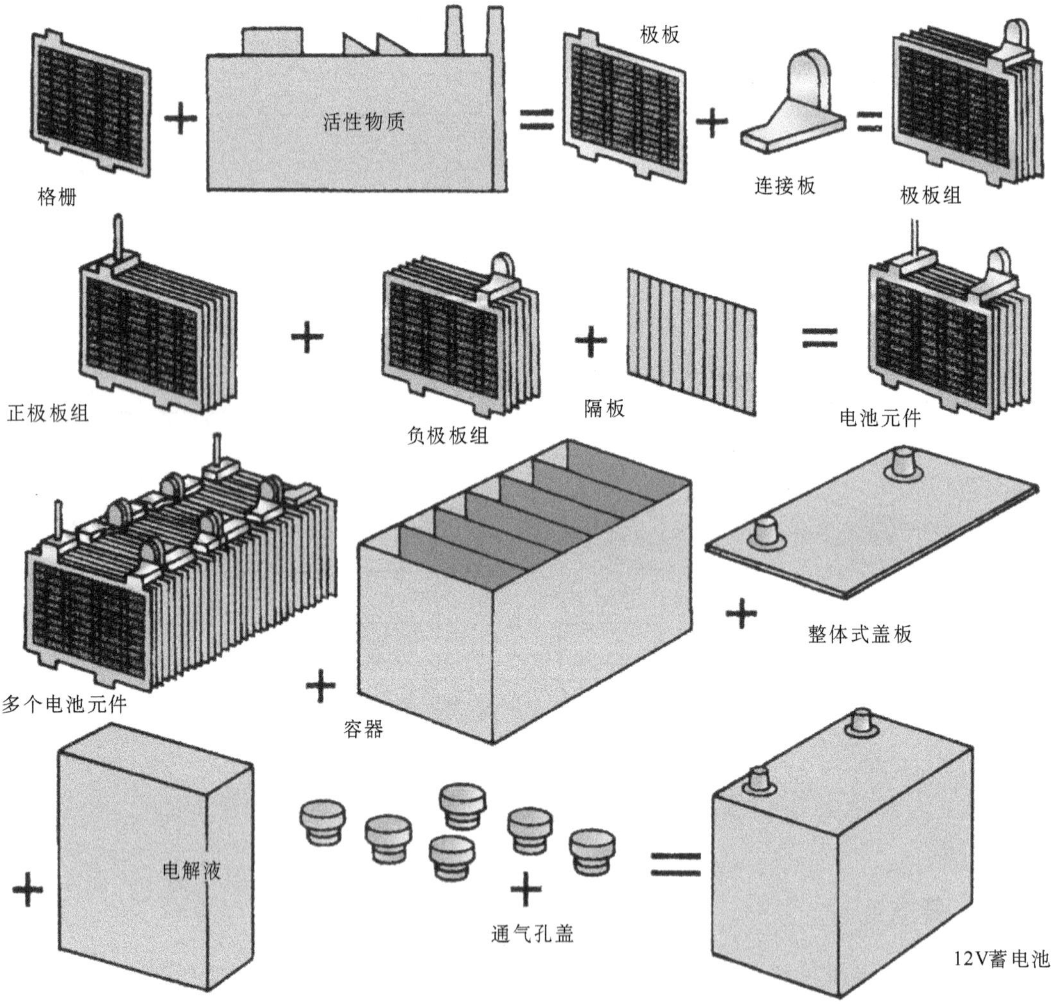

图 7-18 蓄电池的构成

二、发电机

现代汽车都采用交流发电机给蓄电池充电并给汽车用电系统提供电能,交流发电机比直

第七章 点火系统

流发电机具有更高的效率。它体积小、重量轻，而产生的电流比直流发电机大得多。交流发电机有一组转动的磁极和一组固定不动的线圈，采用整流二极管将交流电转变成直流电，交流发电机由定子、转子以及集电环和电刷组成，如图7-19所示。

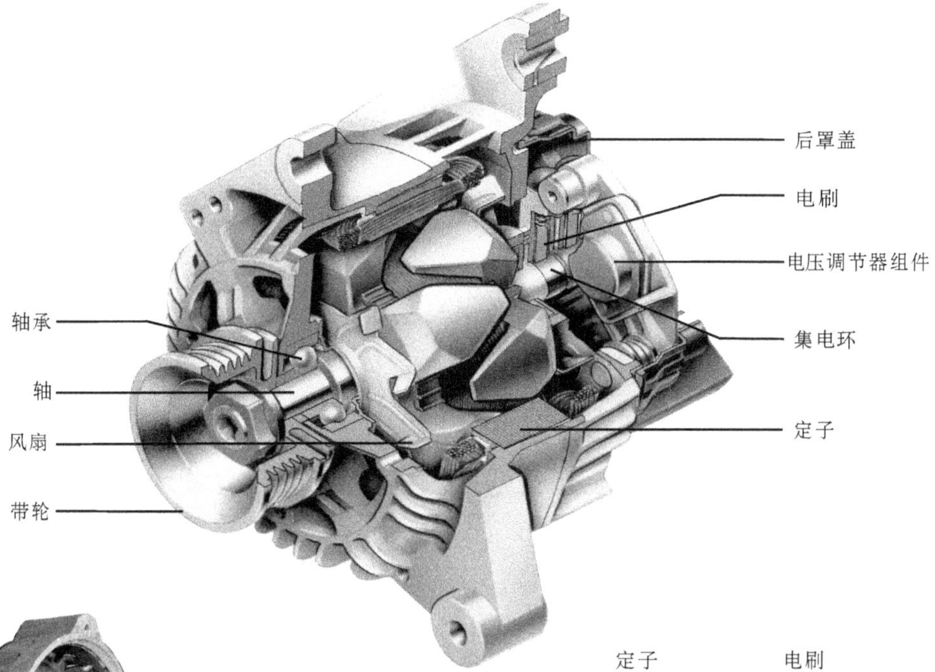

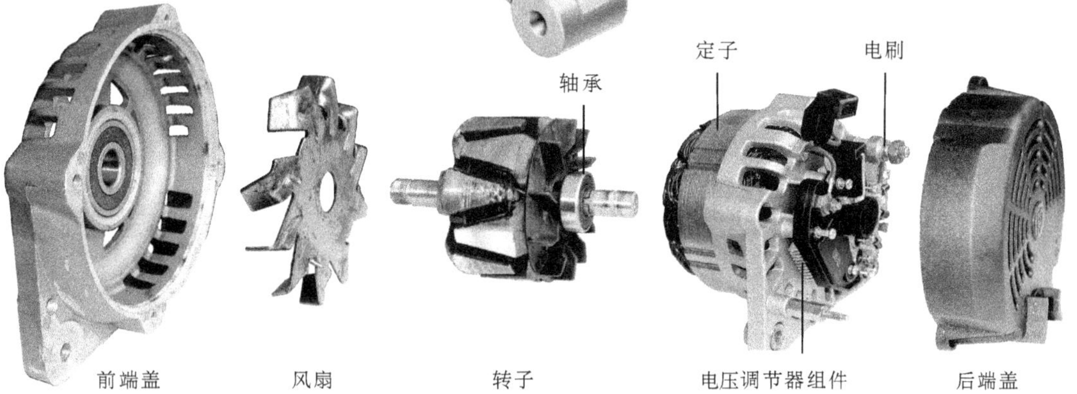

转子：由一个线圈和压装在轴上的铁心和两块多极极爪等部件组成，当电流通过线圈时，整个转子总成变成了电磁铁。电磁线圈的一端为N极，另一端为S极。两块极爪装在线圈的两端，第一个极爪的极性都与电磁线圈相应端的极性相同。交流发电机通常采用4对、6对或7对磁极。由电磁线圈和极爪形成的磁极在定子内转动，从而产生出电能。

定子：由圆形的叠压铁心组成，铁心上绕有三个独立的线圈绕组，绕组的布置能够在转动的磁场与固定的绕组导线之间相对运动时，使每一个绕组感应出独立波形的交流电压。

集电环和电刷：由转子上电磁线圈导线的两个末端分别连接在与转子轴压装在一起的两个集电环上。来自蓄电池的电流通过两个电刷和集电环进入转子上的电磁线圈，从而产生磁场，形成交流发电所需要的N极和S极。

图7-19 发电机分解图

三、电压调节器

现代汽车发电机的电压调节装置都采用电子控制式,通过控制通向励磁线圈电流的大小进行工作。图 7-20 所示为转子的转速、励磁电流和调节电压之间的关系曲线。实线表示交流发电机经调节后的电压。虚线表示励磁电流,当转子速度增加时,励磁电流被减小,从而控制了输出电压。

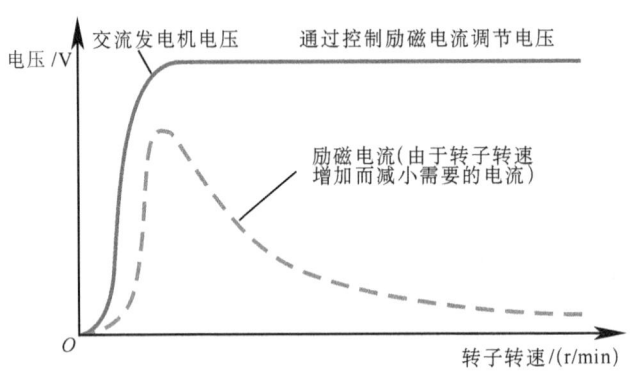

图 7-20 转子的转速、励磁电流和输出电压之间的关系曲线

电子式电压调节器实物及电路图如图 7-21 所示。

图 7-21 电子式电压调节器实物及电路图

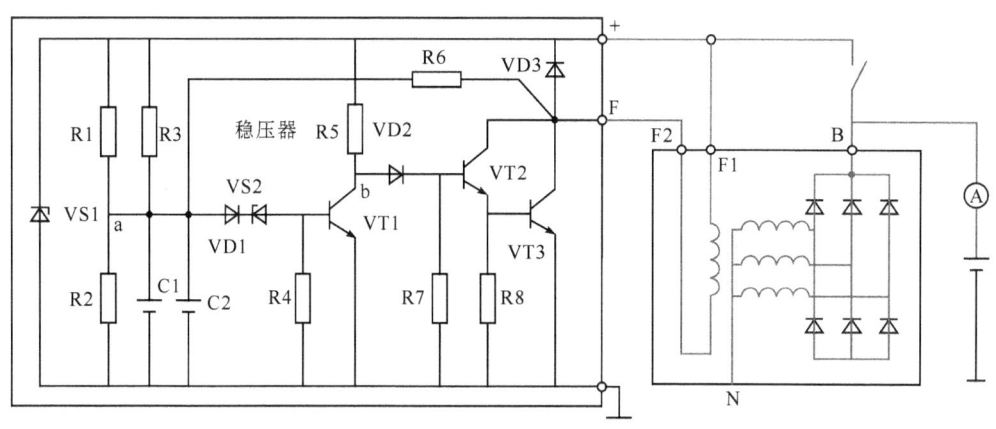

图 7-21 电子式电压调节器实物及电路图(续)

四、电源/充电系统故障维修

汽车运行中,电源充电系统常出现不充电、充电不足、充电电压不稳定等故障,其原因及排除方法见表 7-3。

表 7-3 充电系统常见故障与排除方法

常见故障	故障分析		排除方法
	故障部位	故障原因	
不充电	线路或电流表	连接导线断路、短路,连接处松动,电流表损坏	紧固接点,更换导线或电流表
		转子或定子绕组短路、断路或搭铁	修理,必要时更换
		电刷磨损或在刷架中卡住	修理或更换电刷
		整流二极管损坏	更换
		接线柱绝缘脱落	修理
	调节器	触点式调节器触点氧化、烧蚀,使励磁电路断路	打磨触点
		晶体管(或集成电路)调节器损坏	更换
		电压调节值过低	调节或更换调节器
充电不足	线路	连接导线有轻微短路,连接点松动或接触不良	紧固、清洁导线连接点或更换导线
	发电机	转子或定子绕组层间短路	重绕或更换
		电刷磨损,刷架紧固不良,电刷弹簧张力不足	更换电刷、弹簧或刷架
		集电环积污或磨损	清洁、修复或更换
		传动带过松	调节张紧度
		二极管不良或个别二极管损坏	更换
	调节器	低速触点污染或高速触点熔蚀	清洁、打磨触点或更换调节器
		晶体管或集成电路调节器性能变差	更换
		电压调节值过低	调节或更换调节器

(续)

常见故障	故障分析		排除方法
	故障部位	故障原因	
充电不稳（电压表指针摆动或充电指示灯时亮时灭）	调节器	连接导线有松动或接触不良	紧固、清洁导线接点
		电子元件即将断路或短路	焊接或排除短路点
	继电器	线圈或电阻即将断路、短路	修理或更换
		触点接触不良	打磨触点
充电电流过大	调节器	电压调得过高	重调使其符合要求
		大功率晶体管（输出级）短路	更换新件
		稳压管或小功率管断路	更换新件
充电指示灯暗淡，但不熄灭	调节器	充电指示继电器触点接触不良	检修
	点火开关	触点接触不良	检修或更换

充电系统故障的检修

（1）充电系统不充电故障

1）故障现象：发动机高怠速时，电流表指示放电3~5A，或充电指示灯亮。

2）故障分析思路：

① 发电机整流二极管击穿、短路或断路。

② 发电机电枢与励磁接线柱的绝缘击穿或接触不良，造成断路、短路。

③ 整流器绝缘击穿。

④ 电刷卡滞或磨损过量，弹簧弹力不足或折断。

⑤ 转子和定子的线圈短路、断路。

⑥ 调节器失效。

⑦ 充电线路有断路。

⑧ 发电机传动带过松或油污打滑。

3）维修方法：

① 检查传动带松紧度和油污情况，使之恢复正常。

② 拆下发电机接线柱与调节器励磁接线柱之间连线。将发电机电枢接线柱与调节器接线柱用导线短接，使发动机转速略高于怠速，同时观察电流表指针（或充电指示灯）动态。

③ 若短接后指示充电，则说明调节器工作不良。

④ 若短接后仍不充电，可用车用灯泡进行检查，拆下发电机电枢接线柱导线，起动发电机并将试灯一端与外壳相触。

⑤ 若试灯不亮，说明发电机有故障。

⑥ 若试灯亮，表明充电线路有断路。

（2）充电电流过小故障

1）故障现象：发动机在各种转速下，电流表指示充电过小。

2）故障分析思路：

① 发电机传动带过松。

② 充电线路松脱，接触不良。
③ 电刷接触不良，整流器表面磨损或有油污。
④ 转子线圈和定子线圈局部有短路、断路。
⑤ 调节器工作不良。

3) 维修方法：

① 若蓄电池亏电，且电流表(或指示灯)指示不充电，说明充电系统有故障。

② 使发动机处于中、高速状态运转，接通前照灯，此时观察电流表指示若偏于"+"的方向或指针不动，则说明充电正常。若瞬时偏向"-"的方向，则说明充电系有故障。

③ 在确定蓄电池未充足以及发电机传动带松紧正常的情况下，可用试灯的两根接线分别与电枢和励磁接线柱接触，起动发动机，提高转速，观察试灯亮度是否随转速提高而增加。若没有变化，则表明发电机内部有故障；若亮度随转速提高而增加，则表明发电机没有故障，而故障在调节器上。

(3) 充电电流过大故障

1) 故障现象：在蓄电池电量充足的情况下，电流表充电指示在 10A 以上，出现用电器过热、烧坏的现象。

2) 故障分析思路：

① 调节器失效。
② 发电机电刷与元件板短路。
③ 蓄电池内部短路。

3) 维修方法：将调节器励磁接线柱拆下，提高发动机转速，观察电流表指示，若充电，则说明发电机电刷与元件板短路；若电流表指示不充电，则说明调节器有故障。

(4) 充电电流不稳故障

1) 故障现象：发动机转速在高于怠速时，充电电流不稳。

2) 故障分析思路：

① 发电机传动带过松打滑。
② 充电系统线路连接不良。
③ 发电机内部线路接触不良。
④ 整流器脏污、电刷接触不良及电刷弹簧过弱或损坏。
⑤ 调节器工作不良。

3) 维修方法：

① 检查和调整发电机传动带松紧度。
② 检查整流器，清洗油污表面。如电刷磨损过量和弹簧弹力不足，应更换新件。
③ 对于晶体管调节器可换件对比检查，如故障消失，表明原有调节器损坏。

第八章

起 动 系 统

第一节 起动系统的组成和原理

一、起动系统的作用和组成

起动发动机时,需要一定的曲轴转速。起动系统的作用就是通过起动机把来自蓄电池的电能转换成机械能并传送到发动机曲轴上,使发动机旋转并进入自行运转状态。

现代汽车发动机以电动机作为起动动力。起动系统的基本组成如图 8-1 所示,由蓄电池、点火开关、起动机继电器、起动机等组成。

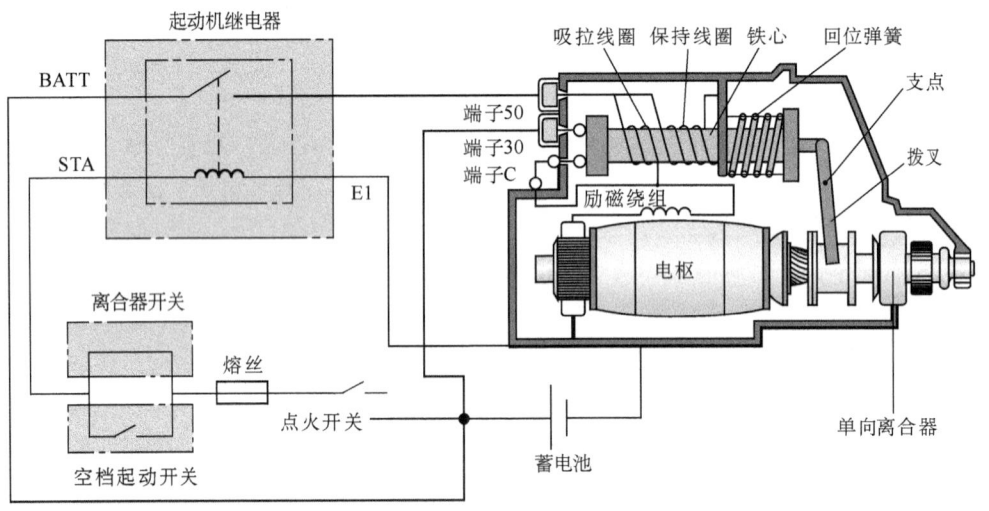

图 8-1 起动系统的基本组成

起动机包括直流电动机、电磁开关和传动装置。直流电动机的作用是产生电磁转矩(动力),将蓄电池的电能转化为机械能。传动装置包括单向离合器和拨叉,其作用是使起动机驱动齿轮与发动机飞轮齿环啮合,将电动机的动力传给发动机;当发动机起动后,又使起动机驱动齿轮与发动机飞轮齿环自动分离。

控制装置由点火开关、电磁开关、离合器开关(MT)或空档起动开关(AT)、起动继电器等组成。其作用是控制驱动齿轮与飞轮齿环的啮合与分离,控制起动机电路的接通与切断。

第八章 起动系统

二、起动系统的工作原理

起动系统工作原理如图 8-2 所示。

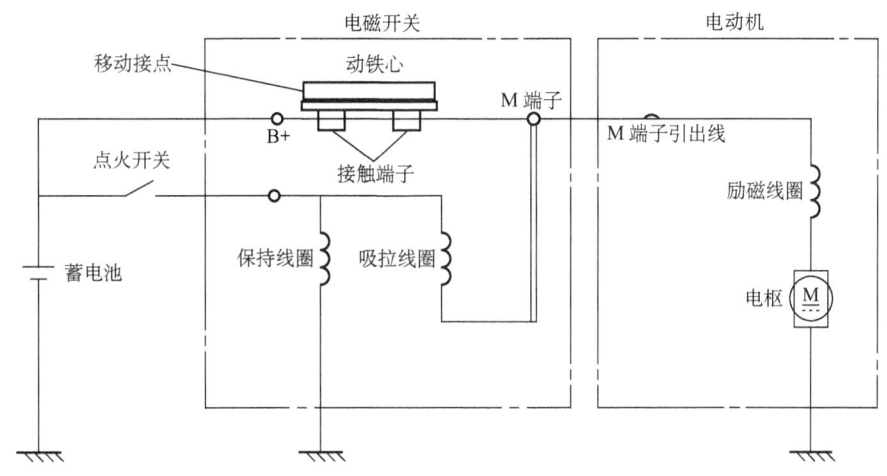

图 8-2 起动机工作原理示意图

1）当点火开关打到起动档时，起动机电磁开关的保持线圈和吸拉线圈同时通电，将电磁开关吸合，蓄电池直接向直流电动机供电，起动机带动发动机运转；同时，吸拉线圈两端电位相等而断电，只有保持线圈起作用将电磁开关保持在吸合位置。

2）发动机起动后，飞轮带动起动机小齿轮旋转，起动机单向离合器打滑，切断发动机和起动机之间的联系。

3）松开点火钥匙，保持线圈断电，电磁开关断开，起动过程结束。

第二节 不同形式的起动机

一、直流起动机

直流起动机使用直流电动机，其传动机构主要组成部分是单向离合器。传动机构将电动机的动力传递给发动机飞轮以起动发动机，而发动机起动后则靠单向离合器自动断开发动机对起动机的逆向驱动。

常见的单向离合器有滚柱式（图8-3）、摩擦片式及扭簧式。

二、永磁起动机

如图 8-4 所示，以永磁材料作

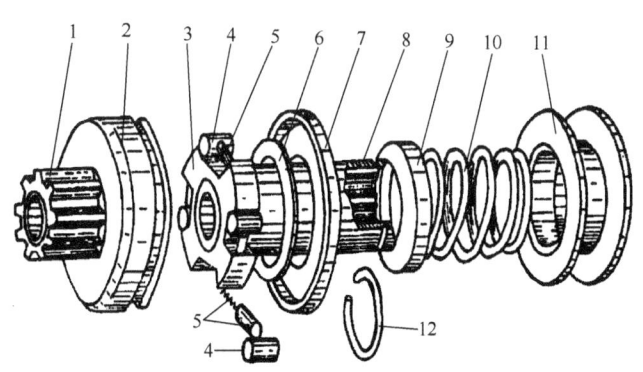

图 8-3 滚柱式起动机单向离合器的构成

1—起动机驱动齿轮 2—外壳 3—十字块 4—滚柱
5—压帽与弹簧 6—垫圈 7—护盖 8—花键套筒
9—弹簧座 10—缓冲弹簧 11—移动衬套 12—卡簧

为磁极的起动机,称为永磁起动机。它取消了传统起动机中的励磁绕组和铁心,使起动机的结构简化,体积和质量大大减小,可靠性提高,并节省了金属材料。

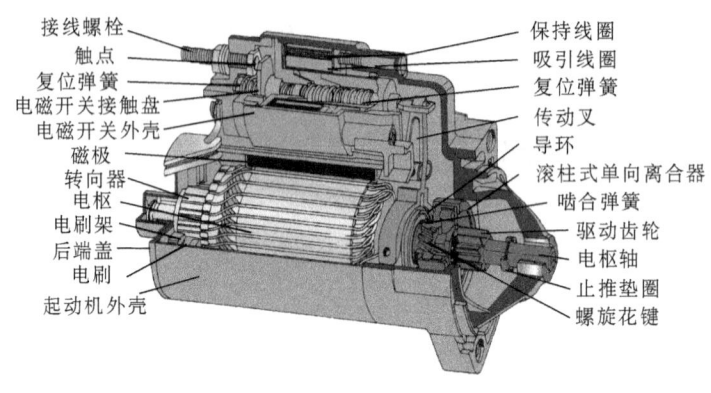

图 8-4 永磁起动机的组成

三、减速起动机

在起动机的电枢轴与驱动齿轮之间装有齿轮减速器的起动机,称为减速起动机。

如图 8-5 所示,在起动机中采用高速、低转矩的直流电动机时,在电动机的电枢轴与驱动齿轮之间安装齿轮减速器,可以在降低电动机转速的同时提高其转矩。

图 8-5 减速起动机的构成

减速起动机的齿轮减速器有外啮合式、内啮合式、行星齿轮式三种不同形式。

四、永磁减速起动机

如图 8-6 所示,采用高速低转矩的永磁电动机,并在驱动齿轮与电枢轴之间安装齿轮减速器的起动机,称为永磁减速起动机。

永磁减速起动机的定子采用永磁材料,具有磁场稳定、体积小、重量轻、使用安全性好等特点,适用于小功率的起动机。

图 8-6 永磁减速起动机的剖视图

第三节 起动系统的检修

一、起动系统的检查

1. 电刷的检查

电刷在使用中磨损较快,检修时应重点检查其磨损情况。电刷的高度应不低于新电刷高度的 2/3,若磨损过多,必须及时更换。安装时,应使电刷与换向器的接触面积不小于 75%,否则应予以研磨。测量电刷的长度,如果不在维修极限内,则更换电枢壳体总成。电刷长度的测量如图 8-7 所示。

2. 电刷弹簧的检查

电刷弹簧在使用中弹力会减退,应检查其弹力是否符合规定。安装时避免用力过大而使其变形,保证弹簧压在电刷的正中间。电刷弹簧的安装位置如图 8-8 所示。

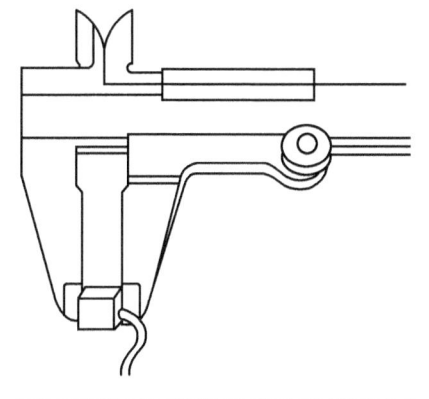

图 8-7 电刷长度的测量

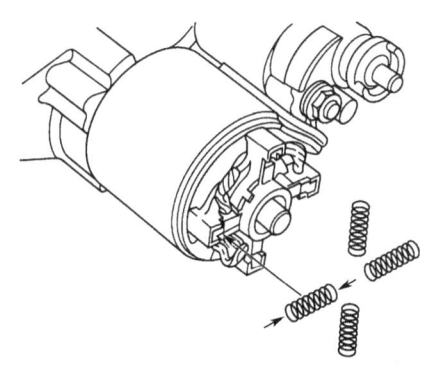

图 8-8 电刷弹簧的安装位置

3. 励磁绕组的检查

励磁绕组导线截面的面积较大,使用中电流过大,会烧毁绝缘层,导致搭铁或匝间短路。一般情况下直观检查就可以发现其故障部位。如果匝间短路,可拆除外表面的纱带,剔除烧坏的绝缘纸,重新镶嵌新的绝缘纸,再用纱带包扎浸漆烘干;如果线圈只出现搭铁故障,则只需用新纱带重新包扎浸漆烘干即可。

4. 电枢的检查

1)检查电枢是否磨损或损坏,如有磨损或损坏,则更换电枢。

2)检查换向器的表面。如果表面脏污或烧蚀,则用金刚砂布或车床重新修整表面,或者用 F500 或 F600 砂纸重新修复。

3)如图 8-9 所示,检查换向器直径。如果测得直径在维修极限以下,则更换电枢。

4)如图 8-10 所示,测量换向器的径向圆跳

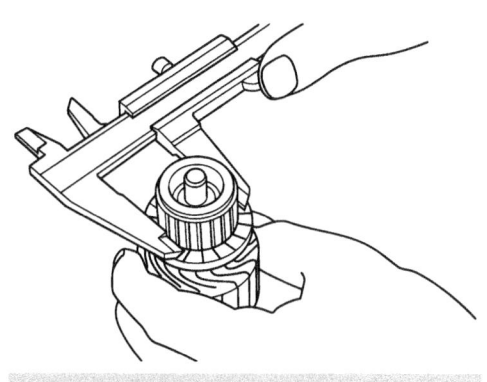

图 8-9 检查换向器直径

动误差。如果换向器的径向圆跳动误差在维修极限内，则检查换向器整流片之间的炭屑或黄铜碎片；如果换向器径向圆跳动误差超出了维修极限，则更换电枢。

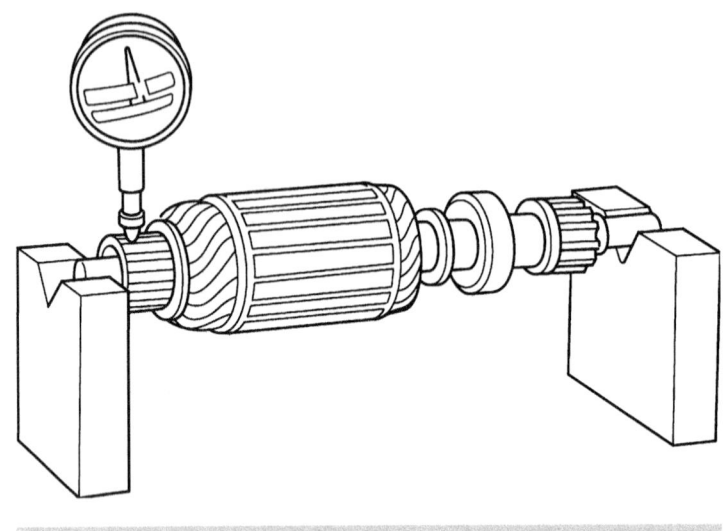

图 8-10　测量换向器的径向圆跳动误差

5）检查云母深度。如果云母过高，则用钢锯条将云母凹槽切至适当的深度。切除换向器整流片之间的所有云母。凹槽不能太浅、太窄或呈 V 形。

6）检查换向器整流片之间是否导通。如果任何整流片之间断路，则更换电枢。

7）如图 8-11 所示，检查电枢线圈是否短路。使用万用表电阻档检查换向器（A）与电枢线圈芯（B）之间以及换向器与电枢轴（C）之间是否导通。如果导通，则更换电枢。

5. 单向离合器的检查

1）如图 8-12 所示，沿轴滑动单向离合器 1，如果不能平稳滑动，则将其更换。

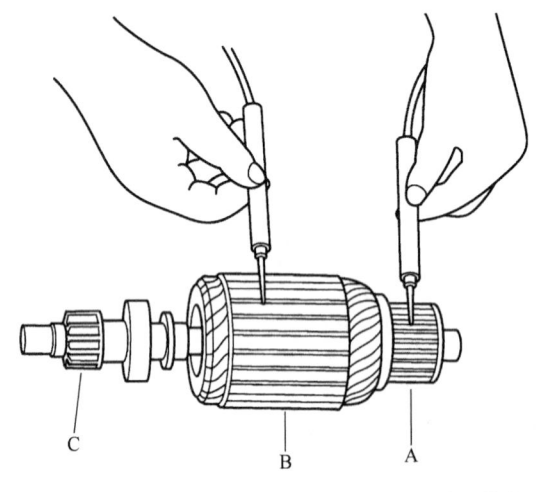

图 8-11　检查电枢线圈是否短路

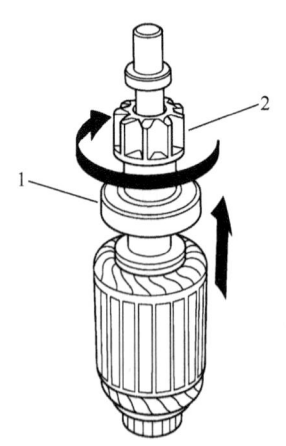

图 8-12　单向离合器的检查
1—单向离合器　2—主动齿轮

2）固定主动齿轮 2，按图 8-12 所示方向转动单向离合器以确保转动流畅。同时确保单向离合器反向锁止。如果不能在任意一个方向锁止，或从两个方向都锁止，则将其更换。

3）如果起动机主动齿轮磨损或损坏，则更换单向离合器总成；齿轮不能单独更换。检查飞轮或变矩器齿圈的情况。如果起动机主动齿轮轮齿损坏，则将其更换。

二、起动系统故障检修

1. 接通起动开关，起动机不转故障

（1）故障现象　接通起动开关，起动机不转。

（2）故障分析思路　以桑塔纳轿车起动机为例：

1）蓄电池亏电。
2）蓄电池正、负极桩上的电缆接头松动或接触不良。
3）起动机开关触点烧蚀，或触点高度调整不当。
4）换向器烧蚀，致使电刷和换向器接触不良。
5）电刷弹簧压力过小，或电刷在电刷架中卡滞。
6）电刷引线断路或电刷搭铁。
7）励磁绕组或电枢绕组断路、短路或搭铁。
8）电枢轴铜衬套磨损，使电枢铁心与磁极摩擦或碰撞。

（3）维修方法

1）检查蓄电池容量和导线，检查搭铁电缆和正极电缆连接情况。

2）接通汽车前照灯或喇叭，若灯光强、喇叭响，说明蓄电池存电充足；若灯不亮或喇叭不响，说明蓄电池或电源线路有故障，应检查蓄电池连接电缆。

3）若灯亮，喇叭响，说明故障在起动机开关或控制电路。可用旋具将起动机端子"30"与"C"短接，使起动机空转。若起动机不转，则起动机有故障；若起动机空转，说明电磁开关或控制电路有故障。

4）诊断起动机故障时，可根据旋具搭铁端子"30"与"C"短接时产生火花的强弱判别。若短接时无火花，说明是励磁绕组、电枢绕组或电刷引起的断路；若短接时，有强烈的火花而起动机不转，说明起动机内部有断路或搭铁，需拆解起动机检修。

5）诊断电磁开关或控制电路故障时，可用导线将蓄电池正极与电磁开关"50"端子接通（不超过3~5s），如接通时，起动机不转，说明电磁开关故障，应检修或更换部件；如接通时起动机转动，说明端子"50"至蓄电池正极之间线路或点火开关有故障。

6）将试灯一端引线电极搭铁，另一端引线电极接点火开关"30"端子，如试灯不亮，说明蓄电池正极至点火开关之间的线路断路；如试灯亮，说明该段线路良好。

7）将试灯引线电极接点火开关"50"端子，点火开关转到起动位置，如试灯不亮，说明是点火开关故障，应更换新件；若试灯亮，说明点火开关良好，故障可能发生在点火开关"50"端子至中央线路板B8接点之间的红黑色导线，或起动机"50"端子至中央线路板C18接点之间的红黑色导线，或者在中央线路板。应予逐段排查。

2. 起动机运转无力故障

（1）故障现象　起动机运转无力，带负载能力降低。

（2）故障分析思路

1) 蓄电池容量不足或短路,使供电能力降低。

2) 起动机主电路接触电阻大。例如:蓄电池搭铁不实,正、负极桩固定不牢,起动机控制开关与接触盘烧蚀,电刷与换向器接触不良,换向器烧蚀等。

3) 励磁绕组或电枢绕组局部短路。

4) 发动机装配过紧,起动温度低等。

(3) 维修方法

1) 电磁控制式起动机的电磁开关线圈有短路或接触不良时,产生磁力过小,不能压缩回位弹簧,使主回路接触盘接触不良。

2) 电枢移动式起动机,当接通电磁开关时动触点先闭合,辅助线圈接通,电枢缓慢转动和移动,圆盘顶扣爪块,使动触点的下触点闭合,将主回路接通,起动机转动。若扣爪块与圆盘接触的凸肩磨损,不能释放限止板,动触点的下触点不能闭合,主回路不通,致使起动机运转无力。

3. 起动机空转故障

(1) 故障现象 起动机空转。

(2) 故障分析思路 因起动机结构特点及采用的传动机构和控制装置不同,造成起动机空转的故障原因和部件也不同。

1) 机械强制式拨叉脱槽,使小齿轮不能拨动,或其行程调整不当。

2) 电磁控制式的电磁开关铁心行程不足。

3) 电枢移动式辅助线圈短路或断路。

4) 单向啮合器打滑。

5) 飞轮齿圈损坏。

(3) 维修方法

1) 采用电磁控制式开关的起动机,应检查有无搭铁。当接通起动机时,有大电流通过,说明有短路现象,应立即断开。

2) 检查继电器和电磁开关。可将两接线柱用旋具短接,如能起动,说明接触不良或继电器电磁线圈断路;若起动机不转动,故障在电磁开关线圈断路或主回路线接触不良。

3) 起动机空转。对于电磁控制式起动机空转,应检查主回路接触盘行程,如果行程过小,会引起起动机电枢高速运转,必要时对行程加以调整;对于电枢移动式起动机空转,多是限制板磨损,使活动触点提早闭合,应调整再试。

4) 单向啮合器打滑,致使起动机空转,应更换新件。

5) 起动机使用时发出撞击声是断续的,有时小齿轮可与飞轮齿啮合,说明是飞轮齿圈部分磨坏,应更换飞轮齿圈;撞击声是连续的,是行程调整不当所致,应按技术规定重新调整行程。

4. 起动机转动时有撞击声故障

(1) 故障现象 起动机转动时有撞击声。

(2) 故障分析思路

1) 起动机开关和电磁开关行程失调。

2) 起动机小齿轮和飞轮齿圈磨损或损坏。

3) 起动机安装不当,固定螺钉松动。

4）起动机小齿轮端面与端盖凸缘间的距离过小。

（3）维修方法

1）首先摇转曲轴一个角度，再接通起动机开关（或电磁开关），如撞击声消失，且能啮入带动发动机，说明飞轮齿圈部分齿打坏，应更换飞轮齿圈。

2）如曲轴转过任何角度均不能消除撞击声，驱动小齿轮始终不能啮入，则应检查起动机拨叉行程（或电磁开关行程）是否过短，应按技术规定重新调整行程。

3）当发现起动机固定螺栓松动时，应重新安装并紧固。

4）按技术要求，重新调整起动机小齿轮端面与端盖凸缘之间的距离，确保起动机转动无撞击。

第九章

发动机综合维修

第一节 发动机总装与总检

发动机的装配是把新零件、修理合格的零件、组合件和辅助总成,按照工艺和技术条件装配成完整的发动机总成的工作过程。

发动机装配好后,还要进行磨合和竣工验收工作,以保证为汽车提供高质量的符合技术标准的发动机。

一、装配要求

1. 场所要求

装配应在专用车间或清洁场地进行。装配过程中应防尘和保持较为稳定的室内温度。要做到工件、工量具和油渍不落地,并保持工作台、工件盘和工量具的清洁。

2. 待装零、部件要求

1)准备装合的零、部件及总成都要经过检验及试验,必须保证质量合格。

2)易损零件、紧固锁止件应全部换新,如气缸衬垫及其他衬垫、开口销、自锁螺母、弹簧垫圈等,如图 9-1a 所示。

3)严格保持零件、润滑油道清洁。零件清洗洁净后应用压缩空气吹干,并在光洁面上涂一层机油,以防生锈。气缸体上安装缸盖螺栓的不通螺孔中不得积存油液和污物,以免旋入缸盖螺栓时,挤压孔中的积液而形成极高的液压力,致使螺孔周围的缸体平面向上凸起或开裂。

4)不许互换的零件(如气门等),应做好装配标记,以防错装。全部零件清洁、清点后应分类摆放整齐,如图 9-1b 所示。

5)装配时,应在零件的配合表面(过盈配合、过渡配合、间隙配合表面和摩擦表面)如凸轮、齿轮、摇臂头部、螺纹等,涂抹机油,做好预润滑,如图 9-1c 所示。

3. 作业要求

1)装配中所用的工量具应齐全、合格,尽量使用专用器具装配。

2)装配过程中不得直接用锤子击打零件,必要时应垫上铜棒等。

3)确保各密封部位的密封,防止漏水、漏油、漏气、漏电,重要密封部位应涂密封胶。安装橡胶自紧油封时,应在唇口和外圆涂抹机油后,再用压具压入油封承孔中。

4)各紧固螺栓、螺母应按规定的紧固力矩、拧紧顺序和拧紧方法拧紧。对于主轴承盖

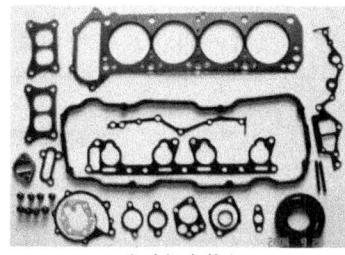

a）发动机大修包

b）发动机待装组件

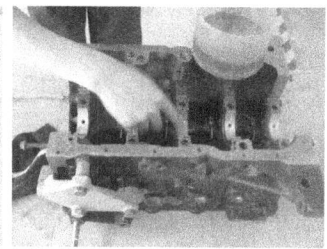

c）发动机待装件的预润滑

图 9-1　发动机装配前的准备

螺栓、连杆螺栓、气缸盖螺栓、飞轮固定螺栓等发动机上重要的螺栓（或螺母），必须使用扭力扳手，按规定顺序，分次、均匀地将螺栓拧到规定力矩。

5）重要部位的间隙必须符合标准规定。

二、装配与调试

发动机的总装包括组合件装配与总成装配两部分，以缸体为装配基础，由内向外装合。

1. 曲轴的安装

1）将经检验合格的气缸体倒置于工作台架上。

2）装合正时齿轮与止推垫片（注意方位）。正时齿轮与轴颈为过渡配合、键连接。

3）曲轴主轴承的安装。

① 主轴承涂以机油，按规定技术要求进行装合。

② 装上曲轴后，按顺序装好主轴承盖，旋上主轴承盖螺栓，交错拧紧各道主轴承盖螺栓（拧紧力矩为65N·m）。**注意：应边拧紧边转动曲轴，紧固后应转动灵活无阻涩感。**

③ 装合前、后曲轴密封法兰。用专用工具将曲轴前、后油封压入前、后法兰上（若不用专用工具，不能保证油封垂直压入）。油封刃口向内并涂以机油（防止损坏刃口），密封衬垫应涂以密封胶，并确保各密封端面清洁、平整。在曲轴两端装上导套，可防止损伤油封刃口。装好前、后密封法兰，旋紧螺栓（拧紧力矩：M8 为 20N·m，M10 为 10N·m）。

④ 安装曲轴后端滚子轴承。滚子轴承印有标记的一面朝外，用专用工具压入。压入后应低于曲轴后端面 1.5mm。

⑤ 安装飞轮。装上飞轮后，其紧固螺栓上应涂防松胶，按对角线分 2~3 次旋紧（拧紧力矩为 75N·m）。**注意：飞轮盘上的标记要与相应的正时标记对正。**

2. 活塞连杆组的安装

（1）活塞连杆组的组装（**注意：装配标记应朝向曲轴带轮**）

1) 安装活塞销。将活塞用水加热至60~80℃,把涂有机油的活塞销推入销孔,用尖嘴钳装上活塞销挡圈,使挡圈的开口与活塞销孔上的缺口错开一个角度,如图9-2所示。

2) 检查活塞连杆安装的正确性,即活塞顶与曲轴轴线的平行度。将其装在检验棒上,用钢直尺和塞尺在检验平板上检验(平板垂直于检验棒),超过使用极限0.005mm则必须重新装配。

3) 检查偏缸。侧置缸体,将未装活塞环的活塞连杆组装入相应气缸,按规定力矩(30N·m,90°)拧紧连杆螺母。先检查连杆小端两侧与活塞销座孔端面之间的距离(一般不小于1mm),若小于1mm,则表明气缸中心线产生偏移。再转动曲轴,检查活塞在上、下止点和中间位置时的缸隙,若间隙差大于0.10mm,则表明活塞偏缸。应查明原因予以校正。

4) 安装活塞环。活塞环有标记"TOP"的一面朝上,用活塞环钳将其按顺序装入活塞环槽中,开口位置互错120°。**注意:气环第1道厚1.5mm,第2道厚1.75mm;油环厚3mm**。

(2) 活塞连杆组与曲轴的装合

1) 按缸号标记及方向标记将活塞装入相应气缸内。并在活塞裙部或气缸壁上涂以机油(包括活塞环与环槽),将各活塞连杆组装入气缸内,装毕应再次检查装配标记是否正确,如图9-3所示。

图9-2 活塞连杆组的安装

图9-3 活塞连杆组与曲轴的装合

2) 连杆轴瓦与连杆螺栓的装配。在连杆上装好连杆轴瓦,连杆轴瓦上的定位凸起应与相应的凹槽对正。**注意:不同型号的发动机,其连杆螺栓也不相同,不可随意使用**。打有"不许重复使用"标记的螺栓一经拆卸则不得再用。

3) 连杆与曲轴连杆轴颈的装合。将连杆、连杆轴承盖与连杆轴颈装合,旋上连杆螺母,在螺纹表面和支承接触表面涂以机油,按规定力矩拧紧(30N·m,180°)。每装一道连杆轴承即转动曲轴,应转动灵活无阻涩感。并检查连杆大端与曲轴的侧隙,使用极限为0.37mm,否则应查明原因予以排除。

3. 气门组的装配

1) 压装气门导管油封。在气门杆端装以塑料套(保护油封,必须使用),将导管油封涂好机油装入专用工具内,小心地推入导管。

2) 装合气门组件。依次装上气门、气门弹簧下座、弹簧、弹簧上座。用专用工具压下气门弹簧上座,装入气门锁片。取下专用工具后,用木锤敲击各气门杆头部,使锁片与气门杆上的槽配合严密。

3）安装推杆。

① 机械式推杆。推杆缺口朝向进气歧管一方，涂上机油放入已做出标记的相对应的推杆孔内，不得装错。

② 液压推杆。装前涂以机油，并检查进排气门杆头与气缸盖上端面的距离。注意：推杆与推杆孔配合间隙必须符合技术标准（标准值为 0.03～0.07mm，使用极限为 0.12mm），与凸轮接触部位出现明显磨损凹陷时必须更换。液压推杆不可拆卸，必须整套更换，放置时工作面必须朝下，以免机油流失。

4）安装凸轮轴。

① 检查各轴承盖装配位置及标记（不可错装），并涂以机油。

② 使 1 缸凸轮朝上（不压迫气门杆），装上凸轮轴。先装上第 2、第 5 道轴承盖并以 20N·m 力矩对角线交替拧紧轴承盖紧固螺栓，再装第 1、第 3 道轴承盖，最后装上第 4 道轴承盖，并交替拧紧（拧紧力矩为 20N·m），如图 9-4 所示。

③ 安装凸轮轴油封。油封刃口向内，涂以机油，使用导套及压具将油封压入，但油封不得压入过量（易堵塞回油孔），稍低于缸盖表面即可。

④ 安装半圆键和凸轮轴正时齿轮，再装上垫圈和轴头螺栓（拧紧力矩为 80N·m）。

图 9-4 气门组的装配

4. 气缸盖的安装

先安装气缸垫，标记"OPEN"朝上，再转动曲轴使各缸活塞均不在上止点位置（以防与气门相碰），利用导向工具（装在缸体螺纹孔中）装上气缸盖、旋上缸盖螺栓。按拧紧顺序分四次拧紧，前三次拧紧力矩依次为 40N·m、60N·m、75N·m，最后再旋转 90°，如图 9-5 所示。

5. 正时齿轮的安装

安装曲轴正时齿轮、正时齿带并检查同步带松紧度。

6. 气门间隙的检查

机械式推杆气门间隙的检查如图 9-6 所示。

图 9-5 气缸盖的安装

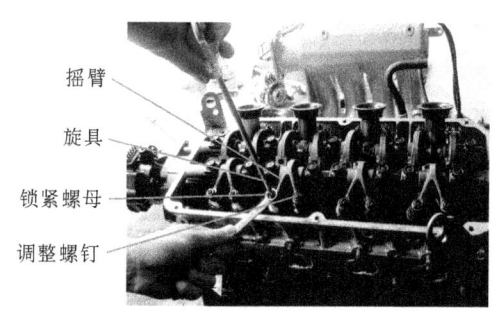

图 9-6 气门间隙的检查

液压推杆的气门间隙不需调整,但应检查并确定其液压作用能补偿气门产生的间隙,检查方法是:起动发动机直至风扇运转,提高转速至 2500r/min,并保持 2min,若液压推杆仍有噪声,则属不正常,应查明原因并予以排除。可拆下气门室罩盖,旋转曲轴使待查凸轮朝上,用楔形木棒压下推杆时,在气门开启前存在的间隙若大于 0.10min,则表明液压推杆已损坏不能使用,应更换新件。

注意:装上新液压推杆后,30min 内不得起动发动机,因为液压推杆内的机油在弹簧作用下经泄油间隙流出需要一定时间,过早起动会使气门与活塞碰撞损坏。

7. 气门室罩的安装

在气缸盖上装上导油板,衬垫上涂以密封胶,将气门室罩盖和加强板一同装上,旋紧罩盖紧固螺栓(拧紧力矩为 10N·m)。

气门室罩的安装如图 9-7 所示。

8. 传动带罩的安装及发动机传动带的调整

1) 将衬条涂上密封胶,与传动带上、下罩装在发动机上,旋紧固定螺栓和螺母(拧紧力矩为 10N·m)。装上曲轴带轮,旋紧带轮固定螺栓(拧紧力矩为 20N·m),装上传动带,如图 9-8 所示。

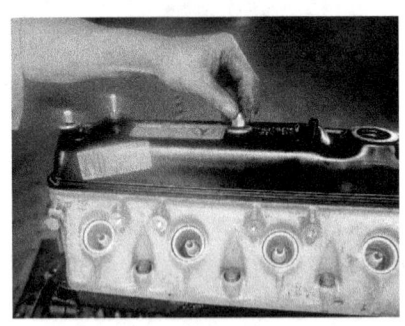

图 9-7 气门室罩的安装

图 9-8 传动带罩的安装及
发动机传动带的调整

2) 旋松发动机支架及吊耳的固定螺栓,旋松调整螺母固定螺栓,转动调整螺母使传动带张紧,螺母旋转力矩:新带为 8N·m,旧带为 4N·m。用拇指压下传动带检查最大挠度,新带为 2mm,旧带为 5mm。若合适则旋紧调整螺母固定螺栓(力矩为 35N·m)及发电机支架和吊耳固定螺栓(力矩为 20N·m)。

9. 机油泵与分电器的安装

1) 安装机油泵。在缸体上装机油泵主动轴上支承套,将组装好的机油泵装上,使机油泵主动轴下支承定位套进入气缸体,旋紧固定螺栓(力矩为 20N·m)。使机油泵主动轴端的扁舌与曲轴轴线保持平行位置,如图 9-9 所示。

2) 转动曲轴,由飞轮观察孔见到飞轮标记"O"与飞轮观察孔上的箭头对准,这时 1 缸活塞位于压缩上止点。使分电器分火头上的标记与分电器壳上的标记对

图 9-9 机油泵与分电器的安装

准后,把分电器装在气缸体上,同时使分电器轴下端凹槽与机油泵端的扁舌对正,这时装上压板,旋紧固定螺栓(力矩为25N·m)。火花塞拧紧力矩为25N·m。

3) 再次转动曲轴(两整圈),复查飞轮标记与观察孔处标记是否对正,以确定分电器安装位置是否正确无误。

10. 油底壳的安装及新机油的加注

1) 安装油底壳。清洗油底壳和气缸体的接合表面,装上新衬垫(不要进行黏合),对称均匀旋紧油底壳固定螺栓(力矩为30N·m)。

2) 加注新机油。

11. 进、排气歧管的安装

换装新衬垫,旋紧进气歧管固定螺栓(力矩为25N·m),装上O形密封圈、密封垫、进气歧管预热器,旋紧固定螺栓(力矩为10N·m),旋紧排气歧管固定螺栓(力矩为30N·m),如图9-10所示。

12. 离合器的安装

1) 从动盘的安装。将从动盘装在飞轮上,并以定心棒定位(便于从动盘与变速器第一轴装合时对中),从动盘减振弹簧突出的一面朝外;然后安装压板组件,按规定顺序旋紧固定螺栓(力矩为25N·m),如图9-11所示。

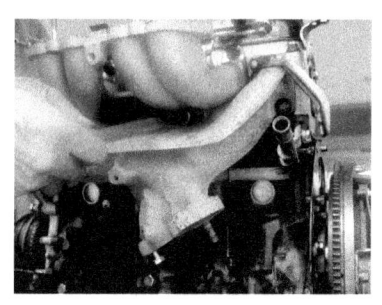

图9-10 进、排气歧管的安装

图9-11 离合器的安装

2) 压入分离叉轴衬套。用专用工具将分离叉轴衬套压入壳体(另一衬套压在分离叉套座孔内)。再安装分离叉轴及导向套,旋紧固定螺栓(力矩为15N·m)。装毕检查分离叉轴,应转动灵活,不能有左右移动。

3) 将分离轴承用专用工具压入轴承座中。并对分离轴承进行润滑。涂上二硫化钼锂基润滑脂(制造厂要求使用白色ET-NV·ADS12600005润滑脂),不得多涂,以免污染从动盘。再装上支承弹簧、支承夹板和回位弹簧。防尘套装在分离叉轴左端,保持尺寸18mm,再装上挡圈。

4) 装好分离杠杆,使其位置在回位弹簧起作用的条件下距离合器钢索固定螺母架的距离为(200±5)mm,再旋紧螺栓(力矩为25N·m)。

13. 发电机的安装

1) 旋紧发电机支架固定螺栓(力矩为30N·m)及发电机固定螺栓(力矩为20N·m),如图9-12所示。

2) 检查发电机传动带挠度。在发电机带轮和曲轴带轮之间,用拇指以98N·m的力矩按下传动带时,其挠度应是8~12mm(新传动带为5~7mm)。**注意:装传动带时,应用木棒**

在发电机前盖处用力撬动，不允许在后盖处撬动，以防因后盖变形而压坏元件。

14. 电器及其他附件的安装

安装机油滤清器、水泵、曲轴箱通风装置、燃油泵、燃油分配器、空气滤清器、起动机，以及供油系统、润滑系统，冷却系统等的外部附件、导管、传感器和散热器等，如图 9-13 所示。

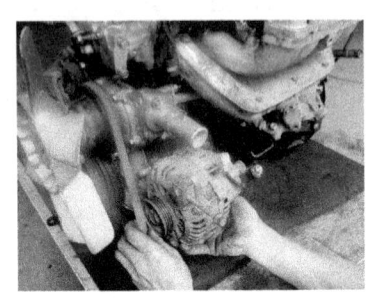

图 9-12　发电机的安装

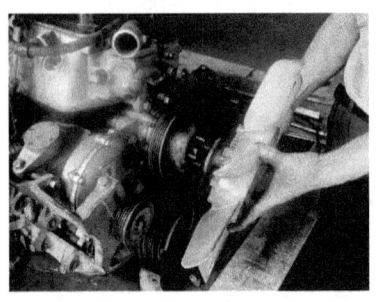

图 9-13　电器及其他附件的安装

15. 安装喷油器和喷油泵

安装喷油器时，应检查喷油器伸出气缸盖底平面的高度，不符合规定的可用增减垫片厚度的方法进行调整。安装喷油泵时，先把柴油机转到 1 缸活塞压缩行程上止点前规定的发动机喷油提前角的位置，即对正飞轮上或带轮上(或在其他位置)的喷油正时记号，转动喷油泵凸轮轴，使凸轮轴接盘上的记号与泵体上的记号对正，向前推入喷油泵，使从动凸缘盘的凸块插入联轴器与之接合，对正主动凸缘盘上的螺钉，即可保证发动机供油提前角符合要求，如起动发动机后，发现喷油提前角不对，待发动机停机后松开两个螺钉进行调整，顺喷油泵凸轮轴旋转方向转动可推迟喷油提前角，反之则可提前喷油提前角。

实际生产中，发动机各附件的装配及必要的调整，是在冷磨合后进行的。

三、发动机磨合

发动机装配完毕，需进行磨合并在磨合过程中进行调试、检验和维护才能装车出厂。出厂后，发动机还要经过一段“汽车磨合”期，才能投入正常工作。

磨合过程实质上就是通过零件配合表面间的摩擦运动，进行一种特殊的机械加工的过程。它可以起到如下的作用：扩大配合表面的实际接触面积，增大配合间隙，降低配合表面的表面粗糙度。

发动机的磨合过程(图 9-14)分为两个阶段：第一阶段是出厂前在台架上进行的磨合(包括冷磨合与热磨合)，一般称为发动机磨合；第二阶段是发动机装车出厂后，在汽车运行过程中进行的磨合，一般称为汽车磨合。

- 发动机磨合过程
  - 发动机磨合
    - 冷磨合(用外力驱动发动机运转)
    - 热磨合(发动机自行运转)
      - 无载热磨合
      - 负载热磨合
  - 汽车磨合

图 9-14　发动机磨合过程图

1. 发动机磨合的注意事项

（1）磨合时的负荷　磨合的负荷最好是由无到有，从小到大，逐渐增加。因而，可将磨合分为无负荷的冷磨合、有负荷的冷磨合、无负荷的热磨合和有负荷的热磨合。在生产中目前广泛采用的是无负荷的冷磨合和无负荷的热磨合，习惯上称为冷磨、热试。

（2）磨合时的转速　磨合时，转速的高低影响摩擦表面的滑动速度。

在磨合过程中，开始时选择的转速较低，然后逐渐分阶段增加转速。

（3）磨合时间　按一定的负荷和转速进行磨合，随着时间的增长，磨损的速率变得越来越小。从其磨损特点上看，实际上分三个阶段：第一阶段是微观几何形状的磨合阶段，第二阶段是宏观几何形状的磨合阶段，第三阶段主要是增加承载面积，使其达到最大，最终完成磨合。

2. 冷磨合规范

冷磨合转速一般采取四级调速。在每级转速下磨合15min，共60min，见表9-1。

表9-1　发动机冷磨合规范

发动机额定转速/（r/min）	磨合转速/（r/min）	时间/min	总时间/h
≤3200	400 400~800 800~1000 1000~1200	15	1
>3200	500 900 1200 1400	15	1

现行的润滑方式有自润滑、油浴式润滑和机外润滑，其中机外润滑方式效果最好。实践证明，装好气缸盖和火花塞，借助气缸的压缩压力来增加冷磨合载荷，可以提高磨合效率，取得较好的效果。

冷磨合的目的是对关键部位（如气缸与活塞环、曲轴颈与轴承、凸轮轴颈与轴承等）进行的使表面平整光滑，建立能适应发动机正常工作的承载与表面质量要求的磨合过程。

冷磨合时，将发动机装在磨合架上磨合时，一般采用低黏度的机油，常在较稀的车用机油中加入15%~20%的煤油或轻柴油。

一般开始磨合的转速以550~600r/min为宜。然后在此基础上逐步增加，每一级以100~200r/min递增。整个冷磨合时间不得少于2h。

冷磨合以后，放出全部机油，加入清洗油，再转动几分钟，彻底清洗零件表面和润滑油道，放出清洗油。

3. 热试规范

热试是将冷磨合后的发动机装上全部附件后起动，以自身的动力运转，除进行磨合外，主要是对发动机的工作进行检查调整。

热试时，转速不宜过高，一般为1000~1400r/min，时间不少于1.5h，冷却液温度应保持为25~85℃。热试中，应仔细观察各处的衬垫、油封、水封及接头有无漏油、漏水、漏

电、漏气现象；查看电流表、机油压力表、冷却液温度表读数是否正常；调整点火系统、供油系统，使发动机在怠速和各种转速下运转均平稳；检查发动机各部分有无不正常响声，测量气缸压力应符合要求，热试后应检查气缸壁磨合情况和曲轴轴颈与主轴承和连杆轴承的磨合情况（抽查一道即可）；检查各道螺栓、螺母的紧固锁止情况；重新调整气门间隙；更换机油和机油细滤清器滤芯；重新按规定力矩将气缸盖螺栓再依次紧一次，在拆检过程中发现的缺陷，应予以修复、排除。

四、发动机大修后的竣工验收

按照《汽车发动机大修竣工技术条件》的规定，发动机修竣后，必须保证动力性能良好、怠速运转稳定、各部润滑良好、燃料消耗正常、附件工作正常，不得有漏水、漏油、漏气、漏电等现象。

1. 一般技术要求

1) 加注的机油量、牌号以及润滑脂应符合原厂规定。
2) 急加速时无爆燃声，消声器无放炮声，工作中无异响。
3) 机油压力和冷却液温度正常。
4) 气缸压力符合原厂规定；各缸压差，汽油机应不超过各缸平均压力的 8%，柴油机不超过 10%。
5) 四冲程汽油机转速在 500～600r/min 时，以海平面为准，进气歧管真空度应在 57.2~70.5kPa 范围内，其波动范围，六缸机不超过 3.5kPa，四缸机不超过 5kPa。

2. 主要使用性能

1) 发动机在正常工作温度下，5s 内能起动。柴油机在 5℃、汽油机在 -5℃ 环境下，起动顺利。
2) 配气相位差不大于 2°30′。
3) 加速灵敏，速度过渡圆滑，怠速稳定，各工况工作平稳。
4) 最大功率和最大转矩不低于原厂规定的 90%。
5) 最低燃料消耗率不得高于原厂规定。
6) 发动机排放限值应符合 GB 7258—2004《机动车运行安全技术条件》的规定。

二级维护竣工的发动机除装备齐全有效之外，还必须进行性能检测。要求能正常起动，低、中、高速运转均匀、稳定，冷却液温度正常，加速性能好，无断火、回火、放炮等现象。发动机运转稳定后应无异响。无负荷测功功率不小于额定值的 80%。

第二节　发动机常见故障的分析与排除

一、发动机运行时的故障

1. 发动机运转时突然熄火

（1）发动机逐渐熄火

1) 故障分析思路。

① 发动机动力下降，转速不能提高。

② 相隔的两气缸火花塞工作不正常或不工作，检测相邻两气缸压缩压力是否过低。
③ 气缸衬垫水道处烧坏而漏气，散热器加水口有气泡冒出。
④ 冷却液漏入气缸内或进入曲轴箱，机油油面上升，油质变差。
⑤ 排气消声器发出"突、突"声，且有大量水蒸气排出。
2）维修方法：发动机气缸衬垫烧损，使相邻两缸窜气，应更换气缸垫。
（2）发动机运转不稳，并逐渐感到行驶无力，随之熄火，且不能起动。
1）故障分析思路。
① 凸转轴正时齿轮损坏或正时带松动，个别齿损坏，造成进、排气门开闭错乱，严重破坏了配气相位。
② 拆下各缸火花塞，测量气缸压缩压力，均下降到最低值。
2）维修方法：更换损坏的正时齿轮或正时带，调整气门正时。
（3）汽车在运行中发动机突然熄火，且不能再起动，摇转曲轴时，各缸压缩压力不均。
1）故障分析思路。
① 凸轮轴正时齿轮损坏，或正时带折断。
② 分电器驱动轴折断。
2）维修方法。
① 拆下分电器盖，用手指拨动分火头，若能旋转，表明分电器驱动轴折断。
② 若分火头不能任意拨转，表明凸轮轴正时齿轮部分损坏。
③ 更换损坏的零部件，重新调整气门正时和点火正时。
（4）汽车运行中，发动机突然出现有节奏并连续的金属敲击声，继续行驶，其响声更加严重，以致突然熄火，且不能转动曲轴。这是曲轴轴承合金层熔化、烧损以致抱死。
1）故障分析思路。
① 润滑系统机油压力低，主轴轴承润滑不良，而磨损加剧。
② 主轴轴承盖螺栓松动。
③ 主轴轴承径向间隙过大。
④ 主轴轴承尺寸不符合技术要求。
2）维修方法：进一步验证故障，送维修厂解体检查。

2. 维修范例

品牌车型：上海大众桑塔纳。

维修主题：突然熄火，无法着车。

故障现象：在行驶途中突然熄火，经数次起动，无法着车。

故障检修：打开发动机盖，即闻到一股刺鼻的气味。往发动机上看，蓄电池表面及周围全是水点。经辨认，确定是电解液。观察蓄电池液面，电解液所剩不到一半。根据这些现象，怀疑为充电量过高所致。另外，据车主讲，该车是在听到前部"啪"的一声响之后才出现故障的。鉴于此种情况，初步判定为点火系统故障。

桑塔纳轿车采用无触点电子点火系统，该系统由点火线圈、霍尔无触点分电器、火花塞、高压线和点火开关组成。根据其结构和故障综合分析，可能由以下几种原因造成：

1）点火系统低压断路。

2) 点火系统低压电路短路或搭铁。

3) 点火系统高压电路故障。

首先拔下分电器盖中央高压线，使其距缸体 5~7mm，起动发动机。发现无高压火花，进一步检查低压电压及线路，无异常；拔下分电器霍尔信号发生器线束插头，连接检查用导线，一端接信号线插头，另一端进行搭铁试验，结果在导线瞬间搭铁时，仍无高压火花。难道是点火控制器出了故障？由这个疑问又联想到行驶中的异响，可能为点火控制器所发出的。更换新点火控制器，故障排除。

此车前一天因发电机不发电而在路边一小维修厂更换调节器，行驶中出现灯泡先后被烧坏的现象。接下来又对发电机的发电量进行测量，结果发现发电量最高可达 16.8V，明显超过了13.5~14.5V 的标准值。凭经验，出现此种故障的原因多为调节器故障。更换调节器，充电正常。

故障总结：这显然是一处因调节器引发的故障。由于调节器质量问题，失去了调节作用，使发电机不受控制，无限制地提高电压，严重超出了用电设备额定电压的范围，继而使灯光及点火控制器相继烧毁。又因为充电量过高，加速了蓄电池内酸与铅的化学反应，电解液便顺着通气孔喷了出来。

二、发动机异响故障

1. 发动机异响特征和诊断依据

（1）异响特征　正常的发动机转速是均匀的，运转声是轻微的，有节奏的机械振动和排气声音是正常的。当正常的发动机转速发生变化时，如在急速、加速、高速状况下，表现为连续的声音强弱变化，转速过渡圆滑而不间断。如果发动机在运转过程中出现间歇且无规律的碰撞声、摩擦声和强烈的振抖声，均应视为异响。

（2）异响诊断依据　在判别是否为发动机异响时，可借助下列各种变化和现象进行正确诊断。

1) 依据发动机工作循环。与发动机工作循环有关的声响故障及其判断中，若发动机曲柄连杆机构或配气机构中的某些运动机件发响，则明显地与工作循环有关。如为活塞与气缸壁间隙过大所引起的敲击声，曲轴每转一周，就会发响一次，即火花塞跳火一次（曲轴旋转两周），将发响两次。又如，气门脚间隙过大引起的声响，则是曲轴每转两周，发响一次，即火花塞跳火一次，将发响一次。这是因为曲柄机构和气门机构的传动比为 2∶1 所致。

为了便于鉴别声响故障与发动机工作循环的关系，可用正时灯串联到某缸的火花塞上。当发动机运转时，注意听察声响与闪光的对应关系。若每闪光一次，发响两次，则通常为曲柄连杆机构某处不良所致；若每闪光一次，仅发响一次，则表明配气机构某处有故障。

在发动机运转中，有些声响与工作循环是无关的，即发响次数与曲轴转速没有规律可循，在这里也说明一下。例如：急速时出现的间歇声响或金属连续的摩擦声响以及金属连续的敲击声响等，通常与工作循环是无关的。间歇发响，多为发动机的附属部件故障，如发电机、水泵、空气压缩机等。对此类声响故障，可按其发响部位，用切断动力源（拆卸传动带等）方法，使其异响有所变化或消除来判断。

2) 依据发动机负荷变化。有些声响故障与发动机负荷有关，表现为声响与缸体有明显的关系。

在判断声响故障过程中，通常采用单缸或双缸断火法解除一个或两个气缸的负荷，以鉴别声响故障与负荷之间的关系。

某缸断火时声响顿时消失或减轻(如活塞敲缸、连杆轴承松旷、活塞环漏气等);某缸断火时声响加重或原无声响反而出现声响(如活塞销衬套松旷、连杆轴承合金烧熔脱落等);相邻双缸断火,声响消失或减轻(如曲轴主轴承松旷)等,均表明声响与负荷有关,借上述方法判断声响故障就在该缸。

3)依据发动机温度变化。有些声响故障与发动机温度有关;某些声响将会因发动机温度升高而减轻甚至消失(如活塞与气缸壁间隙过大);有些声响将因温度升高而加重(如活塞和气缸壁间隙过小)或低温时不响而当温度升高后出现声响。

4)依据发动机转速变化。大多数常见的异响,表现在发动机的转速变化状态上。例如:有些声响在发动机急加速时出现(主轴承和连杆轴承发响等);有些声响在发动机急减速时更为明显(如曲轴折断、活塞销衬套松旷等);有些声响仅在发动机怠速或低速运转时出现,当转速提高后,则又消失(如气门挺杆发响等)。

5)发动机声响故障与振动的关系。发动机有异响时,在发动机某部位就会有振动,其振动频率与异响频率一致。掌握和利用这个特点,可大致判明发响机件的部位。根据发动机主要异响检听区域(进排气管、气门室、凸轮轴、上曲轴箱和下曲轴箱接合面)和两个部位(加机油口和正时齿轮盖),结合发动机的工作循环、负荷、冷却液温度及转速变化加以判断,就可以准确地查明声响故障。

(3)故障现象　发动机运转时出现的异常响声是随其转速变化而增大的,并伴有连续的摩擦声。通常这种声音与工作循环无关,多为发动机附属机件严重磨损所致,如发电机传动带和轴承响,曲轴带轮或正时带轮与盖(罩)接触而发生的摩擦声。

(4)故障分析思路

1)应根据异响的部位、特征、出现时间和变化情况,在不同区域进行查听。

2)应利用改变转速的方法,在不同转速或突然加、减速时来查明异响源。

3)以传动带驱动的发动机附件为例,如发电机、水泵、转向助力泵等,用松脱传动带使之停转的方法,听异响是否消除予以判断。

(5)维修方法　根据判断的部位,进一步检查传动带是否过松,经调整紧固后,异响可消除。如果发现传动带已老化出现龟裂,应及时更换。

2. 发动机运转中出现爆燃声故障分析与处理

(1)故障之一

1)故障现象。当汽车起步或加速时,踩下加速踏板后发动机运转中发出"嘎、嘎"的金属敲击声,这是混合气不正常燃烧时发出的异响,通常称之为"爆燃"。在汽车行驶中,该响声如果长时间不消除,而且明显感觉发动机动力不足,应立即停车检查,以避免发动机机件严重损坏。

2)故障分析思路。

① 发动机爆燃通常是因点火时刻过早、火花塞过热及气缸盖与活塞顶部构成的燃烧室内积炭过多所致;选用了品质不佳的燃油,也是造成点火异常、发生爆燃的原因。

② 检查发动机冷却液温度是否过热。当点火开关位于"OFF"位置时,发动机仍不熄火,火花塞没有高压电流,仍形成炽热点火,致使混合气继续燃烧,继而形成爆燃。

3)维修方法。将分电器按照该车分火头旋转的方向转动,使点火时刻推迟(微调),直至爆燃声音消除。刚加注燃油就出现此现象，说明油料品质差，应立即更换。

（2）故障之二

1）故障现象。爆燃是发动机不正常燃烧的结果，它使燃气压力急剧升高，在气缸壁和活塞上产生振动而发出金属敲击声，并伴有发动机过热、排黑烟、动力下降和燃料消耗增大，严重时，能损坏活塞连杆组件及气缸盖等，一般发生在化油器式汽车发动机上。

2）故障分析思路。

① 点火时间早，断电器触点间隙大。

② 混合气过浓。

③ 燃烧室积炭。

④ 发动机过热。

⑤ 使用低标号汽油。

3）维修方法。

① 当转速提高负荷增大时，发出"嘎、嘎"的金属敲击声，动力性下降，说明点火时间过早，应检查点火时间，按分火头旋转方向转动分电器外壳进行调整，直至爆燃消除。

② 火花塞绝缘体裙部呈淡白色，绝缘体破裂或被熏黑而电极无积炭，绝缘体表面有釉质熔泡，说明火花塞已损坏，应更换火花塞。

③ 发动机过热，多为冷却系统故障所致。如冷却液不足、风扇传动带打滑、发动机水套沉积水垢过多等，应结合实际情况具体检查。

④ 汽车在泥泞道路或上坡行驶，发动机节气门全开时，因混合气较浓，致使气缸压力上升，易产生爆燃，可适当挂入低速档，轻踩加速踏板，以缓解爆燃。

3. 发动机运转中的敲击声故障分析与处理

（1）故障原因　发动机运转中出现敲击声，多是因机械部分的配合件配合间隙超过极限而发出的，如曲轴轴承、连杆轴承与轴径间隙松旷，活塞和活塞销、气门间隙过大等。

（2）故障分析思路　影响声响变化的因素如下：

1）温度影响。如果活塞和气缸壁的间隙超过使用极限，发动机在汽车起动时就会发出很大的敲击声音。随着发动机温度的提高，由于活塞的膨胀，相对于冷状态时，与气缸壁间隙变小，流入摩擦表面的机油起到一定的润滑和密封作用，致使声音减弱。

2）速度和负荷影响。一般情况是随着发动机转速的变化，敲击声响也在改变。例如：松旷的连杆轴承和曲轴轴承，速度和负荷越大，声音也会越显著。

3）润滑的影响。当润滑系统油压低或机油变稀时，由于配合件摩擦表面的润滑作用变差，敲击声将变得严重。例如：在汽车起动后，机油压力还上不来的瞬间，发动机配气机构的液压挺杆发生强烈的敲击声，压力上升后，声音又立即消除。这就充分说明机油对消除敲击声的有效作用。

（3）维修方法　在汽车运行中，因受设备或条件的限制，依靠听辨的方法查找声响的部位，搜索声响的规律，可正确判断出正常和异常的声响。

1）确定异响。区分"良性声响"（属于正常）和"恶性声响"（属于异响）。

2）声响仅在急速运转时存在，转速提高后声响消失。在发动机长时间使用中无变化，可继续观察使用。

3）声响在发动机速度改变时出现，在中、高速运转时仍然存在，发动机有抖动现象，应及时停车检修。

4）在行驶中发动机突然发生的严重异响，应立即拖回检修。

4. 判断活塞销声响

（1）故障现象　采用全浮式活塞销，常因活塞销安装不当而导致连杆小端衬套磨损过大而窜动、活塞销锁环脱落或活塞销断裂。

（2）故障分析思路一

1）发动机怠速运转时发出清脆且有节奏的金属敲击声，转速提高后，声响消失，当恢复怠速时，随即转入有节奏的声响。

2）当提高某一转速声响消失时，进行断火试验，声响复出，此缸即为故障缸。

3）随发动机工作循环火花塞跳火一次，敲击声响发出两次。

●以上情况多为活塞销与连杆衬套间隙过大或连杆衬套松动。

（3）故障分析思路二

1）怠速时声响节奏分明，转速提高声响不消失，断火试验声响不消失反而加重。

2）随发动机工作循环火花塞跳火一次，敲击声响发出两次。

●以上情况为活塞销锁环脱落，致使活塞销窜动。

（4）故障分析思路三

1）急加速时声响尖锐，高速时声响依然存在。

2）用断火试验，声响减轻或消失。

●以上情况为活塞销断裂。

（5）维修方法　活塞销异响是发动机恶性故障的前奏，将造成系列机件损坏，应及时拆解维修。

5. 曲轴主轴承发响的故障分析与排除

（1）故障之一

1）故障现象。曲轴主轴承发出沉重的金属敲击声，突然加速时，在上下曲轴箱接合处最为明显，其节奏与曲轴工作循环合拍。单缸断火无明显变化，相邻两缸断火时声响明显减弱。声响与发动机温度无关，曲轴转动时伴有振抖。

2）故障分析思路。

① 曲轴至轴承盖螺栓松动。

② 轴承间隙过大。

③ 曲轴轴径或轴承偏磨。

④ 曲轴弯曲变形。

⑤ 轴承合金层烧蚀脱落。

⑥ 润滑不良。

3）维修方法。曲轴主轴承部分出现异响，说明某些机件已经严重损坏或加剧损坏，属恶性声响，应及时送修理厂检修，必要时应对曲轴进行校正，更换主轴承、连杆轴承等。

（2）故障之二

1）故障现象。其声响连续且短促、清脆，转速越高，声响越大。发响部位在气缸体下部较明显。当单缸断火时，声响减弱或消失。

2）故障分析思路。

① 连杆轴承螺栓松动。
② 轴承间隙过大。
③ 轴颈和轴承偏磨。
④ 连杆弯曲变形。
⑤ 轴瓦烧蚀脱落。
⑥ 润滑不良。
3）维修方法。此异响易造成其他机件损坏，应及时进行检修校正、更换轴承。

6. 凸轮轴声响的原因及排除方法

（1）故障现象　与气门脚响相似，中速时有金属敲击声，高速时声响减弱。在凸轮轴轴承座响声较明显。

（2）故障分析思路

1）凸轮轴与轴承座磨损大，间隙超标。

2）凸轮轴弯曲变形。

3）凸轮轴轴向间隙大。

（3）维修方法

1）若凸轮轴与轴承松旷，应检修，必要时更换。

2）凸轮轴弯曲变形，应校正调整。

3）凸轮轴轴向间隙过大，应调整。

7. 活塞敲缸异响的特征及排除

活塞敲缸是指发动机运转中活塞敲击气缸壁而产生异响的现象，这是一种恶性故障，通常产生于发动机严重磨损时。有时因修配不当，在发动机大修之初也会出现这种故障。当发动机出现该故障时，应及时检修排除。

活塞敲缸故障的主要特征是：其响声为一种清脆而有节奏的金属敲击声，位于发动机中部。发动机温度变化时响声有所变化，冷车时响声明显，而且在急速时响声尤为清晰。发动机温度升高后，响声随之减弱或消失。对敲缸的气缸断火时，响声明显减弱或消失。

（1）活塞敲缸故障的原因

1）气缸磨损严重造成活塞与气缸配合间隙过大。

2）发动机大修时修配不当造成活塞与气缸配合间隙过大。

3）活塞方向装反。

4）活塞与活塞销配合过紧，使活塞出现反椭圆形。

5）连杆轴承配合间隙过小。

（2）发动机活塞敲缸异响故障的诊断方法

1）检查不同的发动机温度下响声的变化。活塞敲缸异响的特点是发动机冷车时明显，热车后减弱或消失，因此，应先在发动机冷车时检查响声。若发动机冷车时有敲击声，热车后响声消失，说明是活塞敲缸响，且故障尚轻，车辆可继续使用；若发动机热车后响声虽有减弱，但仍较明显，特别是大负荷低速时听得非常清楚，说明故障较严重，应拆修发动机。

2）断火检查。为确定发动机异响是活塞敲缸，可把发动机转速固定在敲击声最响的位置上，对各气缸逐个进行断火检查。若某缸断火后，异响明显减弱或消失，则为该缸敲缸。

3）加机油诊断。若要进一步确定是否活塞敲缸，可将发动机熄火，拆下怀疑有响声气缸的火花塞，将少许机油注入该气缸内活塞上方并摇转曲轴数圈，然后装上火花塞起动发动机。如果在刚起动时响声减弱或消失，但过不久响声又出现，即可确认为该缸敲缸。

4）听诊。将听诊器或长柄旋具触在发动机缸体上部的两侧进行听诊。如果在气缸上部响声明显并稍有振动，再结合断火试验，即可确定出发响的气缸。

发动机冷车时有轻微的敲缸声，热车后响声消失，这种现象是正常的，可不必检修。

发动机出现严重敲缸响声时，必须分解发动机，测量气缸磨损后的尺寸及活塞裙部的直径。如已超出使用极限，应当对发动机进行全面检修，更换活塞和气缸套，按规范要求选配好活塞和气缸的配合间隙，才能彻底排除敲缸故障。

8. 活塞拉缸异响的特征及排除

活塞拉缸是指活塞或气缸由于间隙过小、缺少机油、气缸内有异物或温度过高等原因而产生干摩擦，形成黏着磨损，在活塞或气缸表面沿轴线方向出现严重的拉伤痕迹，从而使活塞在气缸内运动时出现类似敲缸的响声。该故障会导致发动机动力下降，机油消耗增加，严重时会导致活塞卡死在气缸内，使发动机不能运转。该故障属发动机的恶性故障，一经确定应立即排除，以免造成更大的损失。

活塞拉缸异响的特征是：响声类似于敲缸，随着发动机转速升高，响声明显增大。发动机温度变化时响声基本不变，断火时响声变化不明显。出现响声的气缸，其压缩压力明显降低。

当发动机出现类似于敲缸的异常响声时，如果进行断缸检查时响声变化不明显，应考虑是否为活塞拉缸异响。此时可用气缸压力表检测各个气缸的压缩压力，若某个气缸压缩压力明显低于其他各缸，则此缸可能拉缸，应分解发动机检查确定。可先拆下气缸盖，转动曲轴使各缸活塞处于下止点位置，检查气缸壁表面，如有明显拉毛现象，即为该缸拉缸。发动机只要有一个气缸产生拉缸，就应全面分解发动机，更换所有活塞和气缸套。

9. 活塞销异响的特征及排除

活塞销异响是由于磨损或修配不当，使活塞销和活塞销座孔之间，或活塞销和连杆衬套孔之间的配合间隙过大，在气体作用力和活塞往复惯性力作用下，活塞销与销座孔或连杆衬套孔发生冲击所致。

活塞销异响的特征是：响声较清脆，怠速时响声明显，发动机转速升高后响声污浊不清。冷车时响声不明显，热车后响声增大。单缸断火试验时，响声减弱或消失，而在恢复工作的瞬间，响声会敏感地突然恢复。

活塞销异响的诊断方法：

1）抖动节气门试验。让发动机以怠速运转，由怠速向低速急抖节气门。若响声能随转速的变化而变化，每抖动一次节气门都能听到清脆而连贯的"嗒、嗒、嗒"响声，则为活塞销异响。

2）断火试验。如果异响较小，可将发动机稳定在响声相对较强的转速上，逐缸进行断火试验。若某缸断火后响声明显减弱或消失，在复火的瞬间又立即出现1个或连续2个较强的响声，则可断定为该缸活塞销异响。

3）听诊。在微抖节气门使发动机转速不断变化的情况下，用听诊器或长柄旋具触在发动机缸体上部的两侧，可听到清脆的响声，则为活塞销异响。

当发动机出现活塞销异响时，应拆下所有的活塞连杆组，更换加大的活塞销或将活塞和活塞销及连杆衬套一同更换，以恢复活塞销和销座孔及衬套孔之间的配合间隙。

10. 活塞环异响的特征及排除

活塞环异响有两种，即活塞环敲击异响和活塞环漏气异响。

（1）活塞环敲击异响的特点　响声为钝哑的"啪、啪"声，随发动机转速的升高响声随之加大，并且不变成较杂乱的声音。单缸断火试验时，响声减小但不消失。

（2）活塞环敲击异响的原因

1）活塞环折断。

2）活塞环槽磨损，使活塞环在环槽内松旷。

3）活塞环撞击气缸口台阶。这是由于气缸壁磨损较大，在缸套颈部未磨损部分与磨损严重部分之间形成了明显台阶，此时若连杆轴承间隙和连杆衬套间隙较大，活塞在运动到上止点时就会由于惯性力的作用而使活塞环和台阶撞击，从而产生"啪、啪"的响声。此故障严重时会使活塞环撞碎或折断。

（3）活塞环漏气异响的特点　响声类似于敲缸响，打开加机油口盖可见大量淡蓝烟冒出。单缸断火试验时，响声明显减小。

（4）活塞环漏气异响的原因

1）气缸和活塞环磨损后活塞环开口间隙过大。

2）气缸壁磨损后出现沟槽。

3）由于积炭使活塞环黏结在环槽内失去密封性。

4）活塞环弹性太弱。

5）活塞环质量不好或活塞失圆。

（5）活塞环异响的诊断方法

1）进行单缸断火试验。如果断火时响声减小但不消失，把旋具放在火花塞上细听，有"唰、唰、唰"响声则为活塞环折断，如感觉到有明显的振动则为活塞环碰撞气缸口台阶响。

2）打开加机油口盖检查，如有脉动性地向外冒淡蓝烟，且频率与响声吻合；进行断火试验时，窜气减弱，则为活塞漏气异响。

3）若发动机温度低时，发出"嘣、嘣、嘣"的响声，转速升高时响声随之增大；发动机温度升高后，响声逐渐减小或消失；做单缸断火试验时响声消失，恢复工作后响声随即又出现，即可断定为活塞漏气异响。

发现活塞有敲击异响或漏气异响时，应拆检发动机，视情况更换活塞环或对发动机进行大修。

11. 连杆轴承异响的特征及排除

连杆轴承异响的特征是：在发动机突然加速时，有"嗒、嗒、嗒"连续明显的敲击声。

（1）连杆轴承异响的原因

1）连杆轴承与轴颈径向配合间隙过大。

2）连杆轴承合金层烧毁或脱落。

3）连杆轴承盖的固定螺栓松动或折断。

4）机油压力太低或机油太稀。

5）发动机长期在高温、高负荷下工作。

（2）连杆轴承异响的诊断方法

1）变换转速试验。起动发动机，分别由急速到低速，由低速到中速，再由中速到高速加大节气门进行变换转速试验，同时结合逐缸断火试验和听诊等方法反复进行。若响声随着发动机转速的升高而增大，抖动节气门加油的瞬间异响突出，则为连杆轴承异响。

2）断火试验。在急速、中速、高速等工况下，逐缸反复进行断火试验。如某缸断火后响声明显减弱或消失，在复火的瞬间又立即出现，则可断定为该缸连杆轴承异响。

3）听诊。如用听诊器或长柄旋具触在发动机缸体上听诊，响声不明显，但在发动机下方异响明显，则为连杆轴承异响。

4）检查机油压力。在诊断连杆轴承异响时要注意检查机油压力。如果响声严重，又伴随有机油压力低，说明轴承与轴颈的配合间隙过大。

出现连杆轴承异响时，应拆下油底壳，检查连杆轴承的配合间隙，视情更换轴承或对发动机进行大修。

12. 水泵异响的特征及排除

发动机水泵异响的特征是：

1）异响位于发动机前方，声音清晰，随着发动机转速升高，响声增大。

2）响声的大小与发动机温度无关。

水泵异响的原因是轴承缺乏润滑脂而磨损、松旷，或由于水泵水封漏水，冷却液进入轴承而导致其损坏。

要确定是否水泵异响，可在发动机运转中用长柄旋具或听诊器触在水泵上查听，如有明显的异响或有轻微的振动感，即为水泵异响。也可以拆除水泵传动带后运转发动机，如果此时异响消失，即为水泵异响。

电喷发动机的水泵均为整体式，当出现水泵异响故障时，应更换水泵总成。

13. 动力转向液压泵异响的特征及排除

动力转向液压泵异响有两种，即动力转向液压泵轴承异响和动力转向液压泵齿轮或叶片异响。

动力转向液压泵轴承异响和发电机轴承、水泵轴承等的异响相似，发动机转速升高时，响声频率及强度随之变化，转动转向盘时响声更加明显，用长柄旋具或听诊器触在动力转向液压泵上查听，有明显异响。

轴承异响的原因是轴承因长期使用而损坏，应分解动力转向泵，更换轴承。

动力转向液压泵齿轮或叶片异响的特征是：在故障的早期，未打转向盘时无异响，用力转转向盘时出现连续的"嘎嘎"声响，转动转向盘的力越大（如将转向盘打到底后仍用力拉住转向盘），响声越严重。此故障若没有及时检修，到严重时，未转转向盘也会有明显的异响，而且转向助力的效果会越来越差，使汽车转向越来越沉重，甚至完全失去转向助力的作用。

齿轮或叶片异响的原因是磨损，出现这种故障时，说明动力转向液压泵已开始损坏。这种故障是无法修复和更换零件的，必须更换新的动力转向液压泵总成。

14. 正时带张紧轮轴承异响的特征及排除

正时带张紧轮轴承异响的特征和动力转向液压泵轴承、发电机轴承等的异响基本相同，是一种连续的"沙沙"声，声调随发动机转速升高而变尖锐。由于正时带张紧轮轴承位于发动机的正时带罩内，因此其异响的位置无法通过外部的查听来确定。如果发动机有类似于轴承的异响，但用长柄旋具或听诊器查听发动机的水泵、发电机、动力转向液压泵等外部附件均无异响，则可初步确定为正时带张紧轮轴承异响。此时应拆开正时带罩，取出正时带和所有的正时带张紧轮轴承，用手转动轴承，并仔细检查轴承有无异响和卡滞。由于正时带张紧轮轴承要承受较大的侧向压力，因此在用手转动轴承时，只要能感觉到轴承有轻微的异响或卡滞，即说明该轴承已经损坏，在使用中会产生异响，应立即更换。

15. 维修案例

品牌车型：一汽-大众奥迪 A6。

维修主题：行驶无力，发动机气门有响声。

故障现象：一辆奥迪 A6 轿车，该车在正常行驶中突然行驶无力，发动机有异响。

故障排除：起动发动机，起动后机油压力警告灯灭，而且左侧气门室部位有明显异响。拆下发动机罩及左、右两气门室盖，观察凸轮轴及气门的工作情况，发现右侧供油正常，左侧凸轮上没有机油，不能打开气门液压挺杆，因而造成气门异响。根据故障现象，可判断机油泵到主油道是通的，可能左侧缸盖润滑油道堵塞。

检查机油，油质较好。拆下缸盖上的润滑油道堵头，向油道内加压缩空气，想把堵塞处吹通，但无效果。查资料得知，在进气歧管下盖板内有两只油道单向阀，以防止停车后油道内机油倒流。通过检查，这两个单向阀正常。从缸盖凸轮轴供油道处加压缩空气，气体只能到右侧单向阀，这时可肯定左侧单向阀与液压挺杆堵塞。拆检缸盖，在拿下气缸垫时发现供油道内有一些细小的橡胶块堵塞了油道，造成左侧凸轮轴不上油，气门产生异响。可能是机油滤清器橡胶密封垫破损，落下的橡胶块堵塞油道。

将机油滤清器拆下分解，发现里面有许多橡胶碎块。原来此车机油滤清器是劣质产品，其密封胶为非耐油橡胶件，经机油浸泡后极易破损。重新安装一个正品机油滤清器，同时更换机油后，试车，发动机工作正常。

三、发动机起动故障

1. 发动机不能起动且无着车征兆故障的检修思路

发动机不能起动且无着车征兆故障的诊断方法如下：

1）对于不能起动的故障，一般应先检查燃油箱存油情况。打开点火开关，若汽油表指针不动或油量警告灯亮，则说明燃油箱内无油，应加满汽油后再起动。

2）应采用正确的起动操作方法。通常电子控制燃油喷射式发动机的起动控制系统要求在起动时不踩加速踏板。如果在起动时将加速踏板完全踩下或反复踩加速踏板以求增加供油量，往往会使控制系统的溢油消除功能起作用，从而导致喷油器不喷油，造成不能起动。

3）检查点火系统。导致不能起动的最常见原因是点火系统不能点火。因此，在做进一步的检查之前，应先排除点火系统的故障。在检查电子控制燃油喷射式发动机的电子点火系统有无高压火花时，不可沿用检查传统触点式点火系统高压火花的做法，以防损坏点火系统中的电子元件。

正确的检查方法是：从分电器上拔下高压总线，让高压总线末端距离缸体 5~6mm，或从缸体上拔下高压分线，将一个火花塞接在高压线上；将火花塞接地；接通起动开关，用起

第九章 发动机综合维修

动机带动发动机运转,同时观察高压总线末端或火花塞电极处有无强烈的蓝色高压火花。

如果没有高压火花或火花很弱,说明点火系统有故障。在查找故障部位之前,可先进行发动机故障自诊断,检查有无故障码。现代燃油喷射式发动机的故障自诊断系统,通常能检测出点火系统中的曲轴位置传感器及点火器的故障。如有故障码,则可按显示的故障码查找故障部位;如无故障码,则应分别检查点火系统中的高压线、分电器盖、高压线圈、点火器、分电器、曲轴位置传感器及点火控制系统。点火系最容易损坏的零件是点火器,应重点检查。

4)检查电动汽油泵是否工作正常。电动汽油泵不工作也是造成发动机不能起动的常见原因之一。以人为的方式让电动汽油泵运转(可用导线将蓄电池电源直接接至燃油箱上的电动汽油泵线束插头;对于丰田汽车可用一根导线将电动汽油泵的两个检测插孔短接,然后打开点火开关),此时应能从燃油箱口处听到汽油泵运转的声音;或用手捏住进油管,应能感觉到进油管的油压脉动;或拆下油压调节器上的回油管,应有汽油流出。

如果电动汽油泵不工作,应检查熔断器、继电器及电动汽油泵控制电路等。如果电路正常,则说明电动汽油泵有故障,应更换。

如果在检查中电动汽油泵工作,可试一下在这种状态下发动机能否起动。若可以起动,说明是电动汽油泵控制电路有故障,使汽油泵在发动机起动时不工作。对此,应检查电动汽油泵控制电路。

5)检查喷油器是否喷油。如果点火系统和电动汽油泵工作正常,则应进一步检查喷油控制系统。在起动发动机时,检查各喷油器有无工作的声音。如果喷油器不工作,可用一个大阻抗的试灯接在喷油器的线束插头上。如果在起动发动机时试灯能闪亮,说明喷油控制系统工作正常,喷油器有故障,应更换。

如果试灯不闪亮,则说明喷油控制系统或控制线路有故障。对此,应检查喷油器电源熔丝有无熔断,喷油器降压电阻(早期的燃油喷射系统)有无烧断,喷油器与计算机之间的接线是否良好,喷油器与计算机之间的接线是否良好,计算机的电源继电器与计算机之间的接线是否良好。如果外部电路均正常,则可能是计算机内部有故障,可用计算机检测仪或采用测量计算机各端子电压的方法来检测计算机有无故障;也可以用一个好的计算机换上试一下。如能起动,可确定为计算机故障。对此,应更换计算机。

6)检查燃油系统压力。燃油系统油压过低会造成喷油量太少,也会导致不能起动。在电动汽油泵运转时检查燃油系统油压。在发动机未运转的状态下正常的燃油压力应达300kPa左右。如果燃油压力过低,可用钳子包上软布,将油压调节器的回油管夹住,阻断回油通路。此时,若燃油压力迅速上升,说明是油压调节器漏油造成油压过低,应更换油压调节器;若燃油压力上升缓慢或基本不上升,则说明油路堵塞或电动汽油泵有故障。对此,应先拆检汽油滤清器。如有堵塞,应更换;如滤清器良好,则应更换电动汽油泵。

7)检查气缸压缩压力。若上述检查均正常,应检查气缸压缩压力。若气缸压缩压力低于0.8MPa,则说明发动机机械部分有故障,应拆检发动机。

2. 发动机有着车征兆但不能起动故障的检修思路

对于有着车征兆而不能起动的故障,一般应先检查点火系统,然后检查进气系统、燃油系统、控制系统,最后检查发动机气缸压力。

(1)先进行故障自诊断,检查有无故障码 如有故障码,则可按显示的故障码查找相应的故障原因。必须指出的是，所显示出的故障码不一定都与发动机不能起动有关系。这是因为，有些故障码是发动机在以往的运行过程中偶发性故障所留下的，有些故障码所表示的故障则不会影响发动机的起动性能。会影响起动性能的部件有：曲轴位置传感器、冷却液温度传感器、空气流量计等。

（2）检查高压火花　除了检查分电器高压总线上的高压火花是否正常外，还要进一步检查各缸高压分线上的高压火花是否正常。若总线火花太弱，应更换高压线圈；若总线火花正常而分线火花较弱或断火，则说明分电器盖或分火头漏电，应更换。

（3）检查空气滤清器　如果滤芯过脏堵塞，可拆掉滤芯后再起动发动机。如能正常起动，则应更换滤芯。

（4）检查进气系统有无漏气　采用空气流量计测量进气量的燃油喷射系统，只要在空气流量计之后的进气管道有漏气就会影响进气量计量的准确性，从而使混合气变稀。严重的漏气会导致发动机不能起动。检查中应仔细查看空气流量计之后的进气软管有无破裂，各处接头卡箍有无松脱，谐振腔有无破裂，曲轴箱强制通风软管是否接好。

此外，燃油蒸发吸附系统和废气再循环系统在起动及怠速运转中是不工作的。如因某种原因，它们在起动时就进入工作状态，也会影响起动性能。将燃油蒸发吸附软管或废气再循环管道堵塞住，再起动发动机。如在这种状态下发动机能正常起动，说明这两个系统有故障，应认真检查。

（5）检查火花塞　火花塞电极间隙太大也会影响起动性能。火花塞正常间隙一般为0.8mm，有些高能量的电子点火系统火花塞间隙较大，可达1.2mm。如火花塞间隙太大，应按该车型的原厂维修手册所示标准值进行调整。

（6）检查喷油器

1）如果火花塞表面只有少量潮湿的汽油，说明喷油器喷油量太少。对此，应先检查起动时电动汽油泵是否工作。可用一根导线将电动汽油泵的两个检测插孔短接，再起动发动机。如能起动，则说明电动汽油泵在起动时不工作，应检查控制电路。如果电动汽油泵工作但仍不能起动，应进一步检查燃油压力。如果燃油压力太低，应检查汽油滤清器、油压调节器及汽油泵有无故障。

2）如果火花塞表面有大量潮湿汽油，说明气缸中已出现"呛油"现象，这也会造成发动机不能起动。对此，可拆下所有火花塞，将其烤干，再让气缸中的汽油全部挥发掉，然后装上火花塞，重新起动。如果仍会出现"呛油"现象，应拆卸喷油器，检查喷油器有无漏油。

（7）对两个传感器的检查　喷油量太大或太小也可能是空气流量计或冷却液温度传感器故障所致。如出现这种情况，应对照该车型的原厂维修手册中的有关数据检测这两个传感器。

（8）调整点火正时　如果将点火提前角调大或调小后就能起动，则说明点火正时不正确。对此，应将点火正时调整准确。

（9）检查冷起动喷油器有无工作　拔下冷起动喷油器线束插头，用试灯或电压表测量。在起动时，线束插头内应有电压。如无电压，应检查冷起动喷油器控制电路。

（10）检查气缸压缩压力是否正常　若低于0.8MPa，则说明气缸压力过低，应拆检发动机。

第九章 发动机综合维修

3. 正常行驶中突然熄火后无法再起动原因及排除

汽车在正常行驶中突然熄火后发动机无法再起动,其原因主要有:

1) 燃油箱内无油或电动汽油泵不工作。
2) 点火系统部件损坏,不能点火。
3) 发动机点火系统、燃油系统或控制系统的电源熔丝熔断。
4) 正时带折断。

可先在转动起动机时检查发动机点火系统有无点火,如有点火,则通常是燃油系统有故障,应检查燃油箱中有无汽油、电动汽油泵有无工作、燃油压力是否正常、汽油滤清器有无堵塞等。

如果在转动起动机时发动机点火系统没有点火,则应先检查在转动起动机时发动机的凸轮轴能否正常转动,如凸轮轴没有转动,说明发动机的正时带已断裂,这种情况往往是正时带长期使用后没有及时更换,或发动机冷却液温度过高,或机油滤清器堵塞使凸轮轴得不到润滑而卡死等原因所致。此时除了更换正时带外,还应注意检查发动机的进、排气门有无受活塞顶撞击而损坏。可转动凸轮轴检查各缸进、排气门有无卡滞,或更换正时带后转动起动机检查各缸的气缸压力是否正常。如个别气门有卡滞,或个别气缸没有压缩压力,则为气门有损坏,应拆下气缸盖进行检修。如果凸轮轴能正常转动而发动机点火系统没有点火,应检查点火系统的电源电路。如电源正常,则为点火系统的某个部件有故障,可分别检查点火线圈、点火控制器、曲轴位置传感器等。

4. 发动机起动困难故障的检修思路

(1) 发动机起动困难故障的诊断步骤

1) 进行故障自诊断。如有故障码,则按故障码查找相应的故障原因。
2) 检查急速时进气管的真空度。若真空度小于 66.7kPa(500mmHg),说明进气系统中有空气泄漏,应检查进气管各个管接头、衬垫、真空软管等处,以及废气再循环系统、燃油蒸发吸附系统。
3) 检查空气滤清器。如果滤芯堵塞,应清洗或更换。
4) 检查急速控制阀。如果节气门在 1/4 左右开度时发动机能正常起动,而节气门全关时起动困难,应检查急速控制阀及附加空气阀是否工作正常。在冷车急速运转中,拔下急速控制阀线束插头,或者在冷车急速运转时将附加空气阀进气软管用钳子夹住。如果发动机转速没有下降,说明急速控制阀工作不正常,应检查急速控制阀及其控制电路。
5) 检查燃油压力。用一根导线将电动汽油泵的两个检测插孔短接,然后打开点火开关,让电动汽油泵运转。在这种状态下,燃油压力应达 300kPa 左右。如果压力太低,应检查油压调节器有无漏油、汽油滤清器有无堵塞、汽油泵最大泵油压力是否正常。
6) 检查冷却液温度传感器和空气流量计。拔下冷却液温度传感器和空气流量计线束插头,用万用表测量冷却液温度传感器和空气流量计各接线端子之间的电阻。如果电阻值不符合标准,应更换。
7) 检查点火正时。在急速运转时检查点火正时。如不符合标准值,应予以调整。
8) 检查起动开关至计算机的起动信号是否正常。如果电脑接收不到起动开关的起动信号,就不能进行起动加浓控制,也会导致起动困难。对此,应从计算机线束插头处检查起动时有无起动开关的信号传至计算机。如无信号,应检查起动开关和线路。

9）检查气缸压缩压力。如压力过低，应拆检发动机。

10）检查计算机。如果上述检查均正常，可换一个新的计算机试一下。如有好转，则说明原计算机有故障，应更换计算机。

（2）冷车时起动困难的原因及排除　如果发动机在冷车时不易起动，而热车时起动正常，应先检查该发动机有无设置冷起动喷油器。对于有冷起动喷油器的发动机，应检查冷起动喷油器工作是否正常。先检查在起动时冷起动喷油器线束插头处有无12V左右的电压。如果没有电压，则说明控制电路有故障，应检查冷起动温度开关及其控制电路。如果起动时线束插头处有电压，应检查冷起动喷油器电磁线圈电阻是否正常，喷孔有无堵塞。

如果该发动机没有设置冷起动喷油器，则应先判断是否因混合气过稀而导致冷车起动困难，可向进气管内加入少许汽油，然后起动发动机，如果此时发动机能正常起动，则说明冷车时起动困难的原因是混合气太稀，应进一步检查冷却液温度传感器、喷油器、空气流量计或进气压力传感器。如果检查均无异常，则可拆卸清洗喷油器。

如果向进气管内加入少许汽油，发动机仍然起动困难，则应测量气缸压力。若正常，故障应在点火系统，可拆检或更换火花塞，如故障仍未排除，则应全面检查点火系统。

（3）热车时起动困难的原因及排除　如果发动机在冷车时起动正常，而在热车状态下不易起动（在热车状态下起动，如果打开起动开关转动曲轴超过3~4圈后才能起动，即可视为不易起动），其故障原因一般是混合气太浓或高压火花太弱。

在发动机运转过程中检查是否有混合气过浓的情况（如排气冒黑烟或排气中有辛辣的未燃尽的汽油味），如果混合气过浓，则应检查燃油压力、冷却液温度传感器、空气流量计或进气压力传感器等。如果检查均无异常，可在点火开关关闭后，检查燃油系统的保持压力是否正常。接上油压表测量燃油压力，在关闭点火开关（熄火）后，5min内燃油压力应保持不低于150kPa左右。如果保持压力太低，则检查油压调节器、电动汽油泵、喷油器等处是否漏油。

如果混合气情况正常，应重点检查点火系统，可拆检或更换火花塞、检测点火线圈、检查高压线有无断路或漏电等故障。

（4）熄火一段时间后即难以起动的原因及排除　如果发动机运转正常，熄火后立即起动时可以顺利起动，但熄火一段时间后，虽然发动机仍为热车，却难以起动，要多次转动起动机后才能起动，这种故障通常是由于某些原因导致起动时混合气太浓或太稀。具体故障原因包括：

1）电动汽油泵的出油单向阀或油压调节器出现泄漏，导致起动时燃油压力过低，造成混合气太稀。

2）油压调节器堵塞。由于汽油没有在管路中循环流动，发动机熄火后由于温度过高，油管中的汽油蒸发产生汽油蒸气，在起动时喷油器处没有汽油，导致混合气太稀。这种故障在天气炎热时尤为严重。

3）喷油器漏油。在发动机熄火后，有部分汽油经喷油器滴入进气管，导致起动时混合气太浓而无法顺利起动。

4）油压调节器的真空膜片破裂。发动机熄火后有部分燃油经油压调节器的真空膜片和真空软管进入进气管，导致起动时混合气太浓而无法顺利起动。

出现这种故障时，应先判断在难以起动时混合气是太浓还是太稀。观察发动机的排气管，如果在起动后的瞬间有大量黑烟排出，说明起动时混合气太浓。如果起动后的瞬间没有

第九章　发动机综合维修

大量黑烟排出，在起动前向进气管内喷入少许化油器清洗剂，若此时可以顺利起动，说明起动时混合气太稀。

将燃油压力表接入油路中，测量燃油压力。如果燃油压力太高，应检查油压调节器有无堵塞。如果燃油压力在发动机熄火后很快下降，应检查油压调节器或电动汽油泵的单向阀有无漏油。在熄火后立即用包上软布的钳子将回油管夹紧，使燃油无法回流。若在此情况下燃油压力没有很快下降，则说明油压调节器有漏油，应更换。如果将回油管夹紧后燃油压力仍然很快下降，可在熄火后立即将进油管夹紧，若在此情况下燃油压力没有很快下降，则说明电动汽油泵的单向阀有泄漏，应更换电动汽油泵。如果在上述两种情况下燃油压力仍会下降，则为喷油器或油压调节器的真空膜片破裂漏油。拔下油压调节器的真空软管，如果发动机熄火后有少量燃油从软管内流出，则为油压调节器的真空膜片破裂漏油，否则为喷油器漏油，应更换新件。

四、发动机怠速故障

1. 怠速不稳、易熄火故障的检修思路

（1）怠速不稳、易熄火故障的诊断步骤

1）先进行故障自诊断，检查有无故障码出现。如有，则按所显示的故障码查找故障原因。

2）检查进气系统总管接头、各真空软管、废气再循环装置和燃油蒸气吸附装置有无漏气。

3）检查怠速控制阀的工作是否正常。拔下怠速控制阀接线插头，如果发动机转速无变化，说明怠速控制阀或控制电路有故障，应检修电路或更换怠速控制阀。

4）怠速时逐个拔下各缸高压线，检查发动机转速的下降量是否相等。如果某缸在拔下高压线时，发动机转速基本不变，说明该缸工作不良或不工作，应检查该缸火花塞或喷油器有无故障，喷油器控制电路有无短路。

5）仔细听各缸喷油器在怠速时的工作声音。如果各缸喷油器工作声音不均匀，说明各缸喷油器喷油不均匀，应拆检、清洗或更换喷油器。

6）检查高压火花。如火花太弱，应检查点火系统。

7）拆检各缸火花塞，检查电极是否磨损过大或积炭，火花塞电极间隙是否正常。

8）检查燃油压力。怠速时的燃油压力应 250kPa 左右。如燃油压力太低，应检查油压调节器、电动汽油泵、燃油滤清器。

9）按规定的程序，调整发动机怠速。

10）检查空气流量计的信号，如不符合标准，应更换。

11）检查气缸压缩压力。如压力低于 0.8MPa，或各缸压差大于平均压力的 10%，应拆检发动机。

12）检查调整气门间隙。

（2）冷车时怠速不稳故障的诊断步骤

1）进行故障自诊断，检查有无故障码。如有，则按显示的故障码查找故障原因。

2）检查附加空气阀。拆下附加空气阀，检查在冷车状态下附加空气阀的阀门是否开启。如有异常，应更换。

3）检查怠速控制阀。熄火后拔下怠速控制阀线束插头，待发动机起动后再插上。如果发动机转速无变化，说明怠速控制阀不工作，应检查控制电路或拆检怠速控制阀。

4）测量冷却液温度传感器。如有短路、断路或电阻值不符合标准，应更换冷却液温度传感器。如果没有被测车型冷却液温度传感器的检测标准数据，也可拔下冷却液温度传感器线束插头，用一个 4~8kΩ 的电阻代替冷却液温度传感器。如果发动机怠速恢复正常，说明冷却液温度传感器已损坏，应更换。

5）拆检清洗喷油器。喷油器堵塞或喷油雾化不良，也会造成在冷车时怠速运转不稳而热车后又恢复正常的故障，可拆检清洗喷油器后装复试车。

(3) 热车后怠速不稳故障的诊断步骤

1）进行故障自诊断。如有故障码，则按所显示的故障码查找故障原因。

2）按该规定程序检查发动机的初始怠速转速。若过低，应予以调整。

3）检查冷却液温度传感器。如果拔下冷却液温度传感器线束插头后，怠速不稳现象消除，则说明冷却液温度传感器有故障，应更换。或者测量冷却液温度传感器的电阻，如不符合标准值，应更换冷却液温度传感器。

4）检查怠速控制阀有无工作。拔下怠速控制阀线束插头，若发动机转速无变化，则说明怠速控制阀工作不良，应检查控制电路或更换怠速控制阀。

5）拆下各缸火花塞，检查火花塞电极是否良好，是否磨损过甚或积炭，视情况更换或调整火花塞电极间隙。

6）拆下各缸喷油器，用试验台检查。若各缸喷油器雾化不良或喷油量不均，特别是怠速工况喷油量不均，应清洗或更换喷油器。

2. 怠速过高或过低的原因分析

（1）怠速过高　电喷发动机的控制系统具有在冷车时发动机以较快的怠速转速运转，而热车后又能恢复正常的怠速转速的功能。但如果发动机在热车后仍保持较快的怠速，即为怠速转速过高故障，通常有以下几点原因：

1）节气门卡滞，关闭不严。

2）怠速调整不当。

3）附加空气阀故障。

4）怠速控制阀故障。

5）冷却液温度传感器故障。

6）空调开关、动力转向器压力开关有故障。

7）曲轴箱强制通风阀故障。

（2）怠速过低　怠速过低的根本原因是进气量太少，发动机处于怠速工况时的进气量取决于以下几个因素：

1）节气门的开度。

2）怠速调整螺钉的位置。

3）怠速控制阀的开度。

4）附加空气阀的开度。

5）曲轴箱通风单向阀的开度。

电喷发动机在怠速时节气门基本上是完全关闭的，附加空气阀在热车后即处于关闭状态，曲轴箱通风单向阀在怠速时的开度也是很小的。因此，发动机怠速时的进气量，主要取

第九章 发动机综合维修

决于怠速调整螺钉的位置（如果有的话）和怠速控制阀的开度。

在诊断怠速转速太低的故障时，应先按规定的程序检查和调整发动机的基本怠速转速。不同年款电喷发动机的基本怠速的调整方法各不相同，应根据其原厂维修手册所规定的程序和步骤进行调整。如果调整后怠速仍然过低，则应检查其怠速控制阀的工作情况。对于脉冲电磁阀式怠速控制阀，可以在怠速时拔下其线束插头，此时若发动机转速没有下降，说明怠速控制阀或其控制线路有故障；对于步进电动机式怠速控制阀和旋转电磁阀式怠速控制阀，可以在怠速运转中打开汽车空调开关，如果此时发动机转速随之下降，说明怠速控制阀或其控制线路有故障。在发动机怠速运转时，用示波器在怠速控制阀线束插头处测量有无脉冲电信号，如有信号则为怠速控制阀故障，否则为控制线路故障。如果怠速控制阀及其线路均正常，应拆卸节气门体和怠速控制阀，用化油器清洗剂将所有积炭清除，将气道清洗干净后装复。

3. 怠速上下波动故障的检修思路

怠速上下波动故障的诊断与排除，可按下述步骤进行：

1) 进行故障自诊断。要特别注意有无怠速开关、冷却液温度传感器、空气流量计、氧传感器、怠速控制阀的故障码。如有故障码，应检查相应的传感器及其控制电路。

2) 怠速时逐个拔下各缸高压线或喷油器线束插头，检查发动机各缸工作是否均匀。如果拔下某缸高压线或喷油器线束插头时，发动机转速下降不明显，说明该缸工作不良，应拆检该缸火花塞和喷油器。

3) 检查冷却液温度传感器在不同温度下的电阻是否符合标准值。若不符合标准值，应更换冷却液温度传感器。

4) 检查空气流量计。如有异常，应更换。

5) 在怠速运转中拔下怠速控制阀线束插头。如果怠速上下波动的现象消失，但随之怠速不稳现象加剧，说明怠速控制阀工作正常，喷油系统有故障。如果怠速波动现象不变，则说明怠速控制阀工作不良或不工作。对此，应检查怠速控制阀线束插头处有无脉冲电信号。若无信号，则说明控制线路或计算机有故障；若有信号，则说明怠速控制阀卡住，应拆检或更换怠速控制阀。

案例一：

品牌车型：一汽大众捷达。

维修原因：怠速不稳、冒黑烟。

故障现象：2000 年款捷达双燃料车，两气门电喷 LPG 发动机。使用液化石油气（LPG）时没有不良感觉，液化气用完而转用汽油时，感觉怠速不稳，加速不良，油耗增大，观察排气管发现冒黑烟。

故障检修：首先用 CO 测试仪测量尾气中 CO 的质量分数，在怠速时是 6.2%，用 1552 诊断仪读取故障码，输入 101（发动机地址码）02（查询故障记忆），屏幕显示：

BANK1，FUEL MEASURING SYSTEM TOO RICH

进一步测量有关数据发现有如下异常：

READ MEASURING VALUE BLOCK 3

860/MIN 479MBAR 7.8%3.7°V.OT

显示区 2 是进气压力，反映发动机负荷的大小，测量值比正常值大许多；显示区 3 是节气门开度,比正常值稍大。根据电喷发动机维修经验,节气门开度增大,所测得的负荷也随之增大,会造成怠速不良,但不会冒黑烟,这不一定说明进气压力传感器有故障,而是怀疑氧传感器损坏,试更换氧传感器,故障不能排除。因捷达两气门电喷车没有空气流量计。由进气压力传感器来感知发动机负荷,于是又更换了进气压力传感器,故障还是不能排除,现在,影响尾气排放的两个主要部件都已经更换了,只剩下发动机控制单元了,更换控制单元并进行基本匹配后,再测量有关数据如下:

RAEAD MEASURING VALUE BLOCK 3860/MIN

316/MBR 3.5%4.5°

观察排气管虽有轻微黑烟,但 CO 测量值已降到 0.02%,证明故障已经排除,所冒黑烟为排气管中残留的积炭。

故障总结:几乎所有的 LPG 双燃料车在从液化石油气转换到汽油时都出现上述故障,燃料的转化应不会引起电控单元的硬件损坏,是什么原因造成上述故障呢?把原来更换下来的电控单元装回车上,并重新进行基本匹配,发现冒黑烟现象不再存在。由此可见,原车电控单元并没有损坏,只是燃料转换时自适应出现了偏差。

发动机电控单元能够在一定范围内自动适应某些参数变化,如节气门变脏、喷油器轻微堵塞及油压变化等。即使更换电控单元或节气门体后,电控单元也能通过自学习完成基本匹配,只是速度较慢。但在发动机燃料从液化石油气转换到汽油时,相当于这些部件的参数发生了突变,超出了发动机电控单元的自适应范围,导致控制出现偏差,对于这种情况,只要进行基本匹配并清除自学习值即可恢复正常。对于行驶里程较长、节气门体变脏的车辆,需清洗节气门后再进行匹配,否则会产生怠速不稳的新故障。

案例二:

品牌车型:一汽-大众捷达。

维修原因:怠速高、加速不良。

故障现象:发动机怠速高且不稳,高达 1400r/min,同时感觉加速不良。

故障检修:经用 1551 诊断仪检查,有如下故障记忆:

```
RENSOR FOR INTAKE MANIFOLD PRESSURE-G71
OPEN CIRCUIT/SHORT TO EARTH
SPORADIC FAULT   进气压力传感器 G71
对地开路/短路 偶发故障
```

测量有关数据如下:

```
READ MEASURING VALUE BLOCK 2
1440R/MIN 37.2%  6.1MS 520MBAR
```

显示区 1 为发动机转速,显示区 2 为发动机负荷,显示区 3 是喷油时间,怠速时正常值是 2~5ms。显示区 4 是由进气压力传感器测得的发动机负荷,正常值为 30~40kPa,上述几个参数都超出了怠速时的正常范围,怀疑进气压力传感器有故障,更换后故障依旧,发现各参数也没有变化，说明进气压力传感器线路可能有故障。

进气压力传感器 G71 和进气温度传感器 G42 集成在一体，装在进气管的膨胀箱上。分别拔下传感器和电控单元接线插头，测量其两者之间的电阻，发现电控单元 95 号端子和传感器 4 号端子之间的绿色线时通时断，沿此线检查，发现在传感器插头的根部断路，连接好后试车故障排除。

像这种类似的故障还有很多，其原因可能是进气压力传感器的绿色线或红紫线断路，因为是从插头根部断开的，不好重新连接，需把插头端子取出来才能接上。这是捷达两气门电喷车的一个易发故障，原线束较短，与传感器连接后线束受力较大，加之线径较小，使用日久后发硬变脆，长时间颠簸容易断开，形成上述故障。

五、发动机熄火故障

1. 空档正常，挂档后发动机易熄火的原因及排除

采用自动变速器的汽车在挂档后发动机易熄火可能有两个方面的问题：**其一是发动机的急速运转不稳或急速转速过低；其二是自动变速器有故障。**

出现此故障时，首先应检查发动机的急速转速是否正常。正常的发动机急速应为 750r/min。若急速过低，应重新调整。此外应检查发动机急速运转是否正常，如有无急速发抖、急速运转不稳、急速转速过低等现象，应检查发动机的点火系统、燃油系统或急速控制系统有无故障。如果发动机急速运转正常，则故障在自动变速器，应检修自动变速器。

2. 使用空调或转向时发动机易熄火故障的诊断与排除

使用空调或转向时发动机易熄火故障的诊断与排除，可按下述步骤进行：

1）进行故障自诊断。有些车型的计算机能检测出急速控制阀的工作状态。当急速控制阀工作不正常（如线路短路或断路）时，计算机会显示出一个故障码。也可以通过计算机解码器来检测急速控制阀的工作状态，或在汽车运转过程中检测计算机向急速控制阀发出的指令。如有计算机指令而急速控制阀没有相应的反应，则说明急速控制阀或其控制线路有故障；若没有指令信号，则说明计算机或空调开关、动力转向液压开关有故障。

2）按规定的程序重新检查调整发动机的初始急速。

3）检查急速控制阀是否工作正常。对于脉冲电磁阀式急速控制阀，可在冷车运转中拔下急速控制阀线束插头。若发动机转速没有变化，则说明急速控制阀不工作。步进电动机式急速控制阀应在发动机熄火后拔下线束插头，待发动机起动后再插上。若此时发动机转速无变化，则说明急速控制阀不工作。对此，应进一步检查线束插头处有无脉冲电压。如无脉冲电压，应检查控制线路；如有脉冲电压，则说明急速控制阀有故障，应更换。

4）检查空调开关、转向液压开关有无故障，与计算机的连接线路有无断路或短路。

3. 汽车行驶中发动机经常熄火故障的诊断与排除

汽车行驶中发动机经常出现熄火故障，可按下述步骤进行诊断排除：

1）进行故障自诊断。如有故障码，则按所显示的故障码，检查相应的部件及其线路有无故障。

2）检查发动机的急速。正常的急速应为 750r/min，如有急速转速过低、急速不稳、急速发抖等现象，应按急速运转不正常的故障进行检修。

3）检查汽车行驶中有无动力不足的现象。如有加速无力和加速反应迟缓等现象，应检查发动机的燃油系统的工作，如测量燃油压力是否正常、检查电动汽油泵的工作是否正常。如检查正常，则应拆卸清洗喷油器。

4）检查汽车行驶中有无突然断火的现象。如经常有断火现象，则应检查点火系统各部件。拆检各火花塞是否正常，检查各高压线有无断路、检查高压线圈有无异常、测量曲轴位置传感器是否正常等。

5）如上述检查均正常，则应检查发动机的搭铁线有无接触不良。发动机控制系统各线束插头有无接触不良等现象。

六、发动机加速不良故障

1. 汽车起步或加速时发动机"喘振"故障的诊断与排除

汽车起步或加速时发动机"喘振"故障的诊断与排除方法如下：

1）进行故障自诊断，检查有无故障码。空气流量计、节气门位置传感器等故障都会影响汽车的加速性能。按显示的故障码查找故障原因。

2）检查点火正时。在发动机怠速时，点火提前角应为 10°~15°。如不正确，应调整发动机的初始点火提前角。加速时，点火提前角应能自动加大到 20°~30°。如有异常，应检查点火控制系统或更换计算机。

3）检查进气系统有无漏气。测量进气管真空度，怠速时真空度应大于 66.7kPa（500mmHg）。如真空度太小，说明进气系统有漏气，应仔细检查各进气管接头处及各软管、真空管等。

4）检查空气滤清器。如有堵塞，应清洗或更换。

5）检查节气门位置传感器。在节气门全闭时，怠速开关应闭合；节气门打开时，怠速开关应断开；节气门接近全开时，全负荷开关应闭合。如有异常，应按规定进行调整或更换。

6）检查燃油压力。怠速时燃油压力应为 250kPa 左右，加速时燃油压力应能上升至 300kPa 左右。如油压过低，应检查油压调节器、电动汽油泵等。

7）拆卸、清洗各喷油器。检查喷油器在加速工况下的喷油量。如有异常，应更换喷油器。

8）检测空气流量计。如有异常，应更换。

9）对于设有废气再循环系统的发动机，可以拔下废气再循环阀上的真空软管（图9-15），并将其塞住，然后检查发动机的加速性能。如果此时加速性能恢复正常，则说明废气再循环系统工作不正常，再循环的废气量太大，影响了发动机的加速性能。对此，应检查废气循环调整阀、三通电磁阀工作是否正常。如有异常，应更换。

图 9-15 废气再循环系统的检修

2. 汽车上坡无力或达不到最高车速故障的诊断与排除

汽车上坡无力或达不到最高车速故障的诊断与排除方法如下：

1）将加速踏板踩到底，检查节气门能否全开。如不能全开，应调整节气门拉索或踏板。

2）检查空气滤清器有无堵塞。如有堵塞，应清洗或更换。

3）进行故障自诊断，检查有无故障码出现。影响动力性的传感器和执行器有：冷却液温度传感器、空气流量计或进气压力传感器、点火器、喷油器等。按所显示的故障码查找故障原因。

4）检查节气门位置传感器的怠速开关和全负荷开关是否调整正确。如不正确，应按标准重新调整。

5）检查点火正时。在热车后的怠速运转中检查点火提前角，应为 $10°\sim15°$，加速时的点火提前角应能自动提前至 $20°\sim30°$。如怠速时的点火提前角不正确，应调整初始点火提前角；如果加速时点火提前角不正常，应检查点火提前控制线路及曲轴位置传感器、点火控制器等。

6）检查冷却液温度传感器。在不同温度下，冷却液温度传感器的电阻应能按规定变化。如不符合标准值，应更换冷却液温度传感器。

7）检测空气流量计或进气压力传感器。如有异常，应更换。

8）检查所有火花塞、高压线、点火线圈。如有异常，应更换。

9）检查燃油压力。如压力过低，应进一步检查电动汽油泵、油压调节器、汽油滤清器等。

10）拆卸喷油器，检查喷油量是否正常。如喷油量不正常或喷油雾化不良，应清洗或更换喷油器。

11）测量气缸压缩压力。如压力过低，应拆检发动机。

读者沟通卡

一、申请课件

本书附赠教学课件供任课教师采用，可在机械工业出版社教育服务网（www.cmpedu.com）注册后免费下载；也可扫描二维码关注"爱车邦"微信订阅号获取课件。

 爱车邦	**免费下载** 教学课件、学习视频、海量学习资料 ➢ 扫描二维码，关注**"爱车邦"** ➢ 点击"粉丝互动"→"视频课件"

二、意见反馈和编写合作

联 系 人：谢元
电　　话：010-88379771
电子信箱：22625793@qq.com
地　　址：北京市西城区百万庄大街 22 号汽车分社
邮　　编：100037